TUIYI JUNREN GONGZUO
JIANMING DUBEN

退役军人工作
简明读本

退役军人事务部退役军人培训中心　编

人民出版社

责任编辑：冯艳玲
责任校对：吕　飞
封面设计：汪　阳

图书在版编目（CIP）数据

退役军人工作简明读本 / 退役军人事务部退役军人培训中心编 . —北京：人民出版社，2023.2

ISBN 978 - 7 - 01 - 025236 - 0

Ⅰ. ①退…　Ⅱ. ①退…　Ⅲ. ①退役—军人—工作—中国　Ⅳ. ① E263

中国版本图书馆 CIP 数据核字（2022）第 204537 号

退役军人工作简明读本

TUIYI JUNREN GONGZUO JIANMING DUBEN

退役军人事务部退役军人培训中心　编

人民出版社 出版发行
（100706　北京市东城区隆福寺街 99 号）

北京盛通印刷股份有限公司印刷　新华书店经销

2023 年 2 月第 1 版　2023 年 2 月北京第 1 次印刷
开本：710 毫米 ×1000 毫米 1/16　印张：18
字数：263 千字

ISBN 978 - 7 - 01 - 025236 - 0　定价：58.00 元

邮购地址 100706　北京市东城区隆福寺街 99 号
人民东方图书销售中心　电话（010）65250042　65289539

前　言

党的十八大以来，以习近平同志为核心的党中央高度重视退役军人工作。习近平总书记从实现强国梦、强军梦的战略高度，立足国际战略格局和国家安全形势的深刻变化，对退役军人工作作出了一系列重大决策部署，提出了一系列重大理论观点，系统回答了做好新时代退役军人工作的一系列根本性、方向性问题，为做好新时代退役军人工作提供了根本遵循。习近平总书记在党的二十大报告中强调，要“加强军人军属荣誉激励和权益保障，做好退役军人服务保障工作。巩固发展军政军民团结。”为学习宣传党的二十大精神，贯彻落实习近平强军思想和习近平总书记关于退役军人工作重要论述，扎实推进退役军人事务系统全员培训，着力推动退役军人工作高质量发展，退役军人事务部退役军人培训中心在退役军人事务部机关党委（人事司）的指导下，组织编写了《退役军人工作简明读本》。

本书以习近平新时代中国特色社会主义思想为指导，内容涵盖退役军人工作全领域，系统阐述了各项工作的历史沿革、职责内涵、政策法规、目标任务、创新发展等。本书既是退役军人事务系统全员培训的基础教材，也可作为退役军人教育培训的辅助教材，还可作为各地退役军人事务工作领导小组、双拥工作领导小组成员单位和军队系统相关工作人员的参考读物。

目录

引　言

以习近平总书记关于退役军人工作重要论述为统领，奋力谱写退役军人工作高质量发展新篇章

第一章

退役军人工作概述

第二章
退役军人政策法规工作

第三章
退役军人思想政治和权益维护工作

第四章
转业军官安置工作

第五章
退役士兵安置工作

第六章
退役军人就业创业工作

第七章
退役军人服务管理工作

第八章
抚恤优待工作

第九章
双拥工作

第十章
褒扬纪念工作

第十一章
退役军人服务体系建设

第十二章
退役军人事务信息化工作

/ 引 言 /

以习近平总书记关于退役军人工作重要论述为统领，奋力谱写退役军人工作高质量发展新篇章

要论摘编

加强军人军属荣誉激励和权益保障，做好退役军人服务保障工作。巩固发展军政军民团结。

——习近平：《高举中国特色社会主义伟大旗帜　为全面建设社会主义现代化国家而团结奋斗——在中国共产党第二十次全国代表大会上的报告》（2022年10月16日）

第一节　深刻领会习近平总书记关于退役军人工作重要论述的精髓要义

退役军人为国防和军队建设作出过重要贡献，是社会主义现代化建设的重要力量。做好退役军人工作，对于加强国防和军队建设、推动经济社会发展、维护政治安全稳定具有重要意义。党和国家始终高度重视退役军人服务管理保障工作。特别是党的十八大以来，习近平总书记围绕退役军人工作作出一

系列重要论述，深刻回答了新时代退役军人工作“做什么、怎么做、谁来做”等重大问题，为开创新时代退役军人工作新局面提供了根本遵循和重要指引。党的十九大作出组建退役军人管理保障机构的重大决定，更是退役军人工作史上具有里程碑意义的一件大事。

习近平总书记关于退役军人工作的重要论述，系统深刻阐明了退役军人工作的重要意义、目标任务、方针原则、总体要求、方法路径等重大问题，高屋建瓴、统揽全局、内涵深刻，具有很强的前瞻性、针对性、指导性。

一、阐明了退役军人工作的重要意义

习近平总书记指出，铁打的营盘流水的兵。早在革命战争年代，就有一批又一批在军队工作的同志服从组织安排到地方工作，为夺取中国革命胜利建功立业。新中国成立后，大批军队干部转业地方工作，为加强政权建设、恢复和发展国民经济作出了重要贡献。在新的历史时期，广大军转干部顾全大局、无私奉献，成为改革开放的时代弄潮儿，作出了骄人业绩。我们要广泛宣传他们的先进事迹，使之成为培育和践行社会主义核心价值观的生动教材，成为弘扬奋力拼搏、开拓进取精神的生动教材，在全社会形成向模范人物看齐的良好风尚。习近平总书记强调，退役军人管理保障是关系军队稳定和社会大局稳定的大问题；军转安置工作是实现“两个一百年”目标、实现中华民族伟大复兴的中国梦的重要力量；坚如磐石的军政军民团结，永远是我们战胜一切艰难险阻、不断从胜利走向胜利的重要法宝。这些重要论述，贯通历史、现实、未来，蕴含治国理政的政治智慧和强军兴军的战略谋划，为做好退役军人工作提供了强大的思想引领和精神动力，要求我们充分认清新时代退役军人工作的职责使命、责任担当，积极主动投身服务中国梦强军梦的伟大实践。

二、明确了退役军人工作的目标任务

习近平总书记指出，强国必须强军，军强才能国安；必须统筹发展和安全、富国和强军；坚持走中国特色强军之路。习近平总书记强调，军人是最可爱的人，让军人受到尊崇是最基本的，必须做好退役军人管理保障工作；不能让英雄流血又流泪；要组建退役军人管理保障机构，维护军人军属合法权益，让军人成为全社会尊崇的职业；要把退役军人事务全面抓起来，建立健全组织管理体系、工作运行体系、政策制度体系，满腔热忱为退役军人服务。这些重要论述，深刻把握了改革强军事业的特点规律，准确界定了退役军人工作的战略定位，集中反映了广大官兵和退役军人的殷切期盼，要求我们紧紧围绕目标，不断改进创新服务管理保障工作，建立健全集中统一、系统完备、职责清晰、运行高效的体制机制。

三、确立了退役军人工作的方针原则

习近平总书记指出，广大军转干部要到党和人民最需要的地方去，积极适应改革开放时代大潮，牢记生命中有了当兵的历史，自觉弘扬人民军队光荣传统和优良作风，在人生的不同阶段、不同岗位上继续出色工作，活出精彩人生；要吸引包括致富带头人、返乡创业大学生、退役军人等在内的各类人才在乡村振兴中建功立业；要坚持为经济社会发展和军队建设服务的方针，贯彻妥善安置、合理使用、人尽其才、各得其所的原则，推进退役军官安置管理保障体制机制改革和政策制度创新，逐步健全完善服务保障体系和相关政策法规。这些重要论述，体现了党中央关于做好退役军人工作的决策意图，指明了新时代退役军人服务管理保障工作的前进方向，要求我们围绕中心、服务大局，在深化改革和创新发展中，统筹推进接收安置、待遇保障、荣誉激励、教育管理等各项工作。

四、提出了退役军人工作的总体要求

习近平总书记指出，要在国家层面加强对退役军人管理保障工作的组织领导，健全服务保障体系和相关政策制度；中央和国家机关、地方各级党委和政府要支持国防和军队建设，做好退役军人安置、伤病残军人移交、随军家

属就业、军人子女入学等工作。习近平总书记强调，军政军民团结是我党我军特有的政治优势；全党全军全国各族人民要大力弘扬军爱民、民拥军的光荣传统，不断发展坚如磐石的军政军民关系；着眼于贯彻军民融合发展战略，推进跨军地重大改革任务，推动经济建设和国防建设融合发展；新形势下双拥工作只能加强、不能削弱；军地合力、军民同心，就一定能实现“两个一百年”奋斗目标、实现中华民族伟大复兴的中国梦，共同创造更加美好的未来。这些重要论述，明确了中央和地方在退役军人工作中的总体职能定位，阐释了“大局观”“分内事”“一盘棋”思想，要求我们勇于担当、主动作为，凝心聚力、团结协作，进一步加强体系建设，提升管理保障水平，服务国防和军队改革。

五、指明了退役军人工作的方法路径

习近平总书记指出，要高度重视军转安置工作，关心关爱军转干部，创新安置工作机制，做好宣传舆论工作，确保军转安置工作圆满完成，为促进国防和军队改革顺利进行提供有力政策保证；军转安置工作要适应全面深化改革新形势，按照深化干部人事制度改革、国防和军队改革新要求，推进体制机制创新，为促进军队干部队伍建设、为安置和使用好军转干部提供更可靠更有效的制度保障；要全面做好就业创业扶持等工作，切实把广大退役军人工作和生活保障好，激励他们为改革发展和社会稳定作出积极贡献；要加强退役军人等重点群体就业创业工作，搞好职业技能培训、完善就业服务体系。习近平总书记强调，我们的红色江山是千千万万革命烈士用鲜血和生命换来的；全党全社会要崇尚英雄、学习英雄、关爱英雄，大力弘扬英雄精神，汇聚实现中华民族伟大复兴的磅礴力量。这些重要论述，深刻揭示了深化改革和完善制度对于退役军人工作的特殊意义，提供了做好退役军人工作的具体方法和科学路径，要求我们抓住新时代新发展新机遇，以改革促发展，用制度管长远，着力从制度和政策层面研究解决面临的困难和问题。

第二节　准确把握新时代退役军人工作新要求

做好新时代退役军人工作，必须坚持以习近平新时代中国特色社会主义思想为指导，学习宣传贯彻党的二十大精神，以退役军人工作面临的重点难点问题为导向，对接军事政策制度改革，解放思想、开拓创新、深化改革，加强政策制度和体制机制创新，努力开创退役军人工作新局面。

▶ 2019年7月27日，全国退役军人工作会议圆满完成各项议程，顺利闭幕。这是全国退役军人事务系统组建后，党中央、国务院决定召开的第一次全国性会议／曹舒昊摄

一、坚持党的全面领导

做好退役军人工作，必须毫不动摇地坚持党的全面领导。要加强各级退役军人服务管理保障机构党组织建设，落实全面从严治党责任，打造忠诚干净担当的干部队伍，发挥党的政治、组织和群众工作优势，推动各项任务有效落实。要坚持以基层党建工作为引领，充分发挥基层党组织宣传政策、团结群众、管理党员的战斗堡垒作用，加强对退役军人党员的教育管理，寓教于管、融管于服，真正管出凝聚力、管出战斗力。

二、坚持以退役军人为中心

让退役军人和其他优抚对象满意、让他们成为全社会尊重的人、让军人成为全社会尊崇的职业，是我们的奋斗目标。要牢固树立以人民为中心的发展思想，把退役军人和其他优抚对象对美好生活的向往作为工作导向，全心全意为他们服务。要充分发挥退役军人的先锋模范作用，鼓励支持他们投身经济社会发展，使他们始终成为爱国奉献、忠诚担当、奋发有为的积极力量。要充分发挥退役军人的天然优势和独特作用，吸纳部分优秀人员进入退役军人事务系统，当好感情联络员、思想辅导员、政策宣讲员。

三、坚持全面深化改革

退役军人工作的根本出路在于全面深化改革。随着经济社会发展、利益格局调整和思想观念转变，退役军人工作面临的矛盾问题日益凸显。要有效整合军地有关职能，加快组建各级机构，配齐配强工作力量，建立健全工作机制，将党和国家机构改革方案落到实处。要注重发挥退役军人优势，引导他们退伍不褪色，为经济社会发展继续贡献力量。要有力维护退役军人合法权益，消除现役军人后顾之忧，为国防和军队改革建设提供有力支撑。要紧密衔接社会民生领域改革，实现待遇保障由解困型向优待型转变，保证退役军人在享受基本保障的基础上享受更多优待。

四、坚持不断创新发展

做好退役军人工作，发展是第一要务，创新是第一动力。要切实打开思路、转变观念，科学谋划顶层设计，对体制机制和政策制度进行整体性、系统性安排设计，逐步搭建退役军人工作的“四梁八柱”。要坚持实事求是、探索创新，鼓励和尊重基层实践首创，注重把地方经验做法上升为国家层面的政策制度创新，以基层创新改革的星星之火，形成新时代退役军人工作创新发展的燎原之势。要坚持与时俱进、永不停滞，准确把握新时代退役军人工作面临的新形势新任务，勇于变革、勇于开拓，始终以创新为动力源泉，推动退役军人工作持续发展。

延伸阅读

退役军人事务迈入新的发展阶段

2018年4月16日，退役军人事务部在北京挂牌成立，一个专门为退役军人服务的全新部委从此登上时代舞台。

伴随这一历史性步伐，退役军人工作迈入新的发展阶段，跨入新的历史征程：着眼于将退役军人事务系统打造成增强“四个意识”、坚定“四个自信”、做到“两个维护”的政治机关，坚决落实党中央、国务院决策部署的行政机关，有力维护退役军人合法权益的服务管理机关，全面贯彻“为经济社会发展服务、为国防和军队建设服务”方针，紧盯“让退役军人成为全社会尊重的人，让军人成为全社会尊崇的职业”目标，健全体制机制，创新政策制度，为强国兴军凝聚力量。

伴随这一历史性步伐，退役军人工作政策制度由顶层设计向配套完善、落实落地推进，安置就业从政府主导到政府与市场并举，服务体系从机构搭建到高效运转……在以习近平同志为核心的党中央坚强领导下，在习近平新时代中国特色社会主义思想的科学指引下，退役军人工作奋楫扬帆，勇立潮头；广大退役军人退役不褪色，建功新时代，成为社会主义现代化建设新征程上的重要力量。

第三节　奋力谱写退役军人工作高质量发展新篇章

学习领会习近平总书记关于退役军人工作重要论述，贯彻落实中央决策部署要求，必须坚持目标牵引、问题导向，综合施策、持续发力，加快建立健全“六个体系”，不断提高退役军人服务管理保障水平。

一、完善政策制度体系

坚持依法行政、科学管理，落实军事政策制度改革要求，在全面梳理和科学评估现行政策的基础上，厘清退役军人工作政策需求，结合地方实践经验，集中攻关基础理论课题，积极稳妥出台政策，逐步形成与经济社会发展水平相适应、与国防和军队改革相衔接，以《中华人民共和国退役军人保障法》（以下简称《退役军人保障法》）为根基，以拟出台和修订的《退役军人安置条例》《军人抚恤优待条例》《烈士褒扬条例》等行政法规为主干，以部门规章制度和规范性文件为支撑的政策制度体系。

二、优化接收安置体系

坚持妥善安置、合理使用、人尽其才、各得其所的原则，进一步优化安排工作、扶持自主就业、退休、供养等安置方式。下大力解决安置历史遗留问题，强化安排工作政策刚性，改进机关和事业单位接收安置退役军人办法，建立以服役贡献和德才条件为依据、公开公平公正的“阳光安置”机制。优化自主就业创业政策，完善教育培训体系，拓宽就业渠道，加强创业扶持，促进广大退役军人更好投身大众创业、万众创新热潮。加快伤病残休人员移交办理，建立符合条件人员即退即交即接工作机制，做好随军家属安置工作，服务部队集中精力专司打仗、专谋打赢。

三、加强待遇保障体系

坚持抚恤优待本质属性，按照贡献与待遇匹配、普惠与优待叠加的原则，提高服务保障水平。完善体现褒扬的优抚制度，建立统筹平衡的待遇保障标准，健全经费自然增长机制。创新待遇保障举措，统一制发优待证，研究制定优待目录清单。建立兜底保障的困难援助机制，对生活困难退役军人，在享受社会保障基础上，依据困难程度区分层次进行帮扶援助；探索适合退役军人的保险项目，使其得到更多保障。

四、构建荣誉激励体系

坚持精神激励与物质保障并重，褒扬彰显退役军人为党、国家和人民牺牲奉献的精神风范和价值导向。大力弘扬英烈精神，加强英烈纪念设施管理，推进军人公墓建设，建立健全烈士祭扫制度和礼仪规范，依法保护英烈荣誉，宣传英烈事迹和英雄故事。健全表彰激励机制，深入开展双拥模范创建活动，定期进行全国退役军人工作表彰，邀请优秀退役军人代表参加重大庆典，将退役军人先进典型载入地方志，坚持开展送立功喜报、悬挂光荣牌、走访慰问等活动。注重宣传引导，利用新媒体大数据，发掘推广退役军人先进典型，讲好退役军人故事，营造全社会尊崇军人的浓厚氛围。

五、建立教育管理体系

坚持严管与厚爱相结合，充分发挥基层党组织作用，将退役军人党员全部纳入党组织管理。加强思想教育，压实基层组织责任，对本单位、本地区退役军人进行社会主义核心价值观教育，开展社会公德、职业道德、家庭美德、个人品德和法治教育。严格党员管理，做好退役军人党员组织关系转接，依托基层服务站点，加强退役军人流动党员管理。探索建立诚信机制，将退役军人纳入社会诚信体系，将待遇保障与现实表现挂钩，对违法乱纪者给予惩戒，对建功立业者给予激励，引导他们珍惜荣誉、永葆本色。

六、健全组织运行体系

充分履行党委、政府在退役军人管理保障方面的重要职责，构建党委领导、政府牵头、退役军人事务部门协调、相关部门配合、社会参与的工作格局。理顺经费保障渠道，强化中央财政主体责任，加大省级财政投入力度，引入社会资金，形成多元化保障格局。着力构建横向到边、纵向到底、覆盖全员的服务体系，逐步优化政府购买服务、社会专项服务、自我服务、志愿服务相结合的服务模式，建设退役军人信息数据库，抓紧信息采集，构建“互联网+退役军人服务”平台，为退役军人提供优质高效的服务。

延伸阅读

退役军人事务部举办党的二十大精神宣讲报告会

2022年10月31日，退役军人事务部举办党的二十大精神宣讲报告会，邀请中央宣讲团成员、中央党史和文献研究院院长曲青山，围绕“深入学习领会党的二十大精神”作宣讲报告。部党组书记、部长裴金佳主持，部领导钱锋、林国耀、常正国、杨友斌、马飞雄出席。

曲青山从深入学习领会党的二十大的重大意义，深入学习领会党的二十大的主题，深入学习领会过去5年工作和新时代10年伟大变革的重大意义，深入学习领会习近平新时代中国特色社会主义思想的世界观方法论，深入学习领会以中国式现代化全面推进中华民族伟大复兴的使命任务，深入学习领会未来5年党和国家各项事业发展的战略部署，深入学习领会以党的伟大自我革命引领伟大社会革命的重要要求，深入学习领会发扬斗争精神、增强斗争本领、坚持团结奋斗的时代要求等八个方面，紧密联系思想实际和工作实际，对党的二十大精神进行了集中阐释和系统讲解。

裴金佳强调，党的二十大精神内容十分丰富，既有政治上的高瞻远瞩和理论上的深邃思考，也有目标上的科学设定和工作上的战略部署，这些是相互联系、有机统一的，退役军人事务部全体党员干部要深入学习领会，结合工作实际，坚决抓好贯彻落实。一是全面学习，在融会贯通上下功夫。坚持读原文、悟原理，原原本本、逐字逐句学习，把学习党的二十大报告同学习习近平总书记系列重要讲话和相关文件结合起来，同学习党的十八大报告、十九大报告精神结合起来，紧密联系党的十八大以来党和国家事业取得的历史性成就、发生的历史性变革，联系十九大以来走过的极不寻常、极不平凡的历程，联系我们深化改革开放、推动高质量发展、有效应对重大风险挑战的具体实践，联系国际环境深刻变化，深刻领会党的二十大关于党和国家事业发展大政方针和战略部署的历史逻辑、理论逻辑、实践逻辑。二是全面把握，在准确领会上下功夫。坚持历史和现实、理论和实践、国际和国内相结合的办法，从整体到局部、再从局部到整体进行反复揣摩，全面掌握党的二十大精神。全面把握习近平新时代中国特色社会主义思想的世界观、方法论和贯穿其中的立场观点方法，全面把握新时代10年伟大变革的深刻内涵和重大意义，全面把握中国式现代化的中国特色、本质要求和必须牢牢把握的重大原则，全面把握党的二十大作出的各项战略部署，在学懂弄通做实上下更大功夫，不断提高政治判断力、政治领悟力、政治执行力。三是全面落实，在真抓实干上下功夫。把党的二十大精神的学习成效转化为工作实绩，以实际行动落实好党的二十大报告中关于退役军人工作的决策部署。深刻理解习近平总书记亲自谋划设计、亲自部署推动组建退役军人管理保障机构的重大意义和深远考量，推动提高退役军人工作服务建军一百年奋斗目标、服务部队备战打仗的实际能力，深入研究推动退役军人工作高质量发展的思路办法举措，坚持服务与管理并重、保障与激励并举，全心全意为退役军人服务，引领广大退役军人和其他优抚对象深刻领悟"两个确立"的决定性意义，增强"四个意识"、坚定"四个自信"、做到"两个维护"，自觉把思想和行动统一到党的二十大精神上来，为全面建设社会主义现代化国家、全面推进中华民族伟大复兴而团结奋斗。

驻部纪检监察组，各司（局）、各直属单位负责同志和部分党员干部参加学习。

/ 第一章 /

退役军人工作概述

要论摘编

组建退役军人管理保障机构，维护军人军属合法权益，让军人成为全社会尊崇的职业。

——习近平：《决胜全面建成小康社会 夺取新时代中国特色社会主义伟大胜利——在中国共产党第十九次全国代表大会上的报告》(2017 年 10 月 18 日)

人类社会自从出现军队，就有了退役军人工作。中国共产党独立缔造和领导人民军队后，开展了与党和军队使命任务相适应的退役军人工作，在长期奋斗中取得了卓著成就，积累了宝贵经验，发挥了显著作用，成为党和国家工作的重要组成部分。

第一节 退役军人工作的内涵、方针原则和地位作用

退役军人为国防和军队建设作出过重要贡献，是社会主义现代化建设的重要力量；退役军人工作是中国特色社会主义伟大事业的重要组成部分。准确

把握退役军人工作的内涵、方针原则、地位作用，是做好新时代退役军人工作的重要基础。

一、退役军人工作的内涵

2020 年 11 月 11 日，十三届全国人大常委会第二十三次会议审议通过的《退役军人保障法》第二条对“退役军人”作出了明确的定义：退役军人是指从中国人民解放军依法退出现役的军官、军士和义务兵等人员。该概念有两个关键点：一是依法退出现役。按照《中国人民解放军纪律条令（试行）》的规定，曾经服过役，但受到除名、开除军籍处分的人员，不属于退役军人。二是退役军人的范围。主要包括依法退出现役的军官、军士、义务兵等。此外，对于武警部队官兵适用问题，《退役军人保障法》在附则中作了相应规定。

退役军人工作是党和国家工作的重要组成部分，是以退役军人和其他优抚对象为工作对象开展的服务保障管理工作，主要包括政策法规建设、思想政治工作和权益维护、移交接收、退役安置、教育培训、就业创业、抚恤优待、褒扬纪念、服务管理等。

在不同历史时期，退役军人工作内涵的具体内容也不完全一样，总的趋势是：早期比较简单，在发展中趋于复杂全面。因此，“退役军人工作”也是一个不断发展、内容不断充实的历史概念。尽管退役军人工作在党的历史上早已有之，但在历史实践中，退役军人工作分属不同的业务部门，条块管理的特点明显，一直没有独立的部门总牵头，在党和国家文献中也没有出现“退役军人工作”这个概念。真正完整意义上的“退役军人工作”概念，是在党的十八大之后，在以习近平同志为核心的党中央推进退役军人工作的实践中形成的。在党和国家文献中，“退役军人工作”一词最早见于 2018 年 4 月退役军人事务部挂牌成立后出台的《退役军人事务部职能配置和内设机构规定》。该规定的第三条提出：“退役军人事务部贯彻落实党中央关于退役军人工作的方针政策和决策部署，在履行职责过程中坚持和加强党对退役军人工作的集中统一领导。”2020 年 11 月通过的《退役军人保障法》，对退役军人工作进行了全面规范。

2018 年 4 月 16 日，退役军人事务部在北京挂牌成立，一个专门为退役军人服务的全新部委从此登上时代舞台 / 孙琳琳摄

二、退役军人工作的方针原则

退役军人工作的方针是指导退役军人工作发展的纲领；坚持中国共产党的领导，坚持为经济社会发展服务、为国防和军队建设服务，是退役军人工作的方针。退役军人工作的原则是开展退役军人工作所遵循的准则；以人为本、分类保障、服务优先、依法管理是退役军人工作应坚持的原则。

（一）坚持中国共产党的领导

坚持党对退役军人工作的领导，是贯彻落实党对一切工作集中统一领导的根本要求。退役军人工作事关改革发展稳定大局，事关国防和军队建设。做好退役军人工作，必须毫不动摇地坚持党的全面领导，充分发挥党的政治优势和组织优势，凝聚形成做好退役军人工作的强大合力。在历史发展过程中，退役军人工作在党的领导下不断发展和完善。尤其是在面临许多重大问题需要解决时，党的政治领导、组织领导和思想领导为退役军人工作提供了强大支持保障，保证了退役军人工作的接续完善和创新发展。坚持党的领导，就要把党的领导贯穿退役军人工作各方面全过程，建立健全领导体制机制，加强退役军人工作顶层设计、统筹协调、整体推进，确保党的路线方针政策和党中央决策部署得到全面贯彻和有效执行。要不断加强党对退役军人工作的集中统一领导，不断健全完善退役军人工作组织管理体系、工作运行体系、政策制度体系，推动行政部门、服务体系、社会力量“三驾马车”同向发力，把党的主张转化为广大退役军人的思想自觉和行动自觉，引导他们离军不离党、永远跟党走。

（二）坚持为经济社会发展服务、为国防和军队建设服务的方针

退役军人工作服务经济社会发展、服务国防和军队建设，两者是相辅相成、不可分割的，统一于实现中国梦强军梦的伟大实践。退役军人在军队是维护国家安全的重要力量，回到地方也是巩固党的执政基础、建设中国特色社会主义的重要力量。把他们的作用发挥好，是党的事业发展的必然要求。坚持“为经济社会发展服务、为国防和军队建设服务”，就是要围绕实现党在新时代的强军目标谋划推进退役军人工作，适应国防和军队改革发展要求，解决好现役军人的后顾之忧，从而激励有志青年从军报国、献身国防，促进广大官兵安心服役、建功军营；要把退役军人作为宝贵的人力资源安置好、使用好，充分激发他们的奋斗热情，发挥他们的聪明才智，强化他们的荣誉责任，发挥退役军人在巩固基层政权、乡村振兴、脱贫攻坚、维稳戍边、应急应战等方面的优势和作用，为推进中国特色社会主义伟大事业继续贡献力量。

（三）遵循以人为本、分类保障、服务优先、依法管理的原则

1. 以人为本的原则。这是退役军人工作贯彻以人民为中心发展思想的具体体现。具体到实际工作中，就是以退役军人为中心，把退役军人对美好生活的向往作为工作目标，把解决他们的困难和问题作为工作重点，满腔热情地为退役军人服务，真心实意地为他们排忧解难，实现好维护好发展好退役军人的根本利益，切实维护好他们的合法权益，让退役军人真正成为全社会尊重的人。

2. 分类保障的原则。这是推进退役军人服务保障精准化、精细化的必然要求。退役军人军龄长短不一，服现役期间岗位不同、所在地域艰苦程度不同、平时与战时情况不同，存在很多差异。按照服役贡献越大，退役安置和服

务保障越好的导向，对不同类型退役军人实行分类保障，是做好退役军人工作的必然要求，也有利于鼓励广大官兵安心服役、建功军营，激励广大社会青年积极投身国防军队建设。分类保障，就是要依据退役军人对国防和军队建设的贡献大小，在安置、就业、优抚、荣誉激励等方面实行不同的措施。这个原则体现在退役军人工作的各个方面。例如，在安置方式上，贡献越大，安置越好。对退役的军官，国家采取退休、转业、逐月领取退役金、复员等方式妥善安置。以转业方式安置的，由安置地人民政府根据其德才条件以及服现役期间的职务、等级、所作贡献、专长等，结合工作需要安排工作岗位，确定相应的职务职级。

3. 服务优先的原则。这是做好退役军人工作的重要方向。退役军人离开部队到地方后，能否使退役军人有归属感、快速适应新的工作和生活，在很大程度上取决于对退役军人的服务保障是否到位。做好退役军人工作，首先就要真诚关心关爱退役军人，热情帮助他们解决实际困难，努力增强退役军人的荣誉感和归属感。各地要建立退役军人服务机构，高质量做好退役军人服务工作。要研究退役军人享受优待的领域和范围，保证优待政策能够落地落实，切实把好事办好。要充分考虑广大退役军人的所需所盼，着力在政策允许的范围内，在公共服务等领域提供优先、优惠、优质服务，不断增强广大退役军人的幸福感，营造良好的社会氛围，维护好退役军人的合法权益。

4. 依法管理的原则。依法管理退役军人工作，是推进退役军人事务领域治理体系和治理能力现代化的重要内容，是贯彻全面依法治国要求、推进法治政府建设、推进退役军人工作依法行政的具体途径。要坚持依法管理，把政策法规建设摆在突出位置，加强法治建设，构建以《退役军人保障法》为根基，涵盖就业安置、待遇保障、抚恤优待、荣誉激励、教育管理等各领域的退役军人政策制度体系，按照法规政策回应退役军人诉求，促进退役军人工作在法治轨道上运行。通过依法管理，用法律法规保障退役军人合法权益，引导他们树立法治观念，依法依规反映诉求，使各项工作更加科学规范，同时也能够对少数打着退役军人旗号实施违法犯罪活动的人员形成震慑和进行依法打击，维护社会稳定。

三、退役军人工作的地位作用

退役军人工作的地位作用，是指退役军人工作在党、国家和军队工作中所处的位置及其影响、功能。退役军人工作是党和国家事业的重要组成部分，是推进强军兴军伟业的重要支撑。做好退役军人工作，是坚持为经济社会发展服务、为国防和军队建设服务方针的必然要求，是维护军人军属合法权益的必由之路。实践证明，只有做好退役军人工作，才能不断增强退役军人的获得感、幸福感、荣誉感，充分调动他们干事创业的积极性、主动性、创造性，真正让军人成为全社会尊崇的职业。因此，党和政府明确要求，必须把退役军人工作作为一项长期的、重要的政治任务来抓，切实抓出成效。

1. 退役军人工作促进了国防和军队现代化建设。做好退役军人工作，有利于解除现役人员的后顾之忧，鼓舞部队士气，促使他们爱军习武、备战打仗、卫国戍边，在抢险救灾等非战争军事行动中发挥先锋模范作用。兵员更新交替是保持部队战斗力的基本保证。做好退役军人工作，能够激励动员优秀青年参军入伍、报效祖国，保证兵员数量，改善兵员质量。退役军人掌握了一项或多项军事专业技能，是民兵和预备役的主体和骨干力量。做好退役军人工作可以加强预备役队伍，充实后备力量，对建立和完善战时快速动员体制有着重要的推动作用。

2. 退役军人工作促进了经济社会发展。退役军人经过部队的培养和锻炼，具有珍惜荣誉、拼搏进取、无私奉献的精神。他们勇担重任、永不畏难、自强不息、顽强奋进，在各行各业成为模范带头人，在各条战线发挥先锋作用。他们不计名利得失，不求个人奢华，勤勉尽责、恪尽职守，在各自岗位奉献社会、报效国家。

3. 退役军人工作促进了社会安定团结。退役军人工作直接关系到退役军人的就业及其家属的生活，与社会稳定密切相关。妥善安置退役军人，对保障退役军人的就业和生活、维护他们的权益、稳定他们的思想、促进社会稳定具有积极作用。

第二节　退役军人工作的体制机制和基本内容

退役军人工作的体制机制是管根本、管长远的组织制度和运行方式，健全新时代退役军人工作体制机制是做好退役军人工作的有效保证。退役军人工作的内容是退役军人事务领域工作人员应知应会的业务知识，是做好退役军人工作的前提和基础。

一、退役军人工作的体制机制

退役军人工作体制是退役军人事务部门的组织机构、职能划分及其相互关系的制度，包括退役军人事务部门的机构设置、隶属关系、管理权限划分和组织制度。退役军人工作机制是退役军人事务领域各组织之间的结构关系和运行方式。退役军人工作的体制机制，目标是在党对退役军人工作的全面领导下，运用退役军人工作的组织管理体系、工作运行体系、政策制度体系，实现党委领导、政府主导、军地协力、社会参与的工作格局，实现退役军人事务领域治理体系和治理能力的现代化。

（一）退役军人工作组织管理体系

退役军人工作组织管理体系，是指通过建立退役军人事务组织机构，明确责权关系等，有效实现退役军人工作目标的管理体系。包括退役军人工作的组织制度和管理制度。主要由与退役军人事务有关的行政机构、服务保障体系、社会力量组成。

1. 行政机构。主要包括：从中央到地方各级退役军人事务部门，与退役军人事务相关的其他党政机关、军队有关部门，如组织、宣传、政法、发展和改革、教育、人力资源和社会保障、民政等部门。目前，退役军人事务部的内设机构有：办公厅、政策法规司、思想政治和权益维护司、规划财务司、移交安置司、就业创业司、军休服务管理司、拥军优抚司、褒扬纪念司（国际合作司）、机关党委（人事司）。

2. 服务保障体系。主要包括：（1）综合服务类，如县级以上人民政府设立的退役军人服务中心，乡镇、街道、农村和城市社区设立的退役军人服务站，烈士纪念设施保护中心（烈士遗骸搜寻鉴定中心），退役军人信息中心，军休所等。（2）教育培训和宣传类，如退役军人培训中心、宣传中心等。（3）健康医疗类，如优抚医院、光荣院。（4）军事保障类，如军供站。2018 年以来，从国家到村（社区）共建成六级退役军人服务中心（站）60 多万个，转隶、接收、成立 4000 多家事业单位。

目前，退役军人事务部直属事业单位有：退役军人培训中心、国家退役军人服务中心、烈士纪念设施保护中心（烈士遗骸搜寻鉴定中心）、退役军人信息中心、宣传中心。

3. 社会力量。主要包括企事业单位、社会组织和志愿者机构等。（1）研究力量，包括军队与地方的院校、研究所、智库体系。（2）社会组织，主要是退役军人事务领域的社会组织。目前，退役军人事务部业务主管的社会组织有：中国退役军人关爱基金会、中国退役军人就业创业服务促进会、中国爱国拥军促进会、中华英烈褒扬事业促进会。2018 年以来，各地也相继成立了 700 多家以从事非营利性的退役军人服务活动为目的的社会组织。有的退役军人事务部门制定了业务主管社会组织管理办法，以规范社会组织的业务活动。（3）其他各类服务力量，包括教育类的服务体系（学历教育、职业教育），医疗健康服务体系，福利供给、输送类的服务体系，就业创业类的服务体系，家庭支持类的服务体系，权益保护类的体系，志愿者服务体系。

（二）退役军人工作运行体系

退役军人工作运行体系，是指各级退役军人工作主管部门及其内设机构、所属事业单位以及社会力量，围绕退役军人工作在特定的组织运作规则下相互影响、相互作用而产生特定功能的体系。其实质是使退役军人工作纵向打通，横向联通。主要包括工作联动机制（系统纵向联动、部门横向协同）、工作落实机制、高效运转机制。

退役军人事务部是国务院组成部门。在纵向管理方面，退役军人事务部对各地退役军人事务部门进行业务指导。地方退役军人事务部门监督指导退役军人服务机构发挥功能作用，培育推动社会力量投身于退役军人工作。此外，退役军人服务机构与社会力量之间可通过业务补充等方式加强合作，推动退役军人工作运行体系联动配合、务实高效。

（三）退役军人工作政策制度体系

退役军人工作政策制度体系，是指为调节退役军人事务领域关系、规范退役军人工作实践、保障退役军人工作发展的相关政策制度之间相互作用而形成的综合体。主要由法律、行政法规、地方性法规、规章（部门规章和地方政府规章）、规范性文件构成。退役军人工作政策制度体系是提高退役军人工作治理能力的基础。加强党的领导，健全完善政策法规制度体系，推进行政决策科学化、民主化、法治化，规范公正文明执法，制约和监督行政权力，化解退役军人事务领域矛盾纠纷，提高法治思维和依法行政能力，是退役军人工作政策制度体系建设的目标。

二、退役军人工作的基本内容

在不同历史阶段，退役军人工作的内容始终与当时的形势任务相适应，并在长期的实践中不断完善。特别是进入新时代以来，退役军人工作坚持创新发展，由最初相对单一的内容发展至目前的数项工作内容，形成了较完整的内容体系。

（一）退役军人政策法规工作

退役军人政策法规工作是新时代做好退役军人工作的重要保证。退役军人事务部政策法规司是退役军人事务部法制机构，负责拟定年度规章、制订工作计划、跟踪计划执行情况、组织协调和督促指导工作。各省、自治区、直辖市退役军人事务厅（局）政策法规处负责与省级人大立法部门联合拟定退役军人工作地方性法规立法计划、跟踪计划执行、组织协调和督促指导工作。

（二）退役军人思想政治和权益维护工作

退役军人思想政治和权益维护工作是退役军人思想政治工作和权益维护工作的总称。退役军人思想政治工作，是指围绕新时代党和国家建设发展目标，针对退役军人的思想状况、行为特点和现实需要，有目的、有计划地对退役军人进行政治引导、思想疏导、心理辅导与权益维护的实践活动。主要包括配合组织部门加强退役军人党员教育管理、宣传教育引导、先进典型宣传、荣誉表彰奖励等工作。退役军人权益维护工作，是指政府机构或社会组织采取有效方式或手段，依法依规支持与保护退役军人群体或个体合法权利和利益的活动。主要包括支持与保护退役军人的社会融入权利、充分就业权利、获得帮扶援助和心理疏导的权利、获得社会优待和尊重的权利、获得经济补偿的权利、获得司法救助的权利。

（三）移交安置工作

移交安置工作包括转业军官安置工作和退役士兵安置工作。

1. 转业军官安置。是指军队军官依法退出现役后，按照相关法律政策，由各级党委和政府接收并安置的过程。主要包括安置的方针原则、安置条件、安置去向、安置方法、安置重点、安置待遇和安置保障等方面的内容。

2. 退役士兵安置。是指军队士兵依法退出现役后，按照相关法律政策，由各级人民政府接收并安置的过程。主要包括安置方式、安置条件、安置地、移交接收、安置方法、安置待遇、计划移交伤病残退役士兵安置等方面的内容。

（四）退役军人就业创业工作

退役军人就业创业工作包括退役军人教育培训工作和就业创业扶持工作。

1. 退役军人教育培训。是指由退役军人事务部门牵头，利用各种途径和方法提高退役军人的能力和素质的活动。主要有适应性培训、职业技能培训、学历教育、终身职业技能培训等。

2. 退役军人就业创业扶持。是指退役军人事务部门及服务体系通过多种形式与方法，对退役军人在就业创业方面进行指导、协助、扶持的活动。包括帮扶就业与指导创业两个方面。帮扶就业是指通过挖掘岗位、举办招聘会等方式，帮助退役军人找到合适的工作岗位，实现更高质量的稳定就业；指导创业是指通过组织创业培训、提供创业指导等方式，帮助退役军人成功创业。

▲ 为做好自主就业退役士兵全员适应性培训工作，退役军人事务部就业创业司、退役军人培训中心精心组织编写了《自主就业退役士兵适应性读本》

（五）退役军人服务管理工作

退役军人服务管理工作，在本书中是指国家对移交地方政府安置、由退役军人事务部门管理的离休退休军队干部、退休军士（士官、志愿兵）、无军籍退职退休职工、自主择业军队转业干部、逐月领取退役金退役军人、复员干部等人员进行的服务保障和组织管理活动。主要包括接收安置、住房保障、政治与生活待遇落实、服务管理等工作。

（六）抚恤优待工作

抚恤优待工作，是指国家和社会依法对以军人及其家属为主体的对象实施的抚恤、优待及其他物质照顾和精神抚慰的特殊的社会活动。根据《军人抚恤优待条例》，中国人民解放军现役军人、服现役或者退出现役的残疾军人以及复员军人、退伍军人、烈士遗属、因公牺牲军人遗属、病故军人遗属、现役军人家属统称优抚对象，按规定享受抚恤优待。

（七）双拥工作

双拥工作，是拥军优属工作与拥政爱民工作的总称，是指在党的领导下，为实现全体军民的根本利益而调节军政军民关系实践活动的总和。主要内容包括：中央和国家机关、地方各级党委和政府支持国防和军队建设，做好退役军人安置、伤病残军人移交、随军家属就业、军人子女入学等工作；军队自觉服从服务于党和国家工作大局，支援地方经济社会发展和生态文明建设，承担抢险救灾等急难险重任务，支持和配合地方党委、政府维护社会稳定；开展军民共建与和谐创建活动，巩固军政军民团结和民族团结。

（八）烈士褒扬纪念工作

烈士褒扬纪念工作，是指对为实现民族独立、人民解放和国家富强、人民幸福而光荣献身的烈士所进行的褒奖、抚恤和纪念活动的统称。目的是教育、鼓舞和激励社会全体成员发扬英烈的精神。主要内容包括烈士评定、烈士遗属抚恤优待、烈士纪念设施管理保护、烈士事迹编纂和宣传、英烈荣誉保护等工作。

（九）退役军人事务信息化工作

退役军人事务信息化工作，是指把信息技术的创新成果与退役军人事务工作深度融合，运用信息技术推动退役军人精准服务和高效管理，形成以信息化为基础的退役军人事务领域新发展的技术工作。退役军人事务信息化建设包括数据资源体系、业务管理体系、“互联网+”退役军人服务体系、应用支撑体系、基础网络体系、标准规范体系、安全保障体系和综合运维体系的八大体系建设。

（十）退役军人新闻宣传工作

退役军人新闻宣传工作，是指退役军人事务部门通过各种舆论工具和其他教育手段，公开阐明和传播退役军人事务领域的各项建设、工作开展、服务信息、先进典型等，借以影响人们的思想和行为的社会活动。主要包括新闻发布、舆论引导、政策解读、典型报道、文艺创作、全媒体传播平台建设等方面的工作。

第三节　退役军人工作的发展历程和特征

在中国革命、建设、改革、进入新时代波澜壮阔的历史进程中，退役安置、抚恤优待、烈士褒扬、教育培训、双拥工作等业务工作，紧紧围绕党和军队的使命任务开展，谱写了精彩的篇章，积累了丰富的经验，对昭示未来具有重要的参考价值。

一、退役军人工作的发展历程

退役军人工作的创建与发展分为四个大的历史阶段，即：新民主主义革命时期，退役军人工作的创建与早期发展；社会主义革命和建设时期，退役军人工作的巩固发展；改革开放和社会主义现代化建设新时期，退役军人工作的创新发展；中国特色社会主义新时代，退役军人工作的高质量发展。

（一）新民主主义革命时期：退役军人工作的创建与早期发展

新民主主义革命时期是退役军人工作创建、探索、早期发展的阶段。党在创建初期，既没有直接领导军队，又没有直接掌握政权，还不能提出完整系统的关于退役军人的政策措施。但通过早期的军事活动，中国共产党形成了维护兵士权益、保障退役生活、救济被囚人员、抚恤牺牲人员家属等理念，并将工农兵群体紧密联系起来，开了利用社会力量和工农群众实施救济抚恤的先河，为党领导开展退役军人工作打下了基础。

人民军队建立后，中国共产党高度重视军人安置抚恤工作。苏维埃中央政府成立后即颁布了《中国工农红军优待条例》《红军抚恤条例》等文件，并设有红军抚恤处，在中央苏区成立红军战士残废院，在苏区城市设立优待红军家属委员会。1935 年，中央红军到达延安后，为解决伤残战士的医疗问题，中央卫生部创建了红军荣誉军人残废医院，这是我党最早的优抚医院。

1941 年，时值抗战，中央军委发出指示，规定“年老军人有政治、行政工作能力者，转移到地方政府及地方党部工作”。这是我军历史上第一次统一进行退役工作安排。抗战胜利后，为精兵简政，中共中央发出《中央关于复员工作的指示》，对复员人员按照军龄长短发给一定量的小米作为胜利生产补助金，复员人员回到地方后，设法拨给土地并帮助解决生产与生活上的困难。

解放战争后期，随着解放区逐渐扩大，政权建设和城乡管理需要大量干部。1949 年 2 月，为解决地方干部人手不足的问题，毛泽东同志发出“把军队变为工作队”的指示，大批部队干部转业到地方工作。

（二）社会主义革命和建设时期：退役军人工作的巩固发展

社会主义革命和建设时期是退役军人工作开创新局、巩固发展的阶段。新中国成立后，党中央高度重视广大南征北战、出生入死的退役军人，先后制定一系列法规制度，作出一系列决策指示，为退役军人工作指明了方向。

由于国家工作重心由战争向和平建设转变，大批军人积极响应国家号召，投身工农业生产。新中国成立后颁布的《关于人民解放军 1950 年的复员工作的决定》，拉开了大规模退役工作的序幕。各地迅即开办大批退役军人速成中学和文化学校，退役军人在接受教育培训后奔赴经济建设新战场。从 1952 年起，人民解放军开始成建制地集体退役，整师整团官兵成为祖国铁路、水利、林业、石油、建筑、屯垦战线的建设大军。在农村，从 1950 年开始到 1958 年结束，全国共安置退役士兵 482 万余人，占退役军人总数的 90% 以上。

1958 年，国家建立退休制度，国务院制定颁布相关规定，军队干部离退休制度正式建立。

（三）改革开放和社会主义现代化建设新时期：退役军人工作的创新发展

改革开放和社会主义现代化建设新时期是退役军人工作深度调整、创新发展的阶段。以党的十一届三中全会为标志，我国进入改革开放和社会主义现代化建设新时期。军队为适应国家现代化建设，在编制体制、服役制度、后勤保障制度等方面进行了改革，退役军人工作面临着改革发展中的一系列新情况新问题。党适应时代的发展，以改革的思路推进退役军人工作，推进退役军人工作内容拓展、制度创新、体制调整，有力地服务了社会主义现代化建设和军队现代化建设。

20 世纪 70 年代中期，大批军队官兵从军事战线转移到经济建设各条战线。为了使退役军人尽快适应新的任务，国务院、中央军委指导各地建立“军地两用人才培训中心”“军地两用人才介绍所”等服务机构，选拔使用大批军地两用人才。1978 年，五届全国人大常委会第一次会议通过《关于兵役制问题的决定》，除农村义务兵外，退役城镇义务兵（含伤病残义务兵）、转业志愿兵、复员干部安置均有了不同的政策。

1992 年，党的十四大正式确立“我国经济体制改革的目标是建立社会主义市场经济体制”。这个时期是我国农村土地承包制度改革取得很大成功、城市国有企业改革风起云涌的阶段。这一时期，退役军人安置工作虽然遇到一些困难，但指令性安置任务仍然能够较好完成。

2001 年 1 月，《军队转业干部安置暂行办法》出台，国家对军队转业干部实行计划分配和自主择业相结合的安置方式。这是退役军人就业安置进一步与市场经济接轨的重要标志。从此，延续多年的单一计划分配安置方式改为国家实行计划分配和自主择业相结合的安置方式，拓宽了退役军人就业安置的方式和政策空间。

2011 年 11 月，国家建立城乡一体的，以扶持就业为主，自主就业、安排工作、退休、供养等多种方式相结合的退役士兵安置制度。国家和地方陆续出台和完善扶持退役士兵创业就业的优惠政策，加强了退役士兵职业教育和技能培训工作。

（四）中国特色社会主义新时代：退役军人工作的高质量发展

中国特色社会主义新时代是退役军人工作重塑格局、高质量发展的阶段。党的十八大以来，以习近平同志为核心的党中央高度重视退役军人工作，习近平总书记亲自决策组建退役军人管理保障机构，亲自谋划推动退役军人服务保障体系建设，亲切接见全国模范退役军人、全国双拥模范代表，对退役军人工作作出一系列重要论述，为做好新时代退役军人工作提供了根本遵循。在以习近平同志为核心的党中央坚强领导下，退役军人工作革故鼎新、砥砺前行，取得了一系列突破性进展、标志性成果。

中央制定关于加强新时代退役军人工作的意见、退役军人工作政策制度改革方案，编制“十四五”退役军人服务和保障规划，对新时代退役军人工作作出顶层设计和制度安排。县级以上党委普遍成立退役军人事务工作领导机构，完善工作运行机制，党对退役军人工作的领导得到全面加强。

500 多万名退役军人得到妥善安置，抚恤补助标准连年提高，部分退役士兵社会保险得以接续，退役军人就业创业环境不断优化。

2011 年修订的《烈士褒扬条例》首次将境外烈士纪念设施保护管理工作写入法规。2013 年起，中韩双方启动中国人民志愿军烈士遗骸迎回安葬事宜。2014 年 9 月 30 日是国家首个“烈士纪念日”，党和国家领导人在天安门广场人民英雄纪念碑前向人民英雄敬献花篮。同一时刻，全国各族群众举行多种公祭活动，深切缅怀革命先烈的丰功伟绩。

2018 年 4 月 16 日，退役军人事务部正式挂牌成立。2019 年 3 月，全国县级以上退役军人事务部门全部挂牌运行。到 2019 年底，全国各地退役军人服务中心（站）相继成立。一个政府机构强力主导、服务体系积极作为、社会力量广泛参与的“三驾马车”式退役军人工作新格局逐步形成。

2020 年 11 月 11 日，十三届全国人大常委会第二十三次会议审议通过《退役军人保障法》，与之配套的相关条例等也陆续制定或修订。与此同时，有关退役军人思想政治和权益维护、移交安置、就业创业、抚恤优待、褒扬纪念、关心关爱等工作的一系列政策文件密集出台。伴随退役军人服务保障体系加快推进、政策制度体系不断健全完善，退役军人的获得感、幸福感不断增强，“让军人成为全社会尊崇的职业”理念深入人心。

退役军人事务部启动《中国共产党领导下的退役军人工作发展史》编纂工作

2022 年 1 月 27 日，退役军人事务部召开《中国共产党领导下的退役军人工作发展史》编纂工作领导小组第一次会议。

会议指出，退役军人工作是党和国家工作的重要组成部分，伴随人民军队而产生，紧贴中心工作而发展，退役军人工作发展史是党史、新中国史、军史的重要组成部分。会议要求，编纂工作要坚持以习近平新时代中国特色社会主义思想为指导，坚持唯物史观和正确党史观，坚持实事求是、守正创新，系统总结党领导下的退役军人工作发展的光辉历程、取得的重大成就和形成的历史经验。以中央有关精神为依据，以“四史”权威文献为依据，忠实记录退役军人工作服务党和人民事业发展的不平凡历程，特别是突出总结党的十八大以来，以习近平同志为核心的党中央领导退役军人工作取得的历史性成就。

二、退役军人工作的发展特征

自从党缔造和领导人民军队以来，经过 90 多年的探索实践，退役军人工作在内容、法律体系及管理方面都日益完善和健全，实现了立体化保护退役军人的合法权益。总体而言，我国退役军人工作呈现出工作内容愈发丰富、法律体系日趋完善、管理体制更加高效的特征。

（一）工作内容愈发丰富

第一，由最初单一的抚恤内容逐步发展为退役安置、抚恤优待、就业创业、褒扬纪念等 10 多项内容。红军时期，对退役军人以抚恤为主，抚恤多以食粮补贴或者帮助耕地为主。改革开放之后，退役军人工作则包括安置就业、保障医疗、分配住房、养老帮扶等多项内容。第二，从安置就业到安置方式的多元化。新中国成立之初，国家多采用就业安置的方式对退役军人进行安置。在社会主义市场经济条件下，国家提倡退役军人自主就业，鼓励其自主创业并提供各项优惠政策。目前，国家对退役军官采取退休、转业、逐月领取退役金、复员等方式妥善安置，对退役军士采取逐月领取退役金、自主就业、安排工作、退休、供养等方式妥善安置，对退役义务兵采取自主就业、安排工作、供养等方式妥善安置。第三，对军属的照顾更加全面。新中国成立以前，政府建立小学，对烈士子女免收学费和提供补助。现在，国家则规定，残疾军人、烈士、因公牺牲军人等的子女报考普通高中、中等职业学校、高等学校或考录公务员的，在与其他考生同等条件下优先录取。

（二）法律体系日趋完善

一方面，转变立法体例。改革开放之前，我国的退役军人立法工作多以条例和办法的形式开展；进入新世纪之后，国家连续多年出台各种优抚工作法律和法规，保护退役军人的合法权益。另一方面，构建法律体系。1929 年的《优待红军家属及抚恤伤亡实施条例》等条例成为党的历史上最早的关于红军战士抚恤、优待及退役安置政策的规定。改革开放以来，先后修订颁布《中华人民共和国国防法》（以下简称《国防法》）、《中华人民共和国兵役法》（以下简称《兵役法》）和《军人抚恤优待条例》《退役士兵安置条例》《军队转业干部安置暂行办法》等专门法律法规，出台一系列配套政策，对退役军人权益保障作出明确规定。据不完全统计，这一时期，制定出台的法规政策性文件近 2000 个。特别是《退役军人保障法》的颁布实施，为推进退役军人工作提供了法律支撑。

（三）管理体制更加高效

井冈山革命时期，即在根据地设置红军士兵委员会（政治部）和后方留守处，专门负责优抚工作。新中国成立后，1949 年，中央人民政府内务部成立，负责优军优抚事项。1978 年，设立民政部，负责优抚、退役与安置工作。1981 年，国务院退伍军人和军队退休干部安置领导小组成立。2018 年 3 月，根据《中共中央关于深化党和国家机构改革的决定》，整合民政部的退役军人优抚安置职责，人力资源和社会保障部的军官转业安置职责，以及中央军委政治工作部、后勤保障部有关职责，组建了退役军人事务部（职能配置和内设机构规定以及主要职责详见本书附录）。随后，县级以上地方人民政府也相应成立了退役军人工作主管部门，专门负责退役军人工作。至此，我国退役军人工作结束了“多龙治水”的局面，退役军人工作更加专业化和精细化，标志着我国退役军人工作迈入一个全新的发展阶段。

站在新的历史起点上，退役军人事务系统正沿着习近平总书记指引的方向，继续大力推进“三个体系”建设，满腔热忱为退役军人服务，在实现中华民族伟大复兴中国梦的壮阔征程中，奋力谱写新时代退役军人事业发展新篇章。

深度阅读

1.《奋力开创新时代退役军人工作新局面——以习近平同志为核心的党中央关心退役军人工作纪实》，新华社北京 2019 年 7 月 25 日电。

2.《退役军人获得感幸福感荣誉感不断增强（中国这十年·系列主题新闻发布）》，《人民日报》2022 年 8 月 27 日第 2 版。

《奋力开创新时代退役军人工作新局面——以习近平同志为核心的党中央关心退役军人工作纪实》

《退役军人获得感幸福感荣誉感不断增强（中国这十年·系列主题新闻发布）》

第二章

退役军人政策法规工作

要论摘编

中央和国家机关、地方各级党委和政府要强化国防意识，一如既往关心我军人才工作，在相关政策制定、资源共享等方面给予支持配合，在军人家属随军就业、子女入学入托、优抚政策落实和退役军人保障等方面积极排忧解难，齐心协力把我军人才工作做得更好，为推进强军事业贡献力量。

——习近平：《深入实施新时代人才强军战略　更好发挥人才对强军事业的引领和支撑作用》（2022 年 7 月 28 日）

法治是人类文明进步的重要标志，是治国理政的基本方式，是党和人民的不懈追求。退役军人工作要贯彻落实全面依法治国基本方略，不断加强退役军人工作法治建设，健全法律法规和政策制度体系，始终坚持依法行政、依法管理、依法推进，教育引导广大退役军人崇尚法律、遵守法律、宣传法律，努力营造遇到问题找法、解决疑难用法、化解矛盾靠法的良好法治环境。

第一节　退役军人政策法规工作概述

退役军人政策法规工作是新时代做好退役军人工作的重要保证。新中国成立以来，党中央、国务院、中央军委制定了一系列政策法规，对维护退役军人权益、做好退役军人工作发挥了重要作用。特别是党的十八大以来，习近平总书记高度重视退役军人政策法规工作，提出了一系列重要论述和要求，为退役军人工作提供了科学依据和根本遵循。必须深入学习贯彻习近平法治思想，把握新时代退役军人工作的正确方向，围绕为经济社会发展和国防军队建设服务的方针原则，不断加强退役军人政策法规制度建设。

一、退役军人政策法规工作的内涵

退役军人政策法规工作主要涉及法律、行政法规、地方性法规、规章（部门规章和地方政府规章）、规范性文件等基础概念。法律由全国人民代表大会及其常务委员会制定，包括宪法及宪法相关法、民商法、行政法、经济法、社会法、刑法、诉讼与非诉讼程序法等。行政法规是国务院根据宪法和法律制定的法规，一般称“条例”，也可称“规定”“办法”等。地方性法规是由省、自治区、直辖市的人民代表大会及其常务委员会根据本行政区域的具体情况和实际需要，在不同宪法、法律、行政法规相抵触的前提下制定的法规。部门规章是国务院各部、委员会、中国人民银行、审计署和具有行政管理职能的直属机构根据法律和国务院的行政法规、决定、命令而制定的法规，一般称“规定”“办法”，但不得称“条例”。地方政府规章是由省、自治区、直辖市的人民政府根据法律、行政法规和本省、自治区、直辖市的地方性法规而制定的法规。规范性文件是“行政规范性文件”的简称，是指除政府规章外，各级行政机关或者法律、法规授权管理公共事务的组织依据法定职权和程序制定发布，对公民、法人和其他组织具有普遍约束力，可以反复适用的文件，标题中多使用“规定”“办法”“细则”“意见”“通知”“公告”等，或使用“方案”“规范”“规程”“规则”“制度”“指南”等。

退役军人事务部政策法规司作为退役军人事务部法制机构，负有拟定退役军人事务部年度规章制订工作计划、跟踪计划执行情况、组织协调和督促指导职责。各省、自治区、直辖市退役军人事务厅（局）政策法规处作为退役军人事务部门法制机构，负有与省级人大立法部门联合拟定退役军人工作地方性法规立法计划、跟踪计划执行、组织协调和督促指导职责。

二、退役军人政策法规工作的作用和意义

以习近平同志为核心的党中央提出，到 2035 年基本实现国家治理体系和治理能力现代化，到本世纪中叶实现国家治理体系和治理能力现代化。在中国特色社会主义新时代，退役军人事务领域治理体系和治理能力建设集中体现在退役军人事务相关政策法规建设和政策法规制度执行能力上。只有坚持把退役军人工作全面纳入法治轨道，才能解决当前退役军人事务领域存在的突出问题，增强工作的针对性、实效性，才能使退役军人工作逐步走上科学化、法治化、规范化轨道。

具体来说，做好退役军人政策法规工作具有四个方面的重要意义：是贯彻落实习近平法治思想，推进国防和军队建设的必然要求；是落实党中央决策部署，推进退役军人工作治理体系和治理能力现代化的重要举措；是推进全面依法治国，系统构建退役军人保障制度体系的有力支撑；是适应党和国家机构改革，加强退役军人服务保障工作的客观需要。总之，做好退役军人政策法规工作，对于进一步维护退役军人合法权益、让军人成为全社会尊崇的职业具有重要意义。

三、退役军人政策法规工作的发展历程

建党初期，党在发动和领导以工人运动为中心的人民革命斗争中，尤其在与国民党合作创建军队、进行革命战争的工作中，逐步开始重视军事工作，对兵士的生活状况及退伍后的生活保障给予了较大关注，开展了早期理论和实践探索，陆续提出了一些保障退伍兵士生活的主张。

人民军队诞生后，党领导的退役军人工作在中国革命、建设、改革、进入新时代等不同历史阶段，其政策制度始终与当时的形势任务相适应，与当时的经济社会发展水平相适应，并在长期实践中不断充实完善。

土地革命时期，党领导的革命根据地处于相对独立和分散的状态，都是

在极端艰苦的环境中坚持革命。在应对危局困境中，中央苏区先后出台《中国工农红军优待条例》《红军抚恤条例》《优待城市红军家属办法》等，明确规定红军士兵抚恤、优待及安置政策，实行实物分配、代耕土地、税赋减免等优待，安置残疾军人，褒扬革命烈士，保护军人婚姻，帮助红军家属解决生活、工作中的实际困难等。当时，由于普遍处于严酷的战争环境中，这些举措和政策尽管没有得到完全有效施行，但这种新型退役军人政策制度所确立的基本原则和发展方向形成了党的退役军人工作的萌芽，为创建和发展红色根据地、推动形成扩大红军的热潮、构建新型军民关系起到了重要作用。

抗日战争时期，党领导的敌后抗战遭遇极其严重的困难。在极端严峻的形势下，我党更加重视做好退役军人工作，明确提出要“优待抗日军人家属”，先后制定《优待抗日将士遗属抚恤办法》《优待抗战军人家属条例》等。特别是陕甘宁边区政府出台《抗日军人优待条例》，在财政极度困难的情况下，仍多次提高抚恤优待标准，确保军人退役后生活得到妥善安置。这一阶段，党的退役军人工作克服重重困难，相关政策和工作得到较为全面的贯彻落实，极大地鼓舞了军心士气，抚慰了军人家属，使前方抗战将士无后顾之忧，后方烈军属无生活之虑，从而最大限度地激发了广大军民同仇敌忾、共御外辱的精神气节。

解放战争时期，党领导人民军队经历战略防御、战略相持、战略进攻阶段，许多大中城市相继解放，保护红色政权、修复战争创伤、加强政权建设和城乡管理等工作逐步展开。各解放区民主政府相继修订一系列政策法规，如东北的《优待革命军人家属条例》、华北的《革命军人家属优待条例》等，进一步明确军属享受优待、烈属享受抚恤金待遇和其他照顾，为伤残军人举办荣军教养院和荣誉军人学校，为烈士修建纪念建筑物等。这一阶段，随着解放区的不断扩大，军政军民关系进一步密切，党的退役军人政策迅速向全国推开，对人民军队的发展壮大和新中国的诞生起到了积极促进作用，也为新中国成立后退役军人制度的形成及完善奠定了坚实基础。

新中国成立后，党和国家各项工作逐步进入正轨，人民军队大规模精简整编。党和政府提出“服从国家经济建设和国防建设的需要，并使两者结合起来”的指导思想，确立“全面贯彻国家抚恤和群众优待相结合”的方针原则，颁布《兵役法》，制定《革命残废军人抚恤优待暂行条例》《中国人民解放军军官服役条例》等，退役军人工作政策体系基本成型。这一阶段，随着国家经济建设全面展开，退役军人工作也相应将服务经济建设、服务巩固国防和建设强大军队作为重要任务，并成为党和政府的一项常规工作，为恢复和发展国民经济、巩固新生的人民政权作出了巨大贡献。

▲ 20世纪70年代吉林省白城地区编印的退役军人工作《政策汇编》

改革开放以后，党和国家的工作重心转移到经济建设上来，国家实行改革开放，军队建设指导思想发生战略性转变，退役军人政策法规体系进一步完善。党中央、全国人大、国务院、中央军委先后修订颁布《国防法》《兵役法》和《军人抚恤优待条例》《退役士兵安置条例》《军队转业干部安置暂行办法》等法律法规，并制定出台了一系列配套政策性文件，对退役军人权益保障作出明确规定。据不完全统计，这一时期，制定出台的法规政策性文件近2000份。这一阶段，在加快实现拨乱反正的基础上，大力发扬拥军优属光荣传统，加速开展政策、理论、实践的探索与完善，退役军人得到较好服务保障，对于推动建设巩固的国防和强大的军队、推进改革开放和社会主义现代化建设作出了积极贡献。

党的十八大以来，习近平总书记围绕做好退役军人工作作出一系列重要论述，为推进新时代退役军人工作提供了根本遵循。退役军人事务部组建成立后，始终坚持把退役军人政策法规建设摆在突出位置，针对新时代退役军人工作特点，以坚持依法行政、科学管理为出发点，以落实军事政策制度改革要求为着力点，以退役军人工作政策法规需求为落脚点，在全面梳理和科学评估退役军人现行政策制度基础上，结合地方实践经验，积极稳妥出台政策，逐步形成与经济社会发展水平相适应，与国防和军队改革相衔接，以加强新时代退役军人工作的指导性意见、《退役军人保障法》为根基，以退役军人工作政策制度相关改革举措为主干，以拟出台和修订的《退役军人安置条例》《军人抚恤优待条例》《烈士褒扬条例》等行政法规以及部门规章和规范性文件为支撑的政策法规体系，探索出一条具有中国特色的新时代退役军人事业发展道路。

政策解读

问：为什么要制定出台《中华人民共和国退役军人保障法》？

答：退役军人为国防和军队建设作出了重要贡献，是社会主义现代化建设的重要力量，是党和国家的宝贵财富。新中国成立以来，党中央、国务院、中央军委制定了一系列政策法规，对维护退役军人权益、做好退役军人工作发挥了重要作用。随着经济社会的快速发展、国防和军队改革的深入推进，退役军人工作面临着新形势：一是党的十八大以来，习近平总书记对退役军人工作作出一系列重要论述，党中央、国务院、中央军委对退役军人工作作出一系列重大部署，对新时代做好退役军人工作提出了新要求。二是2018年3月党和国家机构改革之前，对军官和士兵的安置、就业、优待等工作分散在相关部门，有关规定比较分散，需要整合。三是对退役军人工作中普遍反映的问题，需要通过法律手段统筹解决。鉴于此，有必要制定一部系统完备的法律，为做好新时代退役军人工作提供法治保障。

《中华人民共和国退役军人保障法》

《中华人民共和国退役军人保障法》宣传片

第二节　退役军人政策法规工作的内容

加强退役军人政策法规工作，是为退役军人工作立规矩，为新时代退役军人事业高质量发展奠定基础、事关长远的重中之重的工作。

一、退役军人政策法规工作的指导思想

以习近平新时代中国特色社会主义思想为指导，深入学习领会习近平法治思想和习近平强军思想，始终坚持以习近平总书记关于退役军人工作重要论述为根本遵循，对标《中华人民共和国国民经济和社会发展第十四个五年规划和 2035 年远景目标纲要》《法治政府建设实施纲要（2021—2025 年）》，从法治中国建设整体布局出发，以落实《退役军人保障法》为重点，着眼于把退役军人安置保障好、服务管理好、作用发挥好，坚持问题导向、系统设计、分类保障，通过科学立法、深入普法、规范执法、严格守法，辨证施治，久久为功，着力提高运用法治思维和法治方式服务保障退役军人的能力，持续推进退役军人事务领域治理体系和治理能力现代化，为退役军人工作持续健康发展提供坚强法治保障。

二、退役军人政策法规工作的基本原则

做好退役军人政策法规工作，必须坚持党的全面领导，坚持为经济社会发展和国防军队建设服务，坚持以退役军人为中心，坚持思想政治引领，坚持依法依规治理，坚持改革创新驱动，坚持从退役军人工作实际出发，把退役军人工作全面纳入法治轨道，坚定树牢法治理念，不断增强规则意识，始终坚持依法行政、依规办事，做好新时代退役军人工作。

三、退役军人政策法规工作的目标任务

退役军人政策法规工作的目标任务是：退役军人政策法规制度体系完备，

行政决策科学民主合法，行政权力规范透明运行，工作职能依法全面履行，退役军人权益得到切实有效保障，退役军人事务系统依法行政能力普遍提高，退役军人事务领域治理体系和治理能力现代化建设实现长足发展。

四、退役军人政策法规体系的构成

（一）法律

《退役军人保障法》是开展退役军人工作的总纲，是退役军人政策法规制度体系的根基。2020 年 11 月 11 日，《退役军人保障法》由十三届全国人大常委会第二十三次会议通过，习近平主席签署中华人民共和国主席令（第六十三号）予以公布，自 2021 年 1 月 1 日起施行。

河北省退役军人事务厅运用漫画形式广泛宣传《退役军人保障法》/河北省退役军人事务厅供图

现行有效的涉及退役军人工作的法律主要包括：《中华人民共和国国家勋章和国家荣誉称号法》（以下简称《国家勋章和国家荣誉称号法》）、《国防法》、《兵役法》、《中华人民共和国现役军官法》（以下简称《现役军官法》）、《中华人民共和国军人保险法》（以下简称《军人保险法》）、《中华人民共和国军人地位和权益保障法》（以下简称《军人地位和权益保障法》）、《退役军人保障法》《中华人民共和国英雄烈士保护法》（以下简称《英雄烈士保护法》）等。

（二）行政法规

现行有效的涉及退役军人工作的行政法规主要包括：《烈士褒扬条例》《军人抚恤优待条例》《退役士兵安置条例》《军用饮食供应站供水站管理办法》等。

（三）地方性法规

地方性法规是由各省、自治区、直辖市的人民代表大会及其常务委员会根据本行政区域退役军人工作的具体情况和实际需要制定的涉及退役军人工作的法规，由各省、自治区、直辖市退役军人事务厅（局）承担宣传贯彻、推动实施、跟踪落实、评估检查和督促指导职责。

（四）规章（部门规章和地方政府规章）

现行有效的涉及退役军人工作的部门规章包括：《伤残抚恤管理办法》《光荣院管理办法》《优抚医院管理办法》《烈士安葬办法》《烈士纪念设施保护管理办法》《烈士公祭办法》《境外烈士设施保护管理办法》《军队离休退休干部服务管理办法》《军队无军籍退休退职职工服务管理办法》等。

第三节 退役军人政策法规工作的创新发展

新时代退役军人工作要从根本上破解面临的矛盾和问题，需要坚持不懈地做好退役军人政策法规工作，坚持前瞻设计、体系布局、统筹推进、注重衔接，坚持同军事政策制度改革相对接，同社会保障等现有制度体系相适应，填补把方向、管长远、打基础的政策法规制度空白点，精准回应服务对象关切点，接续构建中国特色退役军人政策法规体系。同时，要抓好政策法规执行，无缝联通政策落实衔接点，同步制定相应配套措施和实施细则，确保党中央决策部署落地生根、开花结果，使退役军人真正得到实惠，逐步实现退役军人事务领域各项工作有法可依、有序开展，全力推动新时代退役军人工作在规范化、程序化、法治化轨道上健康运行。

一、退役军人政策法规工作的发展目标

退役军人政策法规工作以加强党的领导，健全完善政策法规制度体系，推进行政决策科学化、民主化、法治化，规范公正文明执法，制约和监督行政权力，化解退役军人事务领域矛盾纠纷，提升法治思维和依法行政能力等为发展目标，推动退役军人政策法规制度建设。

（一）加强党的领导

各级退役军人事务部门在党的领导下，严格按照《法治中国建设规划（2020—2025年）》《法治社会建设实施纲要（2020—2025年）》《法治政府建设实施纲要（2021—2025年）》规定要求，切实增强做好退役军人法治建设工作的使命感、紧迫感和责任感，一级抓一级，层层抓落实。

（二）健全完善退役军人事务领域政策法规制度体系

坚持以人为本、分类保障、服务优先、依法管理的原则，按照《中华人民共和国立法法》《行政法规制定程序条例》《规章制定程序条例》《法规规章备案条例》《关于加强行政规范性文件制定和监督管理工作的通知》《关于全面推行行政规范性文件合法性审核机制的指导意见》等规定要求，切实提高退役军人事务领域立法质量，构建系统完备、科学规范、运行高效的依法行政制度体系，使退役军人政策法规更加成熟。

（三）推进行政决策科学化、民主化、法治化

严格执行《重大行政决策程序暂行条例》，防止违法决策、不当决策、拖延决策，不断推动退役军人工作行政决策制度科学、程序正当、过程公开、责任明确，决策法定程序严格落实，决策质量显著提高，决策效率切实保证，各级退役军人事务部门行政决策公信力和执行力大幅提升。

（四）严格规范公正文明执法

严格按照《兵役法》《军人地位和权益保障法》《现役军官法》《军人保险法》《退役军人保障法》《国家勋章和国家荣誉称号法》《英雄烈士保护法》《军人抚恤优待条例》《中华人民共和国行政处罚法》等规定要求，建立健全权责统

一、权威高效的行政执法体制，严格实施法律法规规章，行政违法或不当行为明显减少，广大退役军人和其他优抚对象的合法权益得到切实保障。

（五）强化对行政权力的制约和监督

各级退役军人事务部门科学有效的行政权力运行制约和监督体系基本形成，惩治和预防腐败体系进一步健全，各方面监督形成合力，广大退役军人的知情权、参与权、表达权、监督权得到切实保障，损害公民、法人和其他组织合法权益的违法行政行为得到及时纠正，违法行政责任人依法依纪受到严肃追究。

▶ 山西省吕梁市柳林县退役军人事务局为退役军人发放《退役军人保障法》学习资料／山西省退役军人事务厅供图

（六）依法有效化解退役军人事务领域矛盾纠纷

退役军人和其他优抚对象的合法权益得到切实维护，公正、高效、便捷、成本低廉的多元化矛盾纠纷解决机制全面形成，各级退役军人事务部门在预防、解决行政争议和民事纠纷中的作用充分发挥，新时代"枫桥经验"得到推广，通过法定渠道解决矛盾纠纷的比率大幅提升。

（七）全面提升法治思维和依法行政能力

各级退役军人事务部门工作人员特别是领导干部牢固树立宪法法律至上、法律面前人人平等、权由法定、权依法使等基本法治理念，恪守合法行政、合理行政、程序正当、高效便民、诚实守信、权责统一等依法行政基本要求，做尊法学法守法用法的模范，法治思维和依法行政能力明显提高，在法治轨道上全面推进退役军人工作。2022年12月，退役军人事务部印发《关于加强退役军人事务法治文化建设的实施意见》，强调要以习近平新时代中国特色社会主义思想为指导，全面学习贯彻党的二十大精神，坚持和加强党对退役军人事务法治文化建设的全面领导，坚持以人民为中心的发展思想，坚持科学立法、严格执法、普法宣传一体推进，不断提升各级退役军人事务部门依法行政水平，提升退役军人法治意识和法治素养，更好发挥法治固根本、稳预期、利长远的保障作用，在法治轨道上推动退役军人工作高质量发展。

二、加强退役军人政策法规工作的主要措施

（一）加强党对退役军人法治建设工作的领导

1. 加强组织领导。各级退役军人事务部门要在党委统一领导下，谋划和落实好法治建设工作的各项任务，主动向党委报告法治建设中的重大问题，及时消除制约退役军人法治建设的体制机制障碍。要结合本地区本部门实际，每年部署法治建设年度重点工作，发挥牵引和突破作用，带动法治建设各项工作全面深入开展。加强各级退役军人事务部门法治力量建设，不断提高工作人员的思想政治素质和业务工作能力。

2. 严格落实第一责任人责任。按照《党政主要负责人履行推进法治建设第一责任人职责规定》要求，各级退役军人事务部门主要负责人要认真履行推进法治建设第一责任人职责，将退役军人法治建设工作摆在全局重要位置。建立领导干部述法制度，健全法治建设工作情况年度报告机制，对不认真履行第一责任人职责，本地区本部门一年内发生多起重大违法行政案件、造成严重社会后果的，依法追究主要负责人的责任。

3. 依法筹划和指导基层建设。基层是退役军人事务系统全部工作的基础。基础不牢，地动山摇。退役军人事务系统所有工作最终要靠基层去落实。各级退役军人事务工作领导机关要在党委统一领导下，谋划和落实好法治建设的各项任务，主动向党委报告法治建设中的重大问题，及时消除制约退役军人法治

建设的体制机制障碍。要加强工作统筹，认真贯彻落实退役军人事务部颁布的《关于加强退役军人事务法治文化建设的实施意见》和指导基层工作的相关规定，严格控制大型活动，搞好“关闸分流”，减少基层忙乱。

（二）健全完善退役军人事务领域政策法规制度体系

1. 完善退役军人立法体制机制。严格落实《中华人民共和国立法法》规定，坚持立改废释并举，健全退役军人立法立项、起草、论证、协调、审议机制，推进退役军人立法的及时性、系统性、针对性、有效性。通过开展立法前评估等方式，引入第三方评估，充分听取各方意见，健全立法项目论证制度。探索委托第三方起草法律法规规章草案，定期开展立法后评估，对不适应退役军人工作改革和发展要求的法律法规规章，要及时修改和废止；对实践证明已经比较成熟的改革经验和行之有效的改革举措，要及时上升为法律法规规章。

2. 提高立法工作的公众参与度。健全法律法规规章起草征求人大代表意见制度，充分发挥政协、民主党派、工商联、无党派人士、人民团体、社会组织在退役军人立法协商中的作用。建立有关国家机关、社会团体、专家学者等对退役军人立法中涉及的重大利益调整论证咨询机制。拟设定的制度涉及退役军人切身利益或各方面存在较大意见分歧的，要采取座谈会、论证会、听证会、问卷调查等形式广泛听取意见，加强与广大退役军人的沟通，广泛凝聚社会共识，最大限度形成做好退役军人工作的良好氛围。

3. 加强规范性文件监督管理。完善规范性文件制定程序，落实合法性审查、集体讨论决定等制度，实行制定机关对规范性文件统一登记、统一编号、统一印发制度。涉及公民、法人和其他组织权利义务的规范性文件，应当按照法定要求和程序予以公布，未经公布的不得作为行政管理依据。加强备案审查制度和能力建设，把所有规范性文件纳入备案审查范围，健全公民、法人和其他组织对规范性文件的建议审查制度，加大备案审查力度，做到有件必备、有错必纠。

4. 建立行政法规、规章和规范性文件动态清理长效机制。根据退役军人工作改革发展需要以及上位法制定、修改、废止情况，及时清理有关行政法规、规章、规范性文件，清理结果向社会公布。实行行政法规、规章、规范性文件目录和文本动态化、信息化管理，各级退役军人事务部门要根据规范性文件立改废情况及时调整目录和文本并向社会公布。

（三）推进退役军人工作行政决策科学化民主化法治化

1. 健全依法决策机制。完善退役军人工作重大行政决策程序制度，明确决策主体、事项范围、法定程序、法律责任，规范决策流程，强化决策法定程序的刚性约束。

2. 增强公众参与实效。事关退役军人和其他优抚对象切身利益的重大行政决策事项，应当广泛听取意见，并注重听取有关人大代表、政协委员、人民团体、基层组织、社会组织的意见。各级退役军人事务部门要加强公众参与平台建设。对社会关注度高的决策事项，应当公开信息、解释说明，及时反馈意见采纳情况和理由。探索建立涉退役军人重大民生决策事项民意调查制度。

3. 提高专家论证和风险评估质量。加强中国特色退役军人工作新型智库建设，建立行政决策咨询论证专家库。对专业性、技术性较强的决策事项，应当组织专家、专业机构进行论证。选择论证专家要注重专业性、代表性、均衡性，支持其独立开展工作，逐步实行专家信息和论证意见公开。健全完善退役军人重大决策社会稳定风险评估机制。

4. 加强合法性审查。各级退役军人事务部门要建立行政机关内部重大决策合法性审查机制，未经合法性审查或经审查不合法的，不得提交讨论。要加强以机关和法制机构人员为主体、吸收专家和律师参加的法律顾问队伍建设，保证法律顾问在制定重大行政决策、推进依法行政中发挥积极作用。

5. 坚持集体讨论决定。各级退役军人事务部门重大行政决策应当经部门领导班子会议讨论，由行政首长在集体讨论基础上作出决定。行政首长拟作出的决定与会议组成人员多数人的意见不一致的，应当在会上说明理由。集体讨论情况和决定要如实记录、完整存档。

6. 严格决策责任追究。各级退役军人事务部门应当跟踪决策执行情况和实施效果，根据实际需要进行重大行政决策后评估。健全并严格实施重大决策终身责任追究制度及责任倒查机制，对决策严重失误或者依法应该及时作出决策但久拖不决造成重大损失、恶劣影响的，严格追究行政首长、负有责任的其他领导人员和相关责任人员的党纪政纪和法律责任。

（四）坚持严格规范公正文明执法

1. 完善行政执法程序。建立健全行政裁量权基准制度，细化、量化行政裁量标准，规范裁量范围、种类、幅度。建立执法全过程记录制度，制定行政执法程序规范，明确具体操作流程。健全行政执法调查取证、告知、罚没收入管理等制度，明确听证、集体讨论决定的适用条件。严格执行重大行政执法决定法制审核制度，未经法制审核或者审核未通过的，不得作出决定。

2. 创新行政执法方式。推行行政执法公示制度。加强行政执法信息化建设和信息共享，完善网上执法办案及信息查询系统。强化科技装备在行政执法中的应用。推广运用说服教育、劝导示范、行政指导、行政奖励等非强制性执法手段。健全公民和组织守法信用记录，完善守法诚信行为褒奖机制和违法失信行为惩戒机制。

3. 全面落实行政执法责任制。各级退役军人事务部门要严格确定不同部门及机构、岗位执法人员的执法责任，建立健全常态化的责任追究机制。加强执法监督，建立健全投诉举报、情况通报等制度，坚决排除对执法活动的干预，防止和克服部门利益和地方保护主义，防止和克服执法工作中的利益驱动，惩治执法腐败现象。

4. 健全行政执法人员管理制度。全面实行行政执法人员持证上岗和资格管理制度；未经执法资格考试合格，不得授予执法资格，不得从事执法活动。健全纪律约束机制，加强职业道德教育，全面提高执法人员素质。

5. 自觉接受党内监督、人大监督、民主监督。各级退役军人事务部门要切实履行主体责任，主要负责人是第一责任人，对本部门党风廉政建设负总责。认真执行向本级人大及其常委会报告工作制度、接受询问和质询制度、报备行政法规和规章制度。认真研究处理人大及其常委会组成人员对退役军人工作提出的有关审议意见，及时研究办理人大代表和政协委员提出的意见和建议。健全知情明政机制，各级退役军人事务部门向政协定期通报有关情况，为政协委员履职提供便利、创造条件。

6. 完善社会监督和舆论监督机制。各级退役军人事务部门建立对行政机关违法行政行为投诉举报登记制度，畅通举报箱、电子信箱、热线电话等监督渠道，方便退役军人投诉举报、反映问题，依法及时调查处理违法行政行为。加强与互联网等新兴媒体互动，建立健全网络舆情监测、收集、研判、处置机制，推动网络监督规范化、法治化。

（五）依法有效化解退役军人事务领域矛盾纠纷

1. 健全依法化解纠纷机制。构建对维护广大退役军人合法权益具有重大作用的制度体系，建立健全退役军人事务领域矛盾预警机制、利益表达机制、协商沟通机制、救济救助机制。及时收集分析退役军人事务领域热点、敏感、复杂矛盾纠纷信息，加强对群体性、突发性事件的预警监测。强化依法应对和处置退役军人事务领域群体性事件机制和能力。全面落实《关于加强退役军人司法救助工作的意见》（中政委〔2020〕59 号）规定要求，有针对性地做好退役军人司法救助工作。加大普法力度，引导和支持广大退役军人依法表达诉求和维护权益。

2. 加强和规范行政复议工作。充分发挥行政复议在解决退役军人事务领域行政争议中的重要作用，积极适应行政复议体制改革需要，配合司法行政部门履行行政复议职责，纠正违法或不当行政行为。依托法律顾问力量提高行政复议办案质量，增强行政复议的专业性、透明度和公信力。

3. 加强和规范行政应诉工作。健全行政争议实质性化解机制，推动诉源治理。支持法院依法受理和审理行政案件，切实履行生效裁判。支持检察院开展行政诉讼监督工作和行政公益诉讼，积极主动履行职责或者纠正违法行为。认真做好司法建议、检察建议落实和反馈工作。

4. 做好退役军人法律援助工作。严格按照《关于加强退役军人法律援助工作的意见》规定要求，建立健全律师值班等法律援助服务制度，积极探索退役军人法律援助工作规律，努力为退役军人提供及时便利、优质高效的法律援助服务。

5. 落实法律顾问制度。加强法律顾问和公职律师队伍建设，提升法律顾问和公职律师参与重大决策的能力水平。充分发挥法律顾问在重大决策法律服务、重大合作项目洽谈与合同审查、诉讼案件代理、法治宣传教育培训、信访事项处置、重大突发事件处理等工作中的重要作用。

（六）全面提高退役军人事务系统工作人员法治思维和依法行政能力

1. 树立重视法治素养和法治能力的用人导向。各级退役军人事务部门要抓住领导干部这个全面依法治国的“关键少数”，推动行政机关负责人带头遵守执行宪法法律，把法治观念强不强、法治素养好不好作为衡量干部德才的重要标准，把能不能遵守法律、能不能依法办事作为考察干部的重要内容，把严守党纪、恪守国法、拒腐防变的干部用起来。

2. 加强对系统工作人员的法治教育培训。健全领导干部学法用法机制。各级退役军人事务部门工作人员特别是领导干部要系统学习中国特色社会主义法治理论，建立退役军人工作者应知应会法律法规清单，学好宪法以及与自己所承担工作密切相关的法律法规。完善学法制度，把法治教育纳入各级退役军人事务部门工作人员初任培训、任职培训的必训内容。定期举办领导干部法治专题培训班，健全行政执法人员岗位培训制度，每年组织开展行政执法人员通用法律知识、专门法律知识、新法律法规等专题培训，不断提高全系统工作人员的综合素质和业务能力。

3. 注重通过法治实践提高系统工作人员法治思维和依法行政能力。各级退役军人事务部门工作人员特别是领导干部，要自觉运用法治思维和法治方式深化改革、推动发展、化解矛盾、维护稳定，坚持把《中华人民共和国民法典》作为行政决策、行政管理、行政监督的重要标尺，想问题、作决策、办事情必须守法律、重程序、受监督，牢记职权法定，切实保护退役军人合法权益。注重发挥法律顾问和法律专家的咨询论证、审核把关作用。落实“谁执法谁普法”的普法责任制，建立行政执法人员以案释法制度，使执法人员在执法普法的同时不断提高自身法治素养和依法行政能力。

4. 不断加强政策研究力度。要以习近平总书记关于退役军人工作重要论述为根本遵循，加强退役军人工作顶层设计和整体谋划，紧紧围绕退役军人工作重点难点问题深入研究、探寻规律，深入研究各项退役军人工作的系统性、关联性、可行性，下大力气做好政策研究工作，为退役军人工作改革发展提供理论支持和决策参考。

各级退役军人事务部门要全面深化退役军人政策法规制度改革，更加突出法治建设，注意研究退役军人法治建设工作的新情况新问题，解放思想、大胆实践，开拓进取、久久为功，不断推动退役军人政策法规制度建设一步一个脚印向前迈进，确保退役军人工作始终在法治轨道上健康运行，运用法治思维和法治方式引领推动退役军人工作实现高质量发展，为全面推进依法治国、建设社会主义法治国家作出贡献。

案例选编

贵州省“四举措”推动“法律政策落实年”活动，政策点落实落细

2021 年以来，贵州省退役军人事务系统深入开展“法律政策落实年”活动，着眼于“让退役军人获得感成色更足”，“四举措”并举推动政策点落实落细：统一调度“抓”，制定省级 211 项具体政策点；定实措施“推”，出台 50 余项政策举措；督导检查“促”，建立“定期检查、随机抽查、年度督查”调试通报机制；聚力解难“破”，开展厅局长破难题和重点课题研究“两项行动”。

/ 第三章 /

退役军人思想政治和权益维护工作

要论摘编

要关爱退役军人，他们为保家卫国作出了贡献。

——习近平：《2019 年新年贺词》(2018 年 12 月 31 日)

思想政治工作是我党我军优良传统、“看家本领”和特有政治优势，是一切工作的生命线。权益维护工作是贯彻落实以人民为中心发展思想的具体举措。退役军人思想政治工作和权益维护工作相互关联、相互促进，统一于促进退役军人全面发展、实现军事人力资源向经济社会发展人才资源有效转化的实践活动中。

第一节　退役军人思想政治和权益维护工作概述

退役军人思想政治和权益维护工作是退役军人工作的重要内容。做好退役军人的思想政治工作，要与维护退役军人合法权益紧密结合，做到有机统一、相互促进。

一、退役军人思想政治工作的概念及主要内容

退役军人思想政治工作是党的思想政治工作的重要组成部分，是围绕新时代党和国家建设发展目标，针对退役军人的思想状况、行为特点和现实需要，有计划、有组织、有步骤地对退役军人进行理论武装和教育引导的实践活动。思想政治工作是做好退役军人工作的中心环节，主要包括：配合组织部门加强退役军人党员教育管理、开展先进典型宣传、强化荣誉表彰激励等。

二、退役军人权益维护工作的概念、特点及权益维护范围

（一）概念

退役军人权益维护工作是指政府机构或社会组织采取行政、经济、法律等有效方式或手段，依法依规维护退役军人合法权益的实践活动。主要包括化解遗留问题、推动信访事项解决、加强法律援助工作等。

（二）主要特点

1. 对象身份的独特性。退役军人权益维护工作的对象是退役军人群体或个体，旨在确保退役军人的权益能够得到有效维护。除维护个体权益外，更要注重维护退役军人群体的权益，整体推动退役军人面临的各种社会问题得到统筹解决。

2. 合法合理性。维护退役军人权益，合法合规是前提和关键。不能突破政策和法律底线解决问题，更不能盲目“包办一切”。既要尽力而为，积极回应退役军人最关心、最直接、最现实的利益关切，又要量力而行，立足当前、着眼长远，充分尊重客观规律，合理引导预期，统筹考虑需要和可能，按照经济社会发展规律循序渐进推动问题解决。

3. 参与主体的多元性。尊重、关爱退役军人是全社会的共同责任。退役军人权益维护工作涉及面广，不能局限于退役军人事务部门，需要党委和政府其他相关部门、军队及社会各方面协同参与。

（三）权益维护范围

退役军人应在公民一般权利基础上享有与经济发展相协调、与社会进步相适应的相关优待政策和优质服务，以彰显他们为国防和军队建设作出的牺牲和奉献。退役军人的权益主要包括：

1. 社会融入权利。军人长期生活在军营的封闭环境中，与现实社会有一定脱节。退役后适应社会、融入社会需要一个过程，党和政府以及社会各界应帮助他们尽快融入社会。

2. 安置就业权利。妥善安置退役军人是一项重要的政治任务。地方各级政府应当按照移交接收计划，采取多种方式做好退役军人安置工作，完成退役军人安置任务。机关、群团组织、事业单位和国有企业应当依法接收、安置退役军人。符合相应条件的退役军人，依法享有安置或由国家供养的权利。

针对部分退役军人退役后面临学历较低、专业技能缺乏、就业困难等问题，国家保障他们享有接受再教育培训和就业创业的权利：以提高就业质量为导向，紧密围绕社会需求，为退役军人提供有特色、精细化、针对性强的培训服务；采取政府推动、市场引导、社会支持相结合的方式，鼓励和扶持退役军人就业创业，依法享受租金减免、供地保障、补贴优惠、税收优惠等政策和服务，促进他们充分就业创业。

3. 抚恤优待和社会尊重权利。无论是退役军人个体还是群体，都应得到社会尊重，从而充分彰显退役军人的社会地位和价值。按照普惠与优待叠加的原则，退役军人在享受普惠性政策和公共服务基础上，根据其服役期间所作贡献享受相应的抚恤、社会优待以及经济补偿。比如，退役军人在办理法律援助或者司法救助事项时，可享受"绿色通道"服务。

4. 荣誉褒扬权利。在社会主义现代化建设中作出突出贡献的退役军人，按规定享受国家荣誉激励。其在服现役期间获得表彰、奖励的，退役后按照国家有关规定享受相应待遇。比如，退役军人可受邀参加国家、地方和军队举行的重大庆典活动，协助开展爱国主义教育和国防教育。符合条件的退役军人名录和事迹，可载入地方志。

5. 帮扶援助权利。加强对困难退役军人的帮扶援助工作，是新时代做好退役军人服务保障工作的重要内容。退役军人在物质生活、精神心理等方面遇到困难、困惑时，政府和社会应及时给予关爱和帮扶，使他们早日渡过难关。

随着国家经济发展和社会进步，退役军人享受的权益将不断得到丰富和拓展。

政策解读

问： 如何认识制定出台《关于加强退役军人法律援助工作的意见》的必要性？

答： 退役军人法律援助工作是加强退役军人服务保障工作的重要举措，是维护退役军人合法权益的一项重要民生工程。推进退役军人法律援助工作，对于建立健全退役军人权益保障机制、完善公共法律服务体系具有重要意义。中共中央办公厅、国务院办公厅《关于完善法律援助制度的意见》和《中华人民共和国法律援助法》提出，各有关部门要推动完善法律援助制度。《退役军人保障法》明确规定："公共法律服务有关机构应当依法为退役军人提供法律援助等必要的帮助。"同时，结合部分地区探索积累的经验，有必要根据形势和要求，制定出台规范性指导意见，进一步做好退役军人法律援助工作。

《关于加强退役军人法律援助工作的意见》

《关于加强退役军人司法救助工作的意见》

三、退役军人思想政治和权益维护工作的重要意义

加强退役军人思想政治和权益维护工作，充分发挥退役军人在各项事业发展中的生力军作用，对于巩固党的执政基础、促进经济社会发展具有重要意义。

（一）思想政治工作是筑牢退役军人始终跟党走信仰根基的重要举措

加强退役军人思想政治工作，坚定退役军人信仰根基，有利于弘扬社会主义核心价值观，有效应对经济全球化、思想多元化、社会网络化带来的各种挑战和考验。退役军人应当自觉听党话、跟党走，深刻领会“两个确立”的决定性意义，增强“四个意识”、坚定“四个自信”、做到“两个维护”，始终凝聚在党的旗帜下，巩固党长期执政的政治基础。

▶ 2021 年 6 月 28 日，新疆生产建设兵团庆祝中国共产党成立 100 周年文艺演出在乌鲁木齐举行。图为歌舞节目《兵团儿女心向党》/ 新疆生产建设兵团退役军人事务局供图

（二）思想政治工作是传承“生命线”优良传统的必然要求

革命的政治工作是革命军队的生命线。人民军队的政治工作萌芽于大革命时期，创立于建军之初，奠基于古田会议。1929 年 12 月的古田会议，确立了“思想建党、政治建军”的原则，使党领导的新型人民军队定型奠基。1944 年，毛泽东在修改中央军委总政治部副主任谭政起草的《关于军队政治工作问题的报告》时亲笔加上了一句话：“共产党领导的革命的政治工作是革命军队的生命线”。1981 年 6 月，党的十一届六中全会通过了《关于建国以来

党的若干历史问题的决议》，明确提出了“思想政治工作是经济工作和其他一切工作的生命线”的重要论断。2014 年 10 月，习近平总书记在古田深刻指出，要“紧紧围绕我军政治工作的时代主题，加强和改进新形势下我军政治工作，充分发挥政治工作对强军兴军的生命线作用”。退役军人经过人民军队“大熔炉”的淬炼，退役后必须在“铸牢军魂”的军队政治工作延长线上，通过思想政治工作的“无缝衔接”，把军人“执干戈以卫社稷”的战斗精神转化成退役军人“干戈聚家、犁耕沃土”的建功情怀，自立自强，创造美好生活。

（三）权益维护工作是推进退役军人工作政策制度改革的基本任务

退役军人事务部自成立以来，着力构建以《退役军人保障法》为根基，以行政法规、部门规章和规范性文件为主干的政策制度体系，对退役军人权益维护工作进行体系化制度设计，搭建起全新的政策框架，为保障退役军人合法权益奠定了坚实的制度基础。推进退役军人工作政策制度改革，其重要内容就是推动退役军人权益维护政策制度更加成熟定型，加快形成中国特色退役军人权益维护政策制度体系，切实保障退役军人合法权益，真正让退役军人成为全社会尊重的人、让军人成为全社会尊崇的职业。

（四）权益维护工作是激励退役军人奋进新时代的有效保障

退役军人在部队受到党的教育培养，锻炼出了吃苦耐劳、执行力强、忠诚担当的优秀品质，很多退役军人还有较高的学历和技能，是党和国家重要的人才资源。保障好退役军人的合法权益，让他们融入社会、适应社会，并在社会上发挥作用、实现自身价值，有利于退役军人更好地赓续人民军队优良传统，永葆革命军人本色，在经济社会发展中建功立业、谱写新篇章。

第二节　退役军人思想政治和权益维护工作的目标要求

退役军人思想政治和权益维护工作内涵丰富、领域广泛，主要涉及退役军人的思想政治工作、荣誉表彰、典型宣传、服务管理、帮扶援助等方面，关乎退役军人最关心、最直接、最现实的利益问题。

一、加强思想政治工作

（一）配合组织部门和基层党组织做好退役军人党员教育管理工作

把退役军人党员教育管理作为基层党建工作的重要组成部分，抓在日常，严在经常。贯彻落实《关于进一步做好退役军人党员组织关系转接工作的通知》精神，在每年退役军人到安置地集中报到时段，做好退役军人党员组织关系转接工作。加强对退役军人党员日常教育管理，认真落实“三会一课”制度，适时开展主题党日活动，建立村、社区党组织与流动党员定期联系、沟通思想制度；实行组织关系一方隶属、参加多重组织生活的办法，进一步提高流动退役军人党员组织生活质量。重视发挥退役军人党员在基层社会治理中的作用，示范带动广大退役军人积极投身国家经济社会建设。

（二）做好退役军人荣誉表彰激励工作

开展多种形式的荣誉表彰激励工作，褒扬退役军人为党、国家和人民牺牲奉献的精神风范和价值导向。根据党和国家功勋荣誉表彰有关制度规定，结合退役军人工作发展需要，对新时代退役军人事务领域表彰奖励项目设置、实施程序等进行系统规范。定期开展评选表彰活动，表彰奖励在各行各业作出突出贡献的优秀退役军人代表。邀请优秀退役军人代表参加国家和地方组织的重大纪念庆典活动。积极拓展群众性荣誉激励载体，持续激励广大退役军人建功新时代、展现新作为。

2022 年 5 月，退役军人事务部会同中国地方志指导小组、中央军委政治工作部、中央军委国防动员部联合印发《退役军人名录和事迹载入地方志实施办法（试行）》，规定：参战退役军人，荣获二等功以上奖励的退役军人，获得省部级、战区级或者二级以上表彰的退役军人等符合条件的退役军人名录和事迹，可载入地方志。这对进一步激励广大官兵献身国防、建功立业，完善退役军人荣誉体系，在全社会营造尊崇功臣模范的浓厚氛围，具有重要意义。

延伸阅读

退役军人事务部等4部门联合印发
《退役军人名录和事迹载入地方志实施办法（试行）》

2022年5月，退役军人事务部、中国地方志指导小组、中央军委政治工作部、中央军委国防动员部联合印发《退役军人名录和事迹载入地方志实施办法（试行）》(以下简称《实施办法》)。

《实施办法》坚持以习近平新时代中国特色社会主义思想为指导，着眼于让军人成为全社会尊崇的职业，激励军人为国防和军队建设作出更大贡献，引导退役军人在社会主义现代化建设中发挥积极作用，对退役军人名录和事迹载入地方志工作进行了规范。

《实施办法》要求，退役军人名录和事迹载入地方志工作应坚持正确的政治方向和思想导向，坚持辩证唯物主义和历史唯物主义的立场、观点和方法，坚持与贡献匹配，遵循存真求实的原则。

《实施办法》共26条，明确了军地有关部门的职责分工，细化了退役军人名录和事迹载入省级、地市级、县级地方志的条件、程序等要求。

《实施办法》的出台是落实《退役军人保障法》的具体举措，对进一步激励广大官兵献身国防、建功立业，完善退役军人荣誉体系，在全社会营造尊崇功臣模范的浓厚氛围，具有重要意义。

（三）组织退役军人先进典型宣传活动

会同军地有关部门联合开展“最美退役军人”学习宣传活动，充分发挥先进典型的示范带动作用，进一步推动形成尊崇军人职业、尊重退役军人的良好氛围。健全典型宣传机制，协调各级党委宣传部门，通过传统媒体和新兴媒体加强常态化典型宣传，讲好退役军人故事，展示退役军人风采，持续激发退役军人的荣誉感、责任感、使命感。广泛开展“我身边的‘最美退役军人’”

学习宣传活动，用身边的“最美”感染激励老兵。指导基层在服务退役军人的公共场所设置“光荣榜”“荣誉墙”“人物专栏”等，强化正面激励，弘扬新风正气，引导广大退役军人保持优良作风，做遵纪守法的模范，营造退役军人珍惜荣誉、奋发图强的浓厚氛围，努力将榜样的力量转化为广大退役军人投身国家经济建设发展的生动实践。

▶ 2021年度云南省“最美退役军人”发布仪式现场 / 云南省退役军人事务厅供图

（四）突出先进文化熏陶和经常性思想引导

发挥先进文化的社会教育功能，通过丰富多彩的主题文化活动，对退役军人思想观念和道德情操产生积极影响。认真落实退役军人事务部关于退役军人工作机构政治文化环境建设的要求，推动各级退役军人工作机构、场所的文化环境建设聚焦“军”的主题，体现“军”的特色，融入“军”的元素。各地退役军人管理保障机构要在清明节、八一建军节、烈士纪念日、国庆节等重要时间节点，借助当地红色教育资源，开展形式多样的主题文化活动。推动以优秀退役军人为原型的文学艺术创作，运用电影、电视剧、广播剧、舞台剧、报告文学等形式，塑造退役军人的鲜明特质，展示退役军人的良好形象。加强与退役军人经常性、面对面的沟通交流，及时发现思想问题，化解矛盾、积极引导，传递党和政府的关怀。落实常态化走访机制，坚持日常走访和重要时间节点慰问相结合、普遍走访与重点人员慰问相结合，密切与广大退役军人的联系，进一步增强党和政府的凝聚力、向心力。

（五）拓展思想政治引领的途径和方式方法

思想政治工作应融入退役军人事务全领域、各方面，系统谋划、一体推进，形成工作合力。

1. 加强专业智库建设。依托军地科研机构智力资源，探索在有研究基础和实力的科研院所设立“退役军人思想政治工作研究中心”，加强退役军人思想政治工作理论研究，为推进相关工作提供智力支持和理论支撑。

2. 搭建基层工作平台。在乡镇退役军人服务站探索建立“退役军人之家”，充分发挥退役军人服务保障机构的政治功能，定期组织开展退役军人喜闻乐见的主题活动，加强经常性的思想沟通交流，把思想教育引导工作做活做实。

3. 发挥骨干的带动作用。充分发挥基层退役军人、村干部、退役军人党员、优秀退役军人先进典型、退役军人企业家、退役军人志愿服务队、退役大学生士兵等重要力量在思想政治引领方面的示范带动作用，逐步完善思想政治引领、典型示范、创业帮扶、志愿服务等工作机制，通过以点带面、融会贯通，推进思想政治工作创新发展。

4. 创新工作方式方法。依托现代信息技术，通过各类媒体平台，延伸思想政治教育引导触角，定期推送党的路线方针政策、国家法律法规，引导广大退役军人自觉坚定理想信念，遵纪守法，永葆政治本色。

二、强化权益维护保障

（一）加大权益维护力度

依据有关规定要求，开展重大决策部署和政策落实督查、约谈工作，推动退役军人相关法律法规和政策措施及时落地落实，维护退役军人合法权益。加大与党政机关、企事业单位、社会组织的合作力度，拓展退役军人权益维护工作的广度和深度。

（二）打造退役军人帮扶援助体系

加快建立突出协同性、体现优待性、注重时效性、调动积极性的工作新机制，推动形成对象明确、保障适度、规范高效的工作新格局，不断提高救急济难水平，切实增强困难退役军人的归属感、获得感和荣誉感，保障他们共享经济社会发展成果。

（三）拓宽退役军人权益保障渠道

加大部门合作力度，提高退役军人法律援助、司法救助服务质量，开辟“绿色通道”办理退役军人案件。开展退役军人矛盾纠纷前端多元化解工作，从源头上预防和化解退役军人矛盾纠纷。打通诉调对接渠道，通过人民法院开展退役军人矛盾问题调解和诉讼。开展常态化心理健康教育，加强心理服务体系建设，提升退役军人心理服务水平。

三、提升信访工作水平

（一）及时就地化解信访疑难问题

坚持把落实政策作为治本之策，不等不靠、主动作为，按照中央有关政策规定，创造性地研究制定具体措施办法，妥善解决历史遗留问题。强力推动重复信访集中治理、信访积案化解专项工作，落实“一案一册”建台账、“一案一策”定措施，“一案一领导”包化解、“一案一专班”盯到底，做到问题不解决不放过、矛盾不化解不放过。定期将非退役军人事务部门职责范围内的诉求转交信访部门，依托信访工作联席会议机制牵头推动协调解决。要充分发挥基层乡镇（街道）、村（社区）工作人员与退役军人接近、开展工作便利的优势，主动靠前了解退役军人情况，努力把矛盾化解在基层，把问题消除在萌芽。建立基层调处服务队，探索在基层组建退役军人法律援助服务、老兵矛盾调解和心理疏导工作队伍，避免矛盾上交。

（二）推动信访工作规范化、制度化

进一步规范信访工作，注意方式方法，做到严格依法按政策办事。坚持热情文明接待，确保每一个来访退役军人得到热情及时接待。建立基层信访代办机制，严格落实首办责任制，减少越级到省访、进京访现象。规范信访服务工作流程，形成信访事项从首办到结案责任明晰、衔接顺畅、便捷高效、闭环管理的工作运行体系。认真办理退役军人反映的诉求，对合理合法、条件具备的信访事项，推动及时妥善解决；对不合理诉求，加强政策解释、思想疏导等工作。

（三）探索信访终结制度

依法依规按程序做好信访事项终结工作，树立正确信访导向。严格按照《信访工作条例》，推动依法逐级走访和分类处理信访事项，畅通信访渠道，规范信访程序，遏制以访谋利、以访施压等行为。

（四）提高信访工作效率水平

用好全国退役军人信访信息系统，定期开展大数据分析，为科学决策提供信息服务。提高 12397 退役军人智能信访服务专线办结率，及时电话回访、了解诉求、解决问题。优化信访工作流程，压实工作责任，推动及时就地化解信访矛盾问题，把“13712”信访调度机制落地落实落细。即：1 日内转至乡镇（街道），3 日内入户走访联系，7 日内形成化解方案，1 个月内省级督促指导，2 个月内部级统筹调度。坚决做到在规定时限内办理完毕，及时就地化解信访矛盾。举办信访工作业务培训班，着力提升基层一线人员能力素质。结合新出台的有关政策和部分退役军人新出现的利益诉求，及时补充完善相关答复口径。

四、建强服务中心（站），提升服务质量

（一）主动公开职能，接受社会监督

推动各级退役军人服务中心（站）主动接受服务评价，通过电视、网络、报刊等媒体发布退役军人服务中心（站）职能职责、服务清单等，让退役军人知晓服务内容，引导他们及时就地反映和解决问题，并通过电话回访、问卷调查、暗访、实地查看等方式，了解掌握服务对象的满意度。学习推广新时代“枫桥经验”，建立退役军人服务中心（站）考核评估长效机制，加强监督评价，以考核促落实、以评价促提升。

（二）推动重心下移，夯实基层基础

会同有关部门完善基层服务保障体系机构设置、人员配备、制度规范，配齐工作力量，强化能力建设，确保实体化运行。结合贯彻落实《基层退役军

人服务中心（站）工作指南》及有关服务规范，强化基层服务中心（站）制度建设，进一步提高服务保障整体效能。

（三）推动就地化解信访矛盾问题

厘清行政机构和服务中心在退役军人信访工作中的职责边界，明确各自职责任务，形成各负其责、优势互补、协调联动的工作机制，依法及时就地处置、化解退役军人信访矛盾问题。

五、锤炼干部队伍良好作风

（一）提升政治能力

教育引导退役军人事务系统广大党员干部坚定理想信念，提高政治站位，强化理论武装，深入学习习近平新时代中国特色社会主义思想和党的二十大精神，贯彻落实习近平强军思想和习近平总书记关于退役军人工作的重要论述，深刻领会“两个确立”的决定性意义，不断增强“四个意识”、坚定“四个自信”、做到“两个维护”。

（二）提升业务能力

组织开展“学政策、讲政策”等活动，注重学习借鉴各地的好经验好做法，注重在急难险重任务中锤炼干部，提高干部综合素质、工作能力和业务水平。坚持问题导向，注重调查研究，特别是深入基层一线蹲点调研，实地了解思想政治和权益维护工作开展情况以及重点难点问题，提出改进工作的办法措施。

（三）提升协调能力

退役军人思想政治和权益维护工作关联军地、牵涉多方，要密切与组织、宣传、政法、网信、公安、信访等部门的沟通联系，互通情况信息，分析研判形势，研究部署工作。牢固树立“一盘棋”思想，强化大局观念，遇事共同协商、群策群力、齐抓共管，推动工作协调、顺畅、高效运转。

（四）提升执行能力

强化担当作为，压实责任，狠抓落实，发扬钉钉子精神，确保各项决策部署和任务措施落实落细、到人到位。对重难点任务实行挂图作战，结合形势任务和年度重点工作，制定目标树、路线图、责任表，高质高效推动各项工作圆满完成。

第三节　退役军人思想政治和权益维护工作的开展

退役军人事务部自组建以来，坚持以习近平新时代中国特色社会主义思想为指导，加强顶层设计，印发《关于加强退役军人思想政治工作的意见》，对退役军人思想政治工作作出总体部署；积极推进退役军人权益维护工作，完成了退役军人服务体系构建、光荣牌悬挂、社保接续等多项特色鲜明的事务性工作。

一、思想政治和权益维护工作取得的主要成绩

（一）服务体系逐步健全

按照“五有”“全覆盖”原则，建立从国家一直到村（社区）的六级服务体系。全国成立各级退役军人服务中心（站），配备专兼职工作人员，普遍投入专项工作经费，提供专门工作场所。

（二）政策制度不断完善

围绕加强思想政治引领、合法权益维护、荣誉表彰激励、服务保障体系建设等方面的工作，积极推进政策制定。出台了《关于加强退役军人思想政治工作的意见》《关于加强退役军人司法救助工作的意见》《应邀以退役军人身份参加大型活动着装办法（试行）》《基层退役军人服务中心（站）工作指南》等政策性文件，为维护退役军人合法权益、让军人成为全社会尊崇的职业提供了有力政策支撑。

（三）服务能力稳步提升

组织开展系统大培训大练兵，让干部职工特别是一线工作人员尽快领会精神、掌握政策、熟悉业务、了解情况、担起责任，促进政策水平、服务意识和实操能力提升。按照不同层级职责任务，科学设计方案、开发教材、设置课

程。落实系统干部教育培训三年规划，围绕信访、服务保障体系建设管理、帮扶援助、先进典型作用发挥等方面举办培训班，提升干部队伍能力。

（四）作风建设切实加强

持续开展“基层基础基本建设年”“作风建设年”“矛盾问题攻坚化解年”等系列活动，推动各级机构人员转变作风。组织开展大调研，深入一线掌握实情、接受教育、推进工作。健全权责清晰、督导有力的工作落实机制，建立落实习近平总书记和其他中央领导同志重要指示批示督查制度，开展常态化督导检查，推动将退役军人工作纳入地方党政班子和领导干部考核内容，确保服务保障工作落实落细。

（五）服务成效持续彰显

隆重表彰全国模范退役军人，深入宣传张富清老英雄等先进典型，深入开展“最美退役军人”学习宣传活动，积极推动“兵支书”和退役军人志愿者在促进乡村振兴、完善基层治理中发挥骨干作用，推动思想政治引领不断加强。邀请国家级模范退役军人参加党和国家重大庆典活动，组织先进典型代表进行疗养，推动尊崇退役军人的氛围更加浓厚。帮扶援助政策机制逐步完善，常态化联系关爱工作普遍开展，推动退役军人的获得感、幸福感、安全感明显增强。深入推进矛盾问题攻坚化解，发挥好 12397 电话信访专线作用，多措并举维护退役军人合法权益。

◀ 河南省洛阳市嵩县举办退役军人乡村振兴素质能力提升培训班，助力乡村振兴 / 河南省退役军人事务厅供图

二、思想政治和权益维护工作面临的问题与制约因素

目前，退役军人思想政治和权益维护工作政策法规体系还不够健全完善，精准服务还不够到位，在思想观念、工作模式、政策措施上与军事政策制度改革衔接还不够紧密，服务备战打仗的基础还不够牢靠。从退役军人服务保障工作自身发展看，虽然夯基垒台、立柱架梁的工作基本完成，但在服务管理方式、工作运行机制、人员能力素质等方面与党中央的要求以及广大退役军人的期盼还有一定差距。制约退役军人思想政治和权益维护工作的主要因素有：

（一）思想政治工作面临难题

影响退役军人思想政治工作顺利开展的因素主要体现在思想认识、现实需求和管理实践三个层面。具体表现在：部队、社会和用人单位对退役军人群体的认识不全面，影响了开展思想政治工作的热情与温度；退役军人群体面临一定心理困惑，给开展思想政治工作带来挑战和难题；退役安置及相关服务保障工作监管执行不力，工作队伍整体能力不足，给有效推进思想政治工作带来较大障碍。

（二）制度机制尚不健全

退役军人工作法律政策“四梁八柱”基本建立，特别是《退役军人保障法》的出台，为维护、保障退役军人合法权益提供了强有力的法律保障和政策支撑。但是，相应的工作制度机制还需要进一步健全完善。比如，退役军人政策落实、督查督办、考核评价等工作机制还不够完善，涉退役军人矛盾纠纷源头预防、多元调解工作机制还不够健全，一定程度上制约着退役军人权益维护工作的深入开展。

（三）部门之间的协调配合有待加强

退役军人事务部门承担着维护退役军人权益的主要职责，但退役军人权益维护工作烦琐复杂、涉及面广，社会力量以及个别职能部门参与的积极性、主动性还有待提高。部分地区存在部门配合不顺畅、行动不协调、工作合力不

强等问题，部门之间以及全社会还没有形成主动参与退役军人权益维护工作的有效合力。

（四）退役军人法律意识仍须增强

部分退役军人法律意识薄弱，遇到自身利益受到侵害的情况，不采取依法依规的方式进行维权、表达诉求，个别人员甚至打着退役军人的旗号从事违法活动，牟取个人过高利益诉求。

第四节　退役军人思想政治和权益维护工作的创新发展

退役军人思想政治和权益维护工作面临着新的形势任务与挑战，必须适应国家发展阶段变化，主动融入国家发展大战略，着眼于实现新时代强军目标，更好服务改革强军和备战打仗。

一、积极探索思想政治工作方法

（一）传承弘扬人民军队优良传统

认真贯彻落实中央关于加强退役军人思想政治工作的决策部署，坚持常态化组织退役军人深入学习习近平新时代中国特色社会主义思想，在学懂弄通做实习近平总书记关于退役军人工作重要论述上下功夫。

引导广大退役军人永远牢记军魂，把在部队养成的好传统、好品格、好作风发扬光大，自觉在重大考验中践行初心使命、诠释对党忠诚。激励引导退役军人始终保持“人民子弟兵”的价值追求，把国家和人民利益放在第一位。通过形式多样的主题活动，持续升华精神境界，正确对待个人遇到的困难挫折，不盲目攀比，不消极懈怠，保持积极向上的精神状态，以甘于奉献为荣，始终坚守“若有战，召必回”的使命责任，努力在全面建设社会主义现代化国家新征程中实现自身价值。

2022 年 8 月 7 日，海南省退役军人抗疫志愿者出征三亚 / 海南省退役军人事务厅供图

（二）激发建功新时代的奋斗精神

培塑立足本职、建功立业，投身改革、创新创业，诚实守信、实干争先，终身学习、提升素质的奋斗精神，将建功新时代的奋斗精神植入全生命周期管理全过程。引导退役军人干一行、爱一行、专一行，学习新知识、掌握新本领，在工作中精益求精、争创一流，努力成为所在领域的行家里手。教育广大退役军人发扬改革创新精神，自觉做改革的支持者、实践者，创新的参与者、践行者。鼓励社会各界支持帮助退役军人创新创业，持续优化退役军人创新创业环境。深入贯彻落实《退役军人保障法》中关于抚恤优待、褒扬激励的规定，建立健全与军队荣誉激励制度相衔接的激励机制。持续开展“最美退役军人”学习宣传活动，营造致敬“最美”、学习“最美”、争当“最美”的浓厚氛围，激励广大退役军人见贤思齐、砥砺奋进。

（三）加强退役军人党员教育管理

《退役军人保障法》规定：“接收安置单位和其他组织应当结合退役军人工作和生活状况，做好退役军人思想政治工作和有关保障工作。”要规范党员组织关系管理，退役军人服务保障机构应在退役军人集中报到时段设立组织关系接收专门窗口，提供“一站式”服务。对未落实组织关系的退役军人党员，要及时梳理排查、妥善安排，确保每一名退役军人党员都能及时顺利实现组织关系转接。

基层党组织要组织退役军人党员参加“三会一课”、主题党日等组织生活，定期与退役军人谈心谈话，掌握思想情况，解决实际问题，做好思想引导。各级退役军人服务中心（站）要及时掌握辖区内退役军人中流动党员的情况，通过组织关系一方隶属、参加多重组织生活的方式，规范流动党员就近就便参加党组织生活，有针对性地做好思想政治工作。重视在退役军人中发展党员，坚持成熟一个发展一个，切实把优秀退役军人团结和凝聚在党的旗帜下。注重培养发展退役返校大学生党员，引导他们在高校思想政治工作中发挥积极作用。

（四）发挥服务保障机构的政治功能

各级退役军人事务部门要认真贯彻落实《退役军人保障法》关于退役军人服务体系建设的规定，在加强宣传退役军人先进事迹的同时，指导服务保障机构牢记习近平总书记的殷殷嘱托，秉持“做好退役军人的事”的服务宗旨，做实思想政治和服务保障工作，不断提升退役军人的获得感、幸福感、安全感。

各级退役军人服务中心（站）要加强与退役军人的联系沟通，做好退役军人教育培训、就业创业扶持、优抚帮扶、走访慰问、权益维护等服务保障工作。突出“军旅”特色和“尊崇”主题，建设口述历史、荣誉室、光荣榜和宣传栏等文化阵地，营造“家”的政治文化环境和社会尊崇氛围。

案例选编

江西省退役军人工作“尊崇工作法”

为贯彻落实习近平总书记关于在全社会营造让军人成为全社会尊崇的职业、让退役军人成为全社会尊重的人的浓厚氛围的重要指示精神，江西省委、省政府、省军区创新工作模式，积极开拓探索，逐步形成了独具特色的退役军人工作“尊崇工作法”。“尊崇工作法”的主要内容是“七个一”，即打造“一域一队伍”、建立“一人一台账”、落实“一家一对接”、组织“一周一活动”、开展“一月一堂课”、实施“一季一走访”、举办“一年一评选”。自“尊崇工作法”推广以来，江西省服务保障退役军人的基础更加坚实，与广大退役军人的血肉联系更加密切，对退役军人合法权益的维护更加有力，全社会尊崇军人、尊重关爱退役军人的氛围更加浓厚。

（五）学习推广新时代“枫桥经验”

坚持和发展新时代“枫桥经验”，强化就地及时解决实际问题的能力，真正把退役军人的事当作“家里事”，用心用情用力服务保障。着眼于以“解心”带动“解事”，热情开展面对面沟通交流，满腔热忱做好退役军人经常性思想引导工作，形成退役军人矛盾问题多元调处化解机制，在解决现实问题中推动解决思想问题，实现“事心双解”。

深入了解辖区内退役军人家庭状况、思想变化、实际需求，及时做好政策解释、帮扶援助和思想疏导工作。各级退役军人工作主管部门要畅通诉求表达和权益保障通道，强化法治意识、法治思维，引导广大退役军人自觉遵守法律法规和各项制度规定，依法有序理性反映诉求。加强信息化建设，积极搭建上下贯通的退役军人信息系统平台，全面推行“互联网＋退役军人服务”模式，为提高退役军人服务保障能力提供精准支持。

二、切实维护退役军人合法权益

加快构建权益维护尊崇线、激励线、保障线、兜底线、法治线，努力实现退役军人社会尊崇有氛围、合法权益有保障、特殊困难有帮扶、反映诉求有渠道，切实把党和政府对退役军人的关心关爱落到实处。

（一）加快推动政策法规落地落实

维护退役军人合法权益的前提是推动各项政策落实落地。加强政策督导落实，形成军地协同、部门配合、上下联动的长效机制，让更多退役军人能够实实在在享受到政策红利。强化核查督办、通报、约谈、问责机制，推动相关法律法规和政策措施及时有效落实。将退役军人权益维护工作作为双拥模范城（县）考评重要内容，注重发挥平安建设考评的导向作用，强化考评结果运用，推动退役军人权益得到更好保障。研究依托第三方专业力量加强对退役军人权益维护成效的评估，重点围绕退役军人政策落实、受社会尊崇、发挥作用、满意度等情况进行综合评估，有针对性地完善退役军人政策法规。

案例选编

辽宁省退役军人事务厅“厅长信箱”及时为老兵排忧解难

为更好地听取广大退役军人意见建议，及时稳妥回应退役军人诉求，强化门户网站“厅长信箱”专栏管理，辽宁省退役军人事务厅制定了《网站厅长信箱管理办法（试行）》，将问题归类整理，让各部门对口认领，研究解决方法、指定责任人、明确完成时限，并建立督办台账，及时跟踪了解回复情况，及时挂账销号，随时接受监督，提高服务质量。辽宁省退役军人事务厅积极转变、创新工作方式方法，“让信息多跑路，让老兵少跑腿”，使网络成为了解民意、体察兵情的重要途径。

（二）深入开展精准帮扶援助

帮扶援助是退役军人保障兜底线、救急难的紧要工程。依托全国困难退役军人帮扶援助服务系统，为生活困难退役军人全面建档立卡，加强与民政等部门合作，开展困难退役军人基础数据比对共享工作，对他们的生活、就业、就医、子女教育等状况进行摸排，根据退役军人实际困难程度和具体需求，立足救急解困、雪中送炭，突出精准识别、精准帮扶，构建动态管理的帮扶机制。积极拓展帮扶渠道，有序扩大社会参与，以“情暖老兵”为主题，吸纳社会力量开展关爱帮扶，鼓励和引导企业、社会组织、个人等社会力量依法通过捐赠、设立基金等方式为广大退役军人提供支持，帮助解决实际困难。2022 年 8 月 1 日，退役军人事务部会同中华慈善总会、中国人寿保险（集团）公司、中国老龄事业发展基金会、中国退役军人关爱基金会等单位，联合举办“情暖老兵——为退役军人排忧解难”专项行动启动仪式。专项行动重点围绕生活存在特殊困难、为国防和军队建设作出突出贡献、在平凡岗位弘扬正能量的退役军人及家庭开展，主要有送温暖、献爱心、护权益、树典型四类主题活动，帮扶资金及物资价值总额超过 1.2 亿元，预计将有上百万退役军人受益。

（三）着力打造“退役军人之家”

重点在乡镇（街道）打造“退役军人之家”，承载维护合法权益的保障功能。全面推进法规政策落实、信息动态管理、就业创业促进、政治军事文化弘扬、法律援助服务、心理调适慰藉、志愿服务开展、困难帮扶服务、矛盾纠纷化解、合法权益维护等功能建设，进一步营造“家”的环境、尽到“家”的责任、给予“家”的慰藉、体现“家”的关爱、提升“家”的能力。建立健全退役军人权益维护与人民调解、行政调解、司法调解等联动机制，形成问题联解、矛盾联调、工作联动的局面。推动落实基层工作联系点制度、系统干部职工联系退役军人制度，重点联系功臣模范退役军人、生活困难退役军人、有实际诉求退役军人，常态化做好联系对象的沟通联系、感情联络、帮扶解困、思想引领等工作。

三、系统推进思想政治和权益维护工作能力建设

切实加强退役军人思想政治和权益维护工作，必须系统推进退役军人事务系统的工作能力建设，将“思想政治工作年”活动与“基层基础基本建设年”活动结合起来，并作为“十四五”期间的重点工作持续推进。只有这样，才能更好地适应新时代退役军人工作的发展需要，顺应广大退役军人对美好生活的向往。

（一）提升思想政治引领能力

1. 持续强化思想理论武装。深入学习领会习近平新时代中国特色社会主义思想和习近平总书记关于退役军人工作重要论述，通过“中国退役军人”

“再启航”等微信公众号，适时推送时政资讯、政治理论、政策法规等内容，引导广大退役军人坚决拥护“两个确立”，坚定践行“两个维护”。

2. 组织开展重温誓词活动。依托各级退役军人管理保障机构和基层党组织，深入开展退役军人重温入党誓词、军人誓词活动，引导和激励广大退役军人进一步增强荣誉感、责任感、使命感，珍惜荣誉、永葆本色，践行誓言、砥砺奋进，为全面建设社会主义现代化国家贡献力量。

3. 广泛开展红色宣讲活动。发挥退役军人中英雄模范多、榜样力量强的优势，依托各级退役军人服务中心（站）、军队离退休干部休养所等退役军人服务保障机构，组织理想信念坚定、政治素质过硬、典型事迹突出、群众广泛认可、具有一定演讲能力的优秀退役军人，深入基层一线开展红色宣讲，传承红色基因，赓续优良传统，充分展示退役军人先进典型风采，激励引导广大退役军人见贤思齐、接续奋斗，弘扬社会正能量，提升干部群众爱党爱国热情。

案例选编

甘肃省张掖市发挥资源优势，
用红西路军精神引领退役军人思想政治工作

近年来，张掖市深入挖掘红色教育资源，拓宽红色基因传承渠道，用红色资源文化占领退役军人思想政治工作的“主阵地”，用红色载体平台催生退役军人思想政治工作的“内动力”，用红色基因传承把握退役军人思想政治工作的“主旋律”。坚持以红西路军精神引领退役军人思想政治工作，激励他们不忘初心、永葆本色、砥砺奋进，展现退役军人英勇顽强、敢于担当、奋发有为的精神风貌。

4. 积极构建媒体资源矩阵。适应互联网、自媒体时代的传播规律，持续加强与中央和地方主流媒体的合作，把退役军人思想政治工作融入各类主题宣传之中，形成宣传矩阵声势，提升整体引领能力。

5. 创新营造重要节庆纪念日尊崇氛围。基层各级退役军人事务部门、服务中心（站）要依托红色教育资源，打造退役军人思想政治教育基地，提高营造尊崇氛围的能力。

（二）完善服务体系供给能力

1. 建强服务体系。持续创建示范型退役军人服务中心（站），培育千家标杆、万家示范。2022 年，全国双拥模范城（县）的示范型退役军人服务中心（站）达到 90% 以上。

2. 拓展服务功能。充分发挥中国特色社会主义政治和制度优势，围绕全面推进退役军人事务领域治理体系和治理能力现代化，部际统筹、省级推进、市县发力、乡村做实，加强退役军人服务体系供给能力建设，努力实现从“有”向“优”的转变，夯实基层基础，提升服务能力，使退役军人服务中心（站）真正成为“退役军人之家”。

3. 推动交流互鉴。通过专题培训、现场观摩、实地见学、轮岗锻炼等形式，加强业务培训，积极推广各地开展思想政治和权益维护工作的好经验好做法，推动全国性交流互鉴，促进服务保障体系能力素质整体提升。

（三）增强骨干队伍的带动能力

1. 发挥“兵支书”的引领带动作用。结合基层“两委”换届，推动更多优秀退役军人依法依规进入基层“两委”班子，充实农村（社区）干部队伍；围绕深化“在过程中培养、在实践中锻炼、向能力上聚焦”工作机制，推动“兵支书”成为推进乡村振兴、巩固基层政权、完善基层治理的重要力量。

案例选编

江苏省张家港市推动实施退役士兵“积分进村”工程

江苏省张家港市坚持把退役士兵（军士）作为村“两委”班子后备力量重点培养，在退役军人就业创业工作中作了有益探索。2019 年底，张家港市委组织部、市人力资源和社会保障局、市退役军人事务局联合出台《关于实施退役士兵（士官）村干部培养工程的意见》，启动实施退役士兵（军士）“积分进村”。招聘时，采用档案积分加面试的方式对退役士兵（军士）进行考核评估。其中，档案积分占60%，由条件计分、奖励表彰计分和政策性计分等组成；面试积分占40%，由张家港市人社局人事考试中心组织实施面试工作。

2. 发挥志愿服务的文明创建作用。2021 年 9 月，退役军人事务部、中央文明办、民政部联合印发《关于加强退役军人志愿服务工作的指导意见》，明确了做好退役军人志愿服务工作的指导思想、工作原则、目标任务、保障措施等，旨在推动退役军人志愿服务工作深入开展，全面打造“中国退役军人志愿服务”品牌，引导广大退役军人自觉践行“若有战，召必回”的使命担当，努力在服务国家、奉献社会、凝聚群众中提升思想境界、激发奋斗精神，为全面建成社会主义现代化强国贡献力量。

退役军人事务部推荐的 9 个先进典型入选全国学雷锋志愿服务“四个 100”

2021 年 10 月至 2022 年 3 月，中央宣传部、中央文明办等部门共同组织开展了 2021 年度全国学雷锋志愿服务“四个 100”先进典型宣传推选活动，宣传推选出了 100 个最美志愿者、100 个最佳志愿服务组织、100 个最佳志愿服务项目和 100 个最美志愿服务社区。2022 年 5 月 11 日，2021 年度全国学雷锋志愿服务“四个 100”先进典型名单公布，退役军人事务部推荐的 9 个先进典型榜上有名。

最美志愿者

沈建佳　新疆维吾尔自治区伊犁州特克斯县“沈建佳工作室”负责人

钟立钊　广东省深圳市退役军人就业创业关爱基金理事

最佳志愿服务组织

湖北省荆门市退役军人事务局张富清老兵志愿服务队

山西省长治市平顺县红十字赈济救援志愿者服务队

最佳志愿服务项目

山东省日照市“摆渡”爱心食堂志愿服务项目

甘肃省“兰州蓝”护卫者退役军人志愿服务项目

最美志愿服务社区

山东省邹城市钢山街道后八里沟村

新疆维吾尔自治区奎屯市北京路街道西华园社区

浙江省平湖市新埭镇鱼圻塘村

（四）加强社会协同保障能力

1. 加强部门协作。建立健全各部门密切协作的工作机制，完善退役军人工作信息共享、资源互补、重点工作重大问题会商等制度，实现合力共为、同向发力。

2. 重视军地联动。探索市（县）、乡镇（街道）人武部干部参与退役军人服务中心（站）工作模式，着力把基层退役军人服务中心（站）打造成军地密切协作、有机衔接的共建共育共享阵地，共同做好退役军人思想政治和权益维护工作。

3. 鼓励社会参与。国家鼓励和引导企业、社会组织、个人等社会力量依法通过捐赠、设立基金、志愿服务等方式为退役军人提供支持和帮助。规范退役军人关爱基金会、协会等社会组织运行，加强必要监管，发挥应有作用。动员更多社会力量参与退役军人思想政治和权益维护工作，形成强大的社会保障能力。

延伸阅读

退役军人事务部与最高人民检察院联合发布司法救助协作典型案例

自 2020 年 11 月中央政法委、最高人民检察院、退役军人事务部等六部门联合印发《关于加强退役军人司法救助工作的意见》以来，各级退役军人事务部门和检察机关高度重视退役军人司法救助工作，充分发挥各自职能优势，加强协作，开辟“绿色通道”，积极主动提供司法救助和困难帮扶，退役军人和军人军属的合法权益得到有效维护，进一步提升了获得感、幸福感、荣誉感。为更好发挥司法救助的功能作用，积极营造全社会尊重退役军人、尊崇军人职业的浓厚氛围，退役军人事务部与最高人民检察院在全国范围内筛选了一批加强退役军人司法救助协作的典型案例和经验做法，并予以发布。

司法救助协作典型案例（一）

司法救助协作典型案例（二）

司法救助协作典型案例（三）

/ 第四章 /

转业军官安置工作

要论摘编

军转安置工作十分重要，关系改革发展稳定全局和国防军队建设。各级党委和政府、军队各级组织要高度重视并满腔热情做好军转安置工作。

——习近平：《在会见第六次全国军转表彰大会受表彰代表时的讲话》(2014 年 5 月 27 日)

转业军官安置工作事关国防和军队现代化建设，事关改革发展稳定大局。积极接收、妥善安置转业军官，是退役军人工作的重要组成部分，是一项重要的政治任务，是全社会的共同责任。做好转业军官安置工作，对于合理配置人才资源、加强高素质干部队伍建设、促进经济社会发展、加强国防军队建设、维护社会和谐稳定具有积极而重要的作用。

第一节　转业军官安置工作概述

转业军官安置工作在党的领导下，经过长期的革命、建设和改革实践积累，走出了一条以人民为中心、符合我国基本国情、适应军队特点、紧跟时代发展的安置之路，为转业军官搭建了新的奋斗舞台。

一、转业军官安置工作的概念及特征

（一）转业军官安置工作的含义

转业军官，是指从中国人民解放军及中国人民武装警察部队依法退出现役，选择由党委和政府安置工作的军官、警官和文职干部。转业军官安置工作，是指军官依法退出现役后，按照相关法律法规和政策文件，由各级党委、政府接收并安排工作岗位的实践活动。

（二）转业军官安置工作的基本特征

转业军官安置工作是国家干部人事工作和人才资源开发工作的重要组成部分，具有以下三个方面的特征：

1. 转业军官安置是一项重要制度。转业军官安置工作是集录用、调配、任用、培训及家属安置等多项内容于一体的人事工作，是一项具有全局性、综合性和服务性的工作任务，也是一项重要的政治任务。

2. 转业军官安置工作是国家人事人才工作的重要组成部分。在转业军官安置工作中，无论是对转业军官的考核、考试与安置，还是对转业军官的培养、使用与服务管理，每一项具体工作都与干部人事工作密切相关。转业军官安置工作在各级党委、政府领导下，先后由人事部门以及人力资源和社会保障部门负责，2018 年机构改革调整后，由各级退役军人事务部门负责。但是，无论工作机构如何调整，转业军官安置工作始终是干部人事人才工作的重要组成部分。

3. 转业军官是经济社会发展的重要人才资源。转业军官是重要的人才资源，是社会主义现代化建设的重要力量。大批军官转业到地方工作，改善了地方干部队伍结构，加强了领导班子建设，促进了人才强国战略实施，为改革开放和社会主义现代化建设提供了重要的干部人才和智力支持。

（三）转业军官安置工作的目标任务

《退役军人保障法》对退役军人接收安置工作作出了明确规定。党和国家机关、群团组织、事业单位和国有企业要按照国家有关规定，按时完成转业军官安置任务，把每一名转业军官安置好。

1. 军队、地方接收单位和转业军官“三满意”。转业军官为国防事业、军队建设作出了牺牲奉献，应当受到国家和社会的尊重和优待。经过部队长期培养锻炼，转业军官具有较强的政治素质、管理能力和专业技能，是经济社会发展的重要人才资源，是推动改革、促进发展、维护稳定的积极力量。新中国成立 70 多年来，先后有数百万名转业军官充实到各条战线，在国家各项事业的发展中发挥了重要作用。

2. 以“稳”为前提，做到稳中求好。对于转业军官安置工作，在政策制定上要前后衔接、左右平衡，在工作推进实施过程中要一脉相承、前后一致。“稳”是基础、是前提，只有政策稳、工作实，才能大局稳定、创新发展。“好”是追求的目标和结果，是开展工作的导向。稳中向好、稳中求好、以稳促好，工作和事业才能平稳、持久和长远，才能发展得更好。

二、转业军官安置工作的重要意义

做好转业军官安置工作，对于合理配置转业军官人才资源、加强高素质干部队伍建设、促进经济社会发展、加强国防军队建设、维护社会和谐稳定具有重要意义。

（一）做好转业军官安置工作是加强国防和军队建设的必然要求

维护国家的主权、安全、发展利益，必须要有强大的国防，必须要有一支强大的军队，这既是国家的根本利益所在，也是中华民族的根本利益所在。当今世界，国际局势正在发生深刻变化，和平与发展仍然是不可抗拒的时代潮流，国际社会对和平与发展的呼声越来越高。但是，影响和平与发展的不确定因素在增加，霸权主义和强权政治不断有新的表现，我国周边安全风险依然存在。国际局势的变化表明，一个国家、一个民族要维护国家主权、领土完整和民族尊严，没有强大的国防是不行的。转业军官安置工作是国防建设的重要组成部分，必须积极稳妥做好转业军官安置工作，发挥其应有作用。

（二）做好转业军官安置工作是人才强国战略的客观需要

充分发挥人才资源优势，努力造就大批机关事业单位领导人才、企业经营管理人才、专业技术人才、高技能人才，是人才强国战略的必然要求。转业军官具有较高的政治觉悟、管理能力、文化素质和专业技能，是重要的人才资源。做好转业军官安置工作，合理配置转业军官人才资源，使优秀的人才聚集到国家的各项事业中来，有利于调动广大转业军官的积极性和创造性，为实施人才强国战略作出应有贡献。

在新时代，只有合理配置转业军官人才资源，牢固树立科学的人才观，树立人才资源是第一资源、人人都可以成才和以人为本的观念，才能站在讲政治、顾大局、求发展的高度，不断优化人才结构和人才环境，使转业军官安置工作适应国家和军队各项改革特别是干部人事制度改革的需要，使广大转业军官在经济社会发展过程中发挥应有的重要作用。

（三）转业军官安置工作是关系经济社会发展和稳定的一件大事

发展稳定是大局。只有大局稳定，才能促进经济社会又好又快发展。新时代，国家改革发展稳定任务繁重，国防和军队现代化建设正在加快推进，做好转业军官安置工作具有更为重要的现实作用和深远意义。

三、转业军官安置工作的历史沿革

我国转业军官安置工作是在新中国成立以后不久，为适应人民解放战争基本结束、大规模经济建设全面展开的新形势，在党中央、国务院和中央军委科学规划、精心部署下开启的，大致经历了四个阶段。

（一）新中国成立初期的初创阶段（1949—1966 年）

这个阶段有三个标志：一是组建统一的领导机构。1950 年，中央复员委员会成立；1951 年，改为转业建设委员会，统一领导全军军官战士转业复员工作。二是颁布首部专门法规。1965 年，《中国人民解放军退出现役干部转业地方工作暂行办法》颁布实施，这是我国关于转业军官安置工作的首部行政法规。三是军官成建制、大规模转业地方工作。比如，1954 年，组建了新疆生产建设兵团；1958 年，转业官兵奔赴黑龙江，开垦北大荒；1960 年，部分官兵集体转业，开发大庆油田。曾为民族解放事业出生入死的人民功臣，听从党的召唤，为恢复和发展国民经济作出了不可磨灭、不可替代的贡献，他们所创造的“北大荒精神”“大庆精神”“兵团精神”等，是鼓舞教育全国人民的宝贵精神财富。

（二）停滞阶段（1967—1974 年）

这个阶段，除从军队抽调部分军官到地方工作外，转业军官安置工作基本处于停滞状态，复员安置成了军官到地方工作的主渠道。

▲ 20 世纪 70 年代地方汇编的复员、退伍军人安置工作文件

（三）恢复发展阶段（1975—2000 年）

这个阶段有三个标志：一是成立国务院议事协调机构。1975 年，邓小平同志亲自批准成立国务院军队转业干部安置工作小组，并设立办公室作为常设办事机构。一批复员干部在“文化大革命”结束后陆续按政策改办转业安置手续，恢复地方干部身份，重新安排了工作。二是出台专门的法规。1975 年 8 月，国务院、中央军委颁布《军队干部退出现役暂行办法》。三是完成了百万大裁军和 50 万大裁军期间艰巨繁重的安置任务。

（四）改革创新阶段（2001 年至今）

这个阶段具有里程碑意义的事件主要有五项：一是 2001 年明确转业军官

安置分为计划分配与自主择业两种方式。二是 2003 年中央宣布裁军 20 万，2004 年下发相关文件。三是 2007 年裁军结束后，又下发文件作出一系列补充和完善。四是 2016 年启动新一轮深化国防和军队改革。2016 年 5 月 6 日，中共中央、国务院、中央军委印发《关于做好深化国防和军队改革期间军队转业干部安置工作的通知》，对做好改革期间转业军官安置工作作出部署安排，并提出保障改革期间转业军官安置工作顺利进行的一系列特殊措施和倾斜政策。五是 2021 年 1 月《退役军人保障法》实施，历史性地为转业军官安置工作提供了法治保障，转业军官安置工作走上了法治轨道。

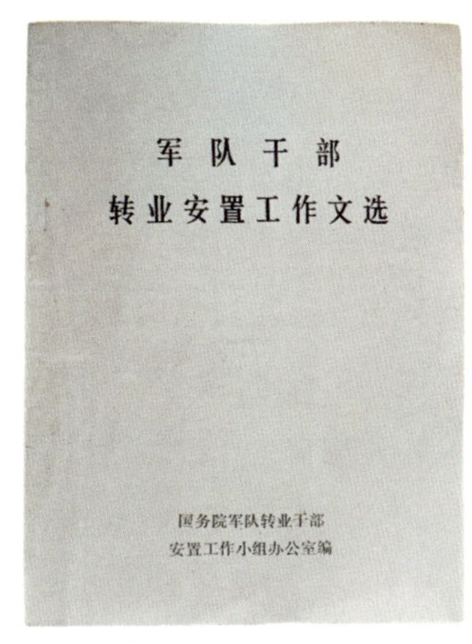

▲ 1984 年国务院有关部门选编的军队干部转业安置工作文件

第二节　转业军官安置工作取得的主要成绩

新中国成立 70 多年来，转业军官安置工作取得了巨大成就，走过了不平凡的发展历程，进入了创新发展的新时代，对促进经济社会发展、加强国防和军队建设发挥了重要作用。转业军官人才资源得到合理配置，合法权益得到有效保护，生力军作用得到充分发挥，有力支持了国防和军队建设，被誉为“延伸的长城”。

一、围绕“两个服务”，支持军地改革

坚持为经济社会发展服务、为国防和军队建设服务（简称“两个服务”），是转业军官安置工作的基本方针，也是做好这项工作必须坚持的基本原则。

（一）全面贯彻“两个服务”方针

“两个服务”相辅相成，不可分割，统一于实现中国梦强军梦的伟大实践，既是出发点，也是落脚点。要始终坚持为经济社会发展和军队建设服务，从党和国家的整体利益出发，使转业军官安置既有利于军队干部队伍建设，又有利于充实和加强地方经济社会发展人才资源。围绕实现党在新时代的强军目标谋划和推进退役军人服务保障各项工作，适应国防和军队改革发展要求解决好转业军官工作、生活的所需所盼，从而激励更多有志青年踊跃从军报国、献身国防，促进广大官兵安心服役、建功军营。

（二）大力支持军队改革

根据军队建设的需要，军队经常性、有计划地安排一定数量的军官退出现役，转业到地方工作。一批又一批转业军官得到妥善安置，解除了后顾之忧，从而实现了军官合理有序更替，促进了军队干部队伍建设，提高了军队战斗力，也有效稳定了军心、鼓舞了士气，有利于激励广大官兵立足本职工作建功立业、积极献身国防事业。

（三）积极为经济社会发展配置重要人才资源

新中国成立以来，军队先后多次进行较大规模精简调整，裁减了大批部队，通过集体转业、按需抽调、正常退役等途径，移交安置了大批转业军官。从新中国成立初期一代又一代转业军官参加政权建设、屯垦戍边、石油会战，到20世纪六七十年代加强商业战线、参加工交财贸工作，再到八九十年代充实到政法战线、投身两个文明建设，新世纪充实到党政机关和国有企事业单位，充实到政法机关、执法监管部门，充实到经济社会发展各条战线。近年来，转业军官安置到党政机关和参公单位的比例超过80%。这些举措既在很大程度上解决了社会对人才的需求，也为广大转业军官在地方经济社会发展中提供了用武之地，使转业军官的生力军作用日益凸显。

（四）为转业军官提供用武之地

转业军官在地方不同工作岗位上，保持和发扬人民军队的光荣传统，模范执行党的路线方针政策，本色不丢、作风不减，积极投身经济社会发展主战场，爱岗敬业、开拓创新、奋发有为，在带领群众发展生产脱贫致富、解决民生问题、维护社会和谐稳定中发挥了骨干带头作用。转业军官在经济社会建设中干出了不平凡的工作业绩，作出了重要贡献，成为社会主义现代化建设的生力军，涌现出一大批先进人物，展现了转业军官的时代精神风貌。

二、强化教育培训，实现顺利转型

教育培训是转业军官安置工作的重要组成部分，是转业军官就业创业、顺利转型的重要保障。

（一）明确教育培训的内容方式

根据规定，对转业军官进行适应性培训和专业培训。转业军官的专业培训由省（自治区、直辖市）按部门或者专业编班集中组织实施，培训时间不少于3个月。各地相继成立了退役军人培训中心，对转业军官进行适应性培训和部分专业培训，并负责对自主择业的军队转业干部进行就业培训；各级教育行政管理部门在师资、教学设施等方面对转业军官培训予以支持。对报考各类院校的转业军官，适当放宽年龄条件，在与其他考生同等条件下优先录取；对获二等功以上奖励的，适当降低录取分数线投档。

（二）积极探索教育培训的基本途径

转业军官经过人民军队“大熔炉”的淬炼，在军队是指挥员、战斗员，是维护国家安全的坚强柱石，回到地方是社会主义现代化建设的生力军。在其转业之初，在搞好退役前培训的基础上，要认真搞好适应性培训、专业培训、专业不对口人员进高等院校专项培训等。通过有针对性的教育培训，有效帮助转业军官适应新环境、新任务，优化和改善知识结构，提高专业技术水平和就业能力，顺利实现由国防和军队建设人才向党政人才和经济社会建设人才转变，从而促进转业军官人才资源的科学开发和合理配置。

（三）准确把握教育培训的关键环节

《退役军人保障法》明确，国家采取措施加强对退役军人的教育培训，帮助退役军人完善知识结构，提高思想政治水平、职业技能水平和综合职业素养，提升就业创业能力。各地牢固树立科学的人才观，普遍对转业军官开展适应性培训和专业培训，通过制定规划、组织协调和督促检查，确保教育培训效果。遵循“先培训后上岗”“学用结合、按需施教、注重实效”和“培训、考核、使用相结合”的原则，增强培训的针对性和实用性。一是紧紧着眼于时代要求和广大转业军官所需，充分把握转业军官的特点和成长规律，以满足转业军官实际需要为出发点和落脚点，不断增强培训的针对性和实用性。二是搞好教学互动，充分激发转业军官的学习热情，让他们主动参与教学全过程，使其学有所获、学有所成。三是精心为转业军官服务，为他们创造良好的学习培训条件，使他们学习安心、工作顺心。

◀ 2021 年 3 月 30 日，由退役军人事务部退役军人培训中心牵头联系，“清华大学乡村振兴山东蒙阴远程教学站”在临沂市蒙阴县挂牌启动 / 山东省退役军人事务厅供图

三、营造良好氛围，充分发挥作用

军人拥有更多的自豪感、尊崇感、荣誉感，人民就会拥有更多的获得感、安全感、幸福感。退役军人作为曾经的军人，是一个相互关联的整体。几年来，通过加大宣传力度，在全社会进一步营造了关心、关爱和尊重转业军官的浓厚氛围，促进了军政军民团结的持续巩固，激励了广大转业军官积极投身经济社会发展大潮。

（一）宣传力度不断加大

舆论导向正确，是党和人民之福；舆论导向错误，是党和人民之祸。着眼于新形势、新任务、新要求，加大了转业军官安置的宣传力度，对营造良好舆论氛围、推进转业军官安置任务的完成发挥了重要作用。转业军官安置宣传工作的质量，在一定程度上影响着转业军官安置工作的质量。转业军官宣传工作严格按照法律政策要求，把握法律政策尺度，坚持实事求是、客观公正、有利于工作的原则，通过一手抓安置、一手抓宣传，使二者成为有机统一的整体，形成拳头与合力，有效地推动了转业军官安置工作顺利开展。

（二）宣传方式更加灵活

转业军官安置宣传工作以坚持形式服从目的、形式服从效果、形式服从内容为原则，运用灵活多样的宣传方式，宣传内容不断丰富。通过举办政策宣讲大会、召开座谈会、开通转业军官热线、开辟转业军官工作专栏和新闻媒体宣传等传统宣传方式，广泛宣传政策法规和工作要求，及时把政策法规和转业军官先进事迹宣传到部队、用人单位和社会。充分运用培训教材、报纸杂志、工作简报和网络平台等传播形式，大力宣传转业军官中的英雄模范人物及其先进事迹、工作成就，发挥了宣传、激励和导向作用，营造了全社会关心转业军官、理解转业军官工作、支持转业军官事业的良好氛围。

（三）正向激励引导进一步强化

为使退役军人继续发扬人民军队的优良传统，模范遵守宪法和法律法规，保守军事秘密，践行社会主义核心价值观，积极参加社会主义现代化建设，在宣传工作中进一步强化了正向激励引导。

1. 加大了关心关爱力度。按照要求做好走访慰问活动，不断深化“我为退役军人办实事”活动，把党和政府的关怀送到转业军官的心坎上，进一步营造了尊崇、尊重氛围。

2. 做好先进典型选树工作。各级政府越来越重视“最美退役军人”“最美军嫂”等先进典型选树和宣传工作，通过系列典型选树宣传活动营造了浓厚舆论氛围，让更多转业军官比有标杆、学有榜样、追有方向。

3. 树立正确的宣传导向。通过广泛有效的宣传，不断激发广大转业军官的奋斗热情，强化他们立足岗位干好本职工作的时代责任感，引导他们牢记初心使命，退役不褪色，继续发扬军队优良传统和作风，发挥好在巩固基层政权、乡村振兴、维稳戍边、应急应战等方面的优势和作用，为推进中国特色社会主义伟大事业继续贡献力量。

4. 鼓励转业军官勇于到最需要的地方建功立业。通过制定优惠政策和鼓励措施，一大批转业军官主动去艰苦地区和基层单位工作。

第三节　转业军官安置工作的创新发展

中国特色社会主义进入新时代以来，我国经济逐步由高速增长阶段转向高质量发展阶段，转业军官安置工作也随之进入高质量发展时期。与此同时，转业军官安置工作也面临着新形势、新任务，要求我们必须提高转业军官安置工作的政治站位，推动转业军官安置工作创新发展。

一、转业军官安置工作面临的新形势

（一）新时代新理念新征程对转业军官安置工作高质量发展提出了新要求

1. 转业军官安置工作必须始终坚持党的领导。习近平总书记强调：“党政军民学，东西南北中，党是领导一切的。”坚持党的领导，是推进新时代中国特色社会主义事业的根本保证，也是高质量开展转业军官安置工作的基本要求。各级党委和政府要着眼于转业军官安置工作的政治属性和政治要求，始终坚持为经济社会发展服务、为国防和军队建设服务的方针，坚持把转业军官安置工作作为一项重要的政治任务，摆在突出位置，做到各项政策依法落实好、各项工作任务切实完成好。

2. 转业军官安置工作必须牢牢把握服务军地建设发展的方针。转业军官安置工作一头连着军队和国防建设，一头连着地方经济社会发展，具有重要的

军地双重属性和服务发展属性。从现实情况看，军官在部队得到长期锤炼，是不可多得的人才，具有很强的党性、组织纪律性，具有很强的组织管理、专业技术和创新能力，但总体而论，他们还是为国防和军队建设服务的军事人才。转业到地方新的工作岗位后，主要从事为经济社会发展服务的工作，需要通过培训和一个时期的岗位锻炼，实现新的转变，尽快由军事人才转变成为经济社会发展人才。

3. 转业军官安置工作必须始终坚持以人民为中心。转业军官安置工作的核心和主体是转业军官，安置和服务对象也是转业军官。做好这项工作，要求各级党委和政府必须始终坚持以人民为中心，着眼于转业军官这个“中心”，把政策制定好、把措施完善好、把工作落实好、把每一名转业军官接收安置好，依法维护他们的合法权益，切实把他们的所思所想、所期所盼解决好。

案例选编

河南省军转干部“直通车”式安置服务试点工作取得成效

河南省在2019年的计划分配军转干部安置工作中探索实施“直通车”式安置服务。通过调研论证、稳妥推进、拓宽安置渠道、坚持以岗选人、人岗相适、机关带头、空编优先、专业对口的方式，取得了较好的效果。省（中）直52家接收单位共提供180个“直通车”岗位，军转干部报名参与902人次。省（中）直试点单位接收安置军转干部94名，占省（中）直单位应安置人数的35.1%。

（二）转业军官安置工作遇到的矛盾和问题有待研究解决

随着我国经济社会的发展和人事制度改革的逐步深入，转业军官人才资源配置工作也不可避免地遇到了一些矛盾和问题，转业军官的安置期望值与经济社会发展的现实需要之间的矛盾有待研究解决。

（三）经济社会发展急需大批转业军官人才

转业军官普遍具有较高的思想理论水平和党性修养，具有坚定的政治信念和政治立场，具有较强的大局意识和组织纪律观念，具有体现革命军队性质的宗旨意识和奉献精神。转业军官身上的这些优秀品质和能力素质，既是我党人才标准所包含的重要内容，也是经济社会发展所急需的。军官转业到地方后，他们所具有的优秀品质和能力素质如果在工作中得到充分展现，必将日益受到全社会的认可和褒扬。在新时代，越来越多的转业军官投身乡村振兴建设和村支书岗位，为基层政权的巩固和经济社会的发展作出了新贡献。

二、坚持依法开展转业军官安置工作

法律政策是开展转业军官安置工作的重要保障。不断强化和优化法律法规和政策制度，既是时代要求，也是转业军官安置工作的需要。立足新时代要求，《退役军人保障法》颁布实施，使转业军官安置工作得到法律法规和机制保障。

各级退役军人事务部门成立后，原本分散在相关部门的军官和士兵安置、就业、优待等工作和相关政策相继得到整合。紧跟职能整合、机构组建和体系建设的新进展，在研究制定《退役军人安置条例》及其系列配套政策文件时，要注重统筹设计优化安置去向、突出安置导向、规范安置办法，既积极对接军地改革，充分考虑转业军官的整体利益诉求，又根据国家经济社会发展水平和转业军官服役期间的贡献大小，体现对转业军官的差别化保障，加快构建起系统完备、科学规范、运行有效的转业军官安置政策制度体系。

转业军官安置工作是一项重要的政治任务。做好新时代转业军官安置工作，必须深入学习贯彻习近平法治思想，以《退役军人保障法》为根基，立足我国社会主要矛盾的变化，全面总结新中国成立以来转业军官安置工作取得的显著成绩，充分吸纳政策制度建设的经验成果，加强研究创新，破解矛盾问题，以建设高质量长效保障机制为目标，以制度化规范化为抓手，以解决突出问题为着力点，依法推进转业军官安置工作高质量开展。

三、创新做好转业军官安置工作

新时代赋予转业军官安置工作新的内涵和要求，必须立足当下、着眼长远，突出问题导向，注重研究借鉴，勇于善于创新，不断推进转业军官安置工作高质量发展。

（一）合理配置人才资源

1. 扎实推进年度或阶段性安置任务落实。全面贯彻中央部署和要求，坚决落实好转业军官安置任务，科学编制下达计划。

2. 强化工作督导落实。督促指导各级机构严格执行安置计划和政策，深挖安置潜力，拓宽安置渠道，完善“阳光安置”工作机制，确保按规定时间节点圆满完成年度安置任务，切实为深化国防军队改革、建设世界一流军队提供支撑保障。

3. 优化人才资源配置布局。根据社会主义市场经济条件下人才资源配置的客观要求，着眼于促进转业军官的全面发展，优化人才资源配置布局，既要把转业军官安置工作作为重要的政治任务完成好，也要着眼于转业军官在部队时的贡献、能力素质和特长爱好，把他们安排好、培训好、使用好，真正把转业军官作为重要的人才资源合理配置好，使他们人尽其才、各得其所。

（二）创新解决好重点难点热点问题

转业军官安置工作在不同时期有不同的重点问题，也会有不同的难点热点问题。这些问题有的是长期性问题，有的属于阶段性或暂时性问题，但又是制约整个工作的“短板”或“瓶颈”，必须下大力气、用真功夫，做到以法律政策为依据，立足实际，积极协调，大胆改革，创新性地破解好、处理好。结合工作实际，依据《退役军人保障法》，及时破解矛盾问题，研究提出有针对性的解决方案，并在健全“阳光安置”工作机制、探索人岗相适有效办法、完善高校专项培训制度等方面拿出新举措，进一步提高转业军官安置工作的科学化、制度化、规范化水平，引导更多转业军官到艰苦地区、基层和经济建设一线建功立业，到党和国家事业发展最需要的地方去。

（三）推进转业军官教育培训工作

积极探索教育培训工作前移，大力开展网络教育培训，不断改进和完善教育培训的方式方法，切实增强教育培训的针对性和实效性。在年度安置工作启动前，积极开展前移培训，优化“送法律政策进军营”等活动内容。在转业军官确定安置方式后，结合形势政策变化和移交安置工作需要，组织开展转业军官全员适应性培训，帮助转业军官掌握安置政策、了解地方形势。在转业军官安置后，着眼于加快转业军官人才转型转换、提升适应地方工作能力，扎实做好转业军官上岗前针对性培训，充分运用各类优质教育资源，打造、升级转业军官培训品牌。

/ 第五章 /

退役士兵安置工作

要论摘编

中央和国家机关、地方各级党委和政府要支持国防和军队建设，做好退役军人安置、伤病残军人移交、随军家属就业、军人子女入学等工作。

——习近平：《在出席十三届全国人大二次会议解放军和武警部队代表团全体会议时的讲话》（2019 年 3 月 12 日）

退役士兵安置工作是一项关系国防和军队建设、保障退役士兵合法权益、维护社会和谐稳定的重要工作。党和国家历来高度重视退役士兵安置工作。新中国成立 70 多年来，特别是党的十八大以来，在以习近平同志为核心的党中央坚强领导下，退役士兵安置工作进入了创新发展的新时代，对促进经济社会发展、加强国防和军队建设起到了重要作用。

第一节　退役士兵安置工作概述

退役士兵为国防和军队建设作出了重要贡献，是党和国家的宝贵财富。接收安置退役士兵是一项重要的政治任务，是全社会的共同责任。

一、退役士兵安置工作的概念

退役士兵安置工作，是指国家对从中国人民解放军和中国人民武装警察部队依法退出现役的军士采取逐月领取退役金、自主就业、安排工作、退休、供养等方式，对依法退出现役的义务兵采取自主就业、安排工作、供养等方式进行妥善安置的实践活动。

二、退役士兵安置工作的重要意义

新时代，做好退役士兵安置工作对于促进国家改革发展稳定、服务国防和军队建设、维护退役士兵合法权益等，都具有十分重要的意义。退役士兵安置工作关乎军心士气。今天的战士就是明天的退役士兵，他们的安置结果不可避免地会影响现役士兵的战斗精神。各级党委和政府必须始终坚持围绕中心、服务大局，坚决贯彻党中央、国务院、中央军委的部署要求，自觉适应经济社会发展的新形势，积极对接部队改革的新需要，紧盯广大退役士兵的新期待，不断调整完善政策制度、建立健全工作机制、探索创新办法举措，使一批又一批的退役士兵成功实现由“兵”到“民”、由军事人力资源向经济社会发展重要力量的顺利转变，在社会主义现代化建设中发挥才干、有所作为。

三、退役士兵安置工作的历史沿革

新中国成立以来，退役士兵安置工作总体上讲可分为以下几个发展阶段。

（一）指令性计划安置阶段（1949 年 10 月—1992 年 10 月）

1. 指令性计划安置的形成阶段（1949 年 10 月—1978 年 12 月）

从新中国成立到改革开放前，退役士兵安置工作的基本方针是“妥善安置、各得其所”。1950—1958 年，新中国第一次大规模的退役士兵安置工作就是在这一方针指导下进行的。这一时期，退役士兵安置工作随着城乡二元体制的发展，形成了城乡有别的安置制度。对农村籍退役士兵，国家明确回乡参加农业生产。新中国成立之初，由于当时社会流动少，农村退役士兵素质相对较高，有的还入了党，进入了农村基层组织领导层，因此农村青年当兵积极性很高。对家居城市的士兵及无家可归的士兵，退役后则在城镇安置，主要有三种方式：一是就地安置，部分战士在东南、西南及西北边疆就地退役安置。二是回原居住城市，安排在国家机关、人民团体、企事业单位工作，这些单位在招收人员时，按规定把复员转业军人作为第一位录用的对象。三是集体安置，由政府安排一批军人集体退役到同一地方从事同一职业，主要是急需劳动力的铁道、农业、林业、地质等行业。这一时期，国家实行高度集中统一的计划经济体制，以计划作为资源配置的方式。退役士兵安置制度与当时的国情军情相适应，具有简单高效的特点，对于巩固新生的人民政权、恢复和发展国民经济、吸引适龄青年参军入伍都发挥了重要作用。当时，安置岗位充足，退役士兵对安置工作的满意度普遍比较高。

2. 指令性计划安置的维持阶段（1978 年 12 月—1992 年 10 月）

从 1978 年改革开放到 1992 年党的十四大，是建立社会主义市场经济体制的阶段，是我国农村土地承包制度改革取得很大成功、城市国有企业改革风起云涌的阶段。国有经济从处于“绝对优势”变为处于“主导地位”，国有企业改革逐步深化，企业分配更具弹性，不同行业间以及同行业不同单位间收入差距不断加大，退役士兵安置工作相应遇到新情况、新矛盾、新问题。

一是市场开始发挥作用，安置工作出现新的难题。政府开始转变职能，企业开始参与市场竞争。伴随着岗位利益分化、计划范围缩小，企业用工逐步依赖市场。这一时期，虽然指令性安置任务仍然能够完成，但各单位在接收安置方面出现一系列难题。比如，国企改革进展到“国有非国营”阶段，企业退出行政体系，退役士兵指令性安置任务逐步由企业包干安置过渡到按照行业系统包干安置。

二是企业进行招工改革，安置工作面临新的矛盾。随着“统包统配”就业制度的改革，国有企业从社会上新招收的工人统一实行劳动合同制，退役士兵安置改为劳动合同制在当时也已经成为一种发展趋势，取代了过去全民所有制的身份终身制度。由于固定工、全民所有制身份的打破，部分企业破产倒闭或实行竞争上岗，退役士兵安置后下岗现象逐步凸显，直接影响了退役士兵安置工作。

三是农村籍士兵回乡务农仍为主流。除少数荣立二等功以上奖励、转为志愿兵等情况的士兵可以享受城镇退役士兵安置政策外，大多数农村籍士兵仍然按照回乡务农的原则进行安置。同时，通过探索“军地两用人才”开发使用的方式，充分发挥他们的积极作用。

（二）市场经济体制下的安置阶段（1992 年 10 月—2011 年 11 月）

1. 市场经济体制下安置工作的探索阶段（1992 年 10 月—21 世纪初）

从中央提出建立社会主义市场经济体制到 21 世纪初这一阶段，国有经济在国民经济中所占比重有所下降，国有企业职工逐渐减少，同时非国有企业数量大幅增长，就业主要依靠非国有经济单位。政府逐步放权，不再大包大揽，城镇退役士兵指令性安置工作方式面临巨大挑战。

一是招录制度改革制约了指令性安置。随着市场经济体制的发展，党政机关和企事业单位招录制度也在不断改革和完善。如，公务员必须在规定编制限额内，经公开考试择优录用；事业单位实行公开招聘、竞争上岗；现代企业享有经营管理自主权。这些新情况的出现严重制约了指令性安置工作的推进，很多单位难以接收大量退役士兵。

二是就业岗位短缺阻碍了指令性安置。在计划经济体制下，国家和政府掌握着大量的就业岗位，主要是政府机关和国有企事业单位的工作岗位。由于政府职能转变、精简提效，政府机关和国有企事业单位的员额大量裁减，国家可控的就业岗位急剧减少；在可控的有限资源内，单位录用方式同步改为公开招考。这些新情况的出现，严重影响了指令性安置任务的完成。

三是农村籍退役士兵安置出现新问题。在农业收益较低的情况下，农村籍退役士兵逐渐放弃返乡务农；部分返乡的退役士兵在政治和经济上难以取得较大发展。这就导致部分农村籍退役士兵提出“与城镇退役士兵享有同等安置待遇”的要求，给退役士兵安置工作带来了新挑战。在这种情况下，各地逐步探索创新安置方式。地方政府加大培养和开发使用“军地两用人才”的力度，推动退役士兵安置工作向制度化、规范化方向发展。同时，对退役士兵在就业创业方面遇到的矛盾和困难给予一定的指导和帮扶。

2. 市场经济体制下安置工作的改革阶段（21 世纪初—2011 年 11 月）

从 21 世纪初至 2011 年《退役士兵安置条例》实施前这一阶段，社会主义市场经济体制不断完善，经济社会改革向纵深发展，就业压力越来越大，退役士兵安置工作在改革中发展，呈现出以下几个方面的特点：

一是完善安置工作政策法规。根据军队征集高素质兵员的需求，军地相关部门联合制定了从在校大学生、应届毕业生中征集士兵以及直招士官的退役安置政策，完善了军队院校淘汰学员、伤病残士兵的安置规定，建立了优待安置证制度，为退役士兵安置工作提供了法规保障。

二是鼓励自谋职业。2001 年，全国 11 个县（市）进行自谋职业试点。同年，在辽宁丹东召开全国退役士兵安置改革经验交流会，推广了辽宁、浙江和湖北等省鼓励城镇退役士兵自谋职业的经验做法，分析矛盾、统一认识、部署工作，形成了“安置改革根本出路在于扶持退役士兵自谋职业”的共识。2004 年，国务院办公厅转发民政部等部门《关于扶持城镇退役士兵自谋职业优惠政策的意见》等相关文件，在就业和社会保障、教育、个体经营、税收、贷款和户籍等方面给予优惠政策，积极鼓励退役士兵自谋职业。2005 年，国务院《关于进一步做好城镇退役士兵安置工作的通知》明确，中央财政对自谋职业退役士兵给予一次性经济补助资金，予以适当支持。至此，自谋职业成为社会主义市场经济条件下退役士兵安置的主要途径，有效缓解了政府安置退役士兵的压力。

三是开展退役士兵职业技能培训。从 2002 年起，军地有关文件多次强调，各级民政部门要会同教育、劳动保障等部门，利用各级各类学校和培训机构开展多种形式的培训，为城镇退役士兵免费提供一次职业技能培训，所需经费由地方人民政府列入财政预算，中央财政对安置任务重和经济欠发达地区给予适当补助。2010 年，国务院、中央军委下发《关于加强退役士兵职业教育和技能培训工作的通知》，标志着在全国范围内推动建立以中等职业教育和技能培训为主体，以高等职业教育、成人教育和普通高等教育为补充的退役士兵职业教育和技能培训制度，退役士兵可按照自愿参加、自选专业、免费培训的原则参加相关培训。这些政策的出台，进一步催生了退役士兵投身地方经济建设的内在动力。各地结合实际，采取灵活的措施办法，在生产服务、技术指导、教育培训、农用物资供应、农副产品收购方面加大扶持力度；支持创办经济实体，推荐介绍优秀退役士兵作为基层组织的后备力量，较好地发挥了他们在物质文明、政治文明和精神文明建设中的骨干作用。

四是推进退役士兵安置制度改革。随着社会主义市场经济体制的建立健全，特别是与退役士兵安置密切相关的各项改革不断深化，城镇退役士兵由政府指令性安排工作与自谋职业相结合的安置制度遇到的矛盾越来越突出。2004 年，国家启动退役士兵安置改革，于 2011 年制定出台了《退役士兵安置条例》，标志着退役士兵安置工作进入新的发展阶段。

（三）新型退役士兵安置制度建立推进阶段（2011 年 11 月至今）

为解决退役士兵安置难题，党中央、国务院、中央军委审时度势，立足国情军情，兼顾现实和长远，决定对退役士兵安置制度进行重大改革。在深入调查研究的基础上，国务院、中央军委于 2011 年 10 月 29 日公布《退役士兵安置条例》，自 2011 年 11 月 1 日起施行。这是改革开放以来退役士兵安置制度改革的重要里程碑。改革的总体目标是：建立以扶持就业为主，自主就业、安排工作、退休、供养等多种方式相结合，城乡一体化的退役士兵安置制度，完善就业创业、社会保险、职业技能培训、教育等优惠政策，促进退役士兵自主创业和参与劳动力市场竞争就业，使退役士兵安置工作更好地适应社会主义市场经济发展的要求，更好地为国防和军队建设服务。其主要内容有七个方面：

一是实行退役金制度。对自主就业的退役士兵，按服役年限发给退役金。服役期间立功受奖、获得荣誉称号的予以增发。

二是缩小退役士兵安排工作范围。将原来城镇籍士兵、服现役满 10 年的士官、获个人二等功以上奖励的士兵、因战因公致残等级为 5 级至 8 级的士官退役后由政府安排工作，改为服现役满 12 年以上的士官、获个人二等功或战时三等功以上奖励的士兵、因战致残等级为 5 级至 8 级的残疾士兵、烈士子女士兵退出现役后，可选择由政府安排工作，也可选择领取退役金后自主就业。

三是扩大退役士兵就业创业优惠政策范围。将原来对自谋职业城镇退役士兵的扶持就业创业优惠政策，扩大到所有自主就业创业的退役士兵。对从事个体经营的，减免相关税收，扶持小额贷款，给予微利项目财政贴息，免收有关行政事业性收费等；对招收录用聘用退役士兵的用人单位，依法给予相应的税收优惠。国家机关、社会团体、企事业单位在招收录用工作人员或者聘用职工时，在同等条件下优先招收录用退役士兵；报考公务员、应聘事业单位职位的，在军队服现役经历视为基层工作经历。

▶ 2020 年，贵州省贵阳市部分市、区两级事业单位管理岗位定向招聘由政府安排工作的退役士兵（退出消防员）。图为位于贵阳市退役军人服务中心的笔试现场／贵州省退役军人事务厅供图

四是完善退役士兵职业教育和技能培训政策。将原来的对自谋职业城镇退役士兵进行短期职业技能培训，调整为自主就业退役士兵可以免试进入中等职业学校学习，报考高等学校的享受加分优惠；自主就业退役士兵可在达到法定退休年龄前接受一次免费职业技能培训（免学杂费、免住宿费、免技能鉴定费，并享受培训期间生活补助）。

五是调整伤病残士官退休和供养范围。将原来的因战因公致残等级为1级至4级的所有士官可以作退休安置，调整为因战因公致残等级为1级至6级的中级以上士官可以作退休安置。被评定为1级至4级残疾等级的义务兵和初级士官退出现役的，由国家供养终身。

六是完善退役士兵继续完成学业政策。将原来的在校大学生士兵退役后保留1年学籍，扩展为退役后2年内允许复学，并享受调整专业、减免学费、代偿助学贷款、免修公共体育和军事课程等优惠，参加国防生、农村基层服务项目以及军官人选选拔时优先录取。

七是修订安置经费保障办法。退役士兵安置经费由原来的地方财政承担为主，改为中央财政和地方财政共同承担。中央财政承担退役金，并对退役士兵教育培训、分散供养退役士兵购（建）房等经费予以补助。县级以上地方财政承担退役士兵教育培训、符合安排工作条件退役士兵待安置期间的生活补助等经费。

第二节　退役士兵安置工作的主要内容

退役士兵安置工作内容是退役士兵安置工作目标任务的具体体现。退役士兵安置工作的基本依据是《退役军人保障法》和《退役士兵安置条例》，主要内容包括：

一、退役士兵安置方式与安置条件

《退役军人保障法》明确，对退役的军士，国家采取逐月领取退役金、自主就业、安排工作、退休、供养等方式妥善安置；对退役的义务兵，国家采取自主就业、安排工作、供养等方式妥善安置。

（一）逐月领取退役金

退役的军士服现役满规定年限，以逐月领取退役金方式安置的，按照国家有关规定逐月领取退役金。《退役军人逐月领取退役金安置办法》第六条规定，军士退役时符合下列条件之一的，由本人申请，经审核批准后可以按逐月领取退役金方式安置：担任军士满16年的；服役满18年的；晋升（授予）四级军士长以上军衔后，在本衔级服役满6年且服役累计满14年的。

（二）自主就业

《退役士兵安置条例》第十八条规定，义务兵和服现役不满12年的士官退出现役，由政府扶持自主就业。自主就业的退役士兵由部队发给一次性退役金，地方政府可根据当地实际情况给予一次性经济补助，并享受相关免费教育培训、就业创业扶持、金融税收优惠等政策。自主就业的退役士兵自被批准退出现役之日起30日内，持相关证件到安置地县级人民政府退役士兵安置工作主管部门报到。

（三）安排工作

《退役士兵安置条例》第二十九条规定，退役士兵符合下列条件之一的，由政府安排工作：士官服现役满12年的；服现役期间平时荣获二等功以上奖励或者战时荣获三等功以上奖励的；因战致残被评定为5级至8级残疾等级的；是烈士子女的。第五十三条规定，2011年11月1日前入伍、之后退出现役的士兵，可以执行本条例，也可以按照入伍时国家有关退役士兵安置的规定执行。

（四）退休

《退役士兵安置条例》第四十一条规定，中级以上士官符合以下条件之一的，作退休安置：年满55周岁的；服现役满30年的；因战、因公致残被评定为1级至6级残疾等级的；经军队医院证明和军级以上单位卫生部门审核确认因病基本丧失工作能力的。

（五）供养

《退役士兵安置条例》第四十二条规定，被评定为1级至4级残疾等级的义务兵和初级士官退出现役的，由国家供养终身。

二、退役士兵安置地和移交接收

（一）安置地

1. 回入伍时户口所在地安置。《退役士兵安置条例》第十条规定，退役士兵安置地为退役士兵入伍时的户口所在地。入伍时是普通高等学校在校学生的退役士兵，退出现役后不复学的，其安置地为入学前的户口所在地。

2. 易地安置。《退役士兵安置条例》第十一条规定，退役士兵有下列情形之一的，可以易地安置：服现役期间父母户口所在地变更的，可以在父母现户口所在地安置；符合军队有关现役士兵结婚规定且结婚满 2 年的，可以在配偶或者配偶父母户口所在地安置；因其他特殊情况，由部队师（旅）级单位出具证明，经省级以上人民政府退役军人事务部门批准易地安置的。根据《关于进一步加强由政府安排工作退役士兵就业安置工作的意见》放宽安置地限制的规定，士兵服现役期间父母户口所在地变更的，可随父母任何一方安置；经本人申请，也可在配偶或者配偶父母任何一方户口所在地安置。

退役士兵有下列情形之一的，根据本人申请，可以由省级以上人民政府退役士兵安置工作主管部门按照有利于退役士兵生活的原则确定其安置地：因战致残的；服现役期间平时荣获二等功以上奖励或者战时荣获三等功以上奖励的；是烈士子女的；父母双亡的。

（二）移交接收

安排工作的退役士兵，每年由退役军人事务部、中央军委政治工作部下达年度移交安置计划。军地双方按照有关规定进行档案移交审核。其中，集中移交的退役士兵档案，由军队各大单位政治工作部门与省级退役军人事务部门集中审核交接；非集中移交的退役士兵档案，由部队师（旅）、团级单位直接移交安置地退役军人事务部门。

安排工作的退役士兵在规定的时间内，持接收安置通知书、退出现役证件和介绍信到规定的安置地人民政府退役军人事务部门报到。安置地人民政府在接收退役士兵的 6 个月内，完成本年度安排退役士兵工作的任务。

三、安排工作退役士兵安置待遇

安排工作退役士兵安置待遇主要体现在四个方面：

1. 落实岗位待遇。《退役军人保障法》规定，以安排工作方式安置的退役士兵，由安置地人民政府根据其服现役期间所作贡献、专长等安排工作岗位，由机关、群团组织、事业单位和国有企业接收安置。

接收单位应当在退役士兵安置工作主管部门开出介绍信的 1 个月内安排退役士兵上岗。由人民政府安排工作的退役士兵，服现役年限和符合《退役士兵安置条例》规定的待安排工作时间计算为工龄，退役士兵享受所在单位正式员工同工龄、同工种、同岗位、同级别待遇。军龄 10 年以上的，接收的企业要与其签订无固定期限劳动合同，接收的事业单位应与其签订不少于 3 年的聘用合同。对安排工作的残疾退役士兵，所在单位不得因其残疾与其解除劳动关系或者人事关系。安排工作的因战、因公致残退役士兵，享受与所在单位工伤人员同等的生活福利和医疗待遇。任何部门、行业和单位不得出台针对退役士兵的歧视性措施，严禁以劳务派遣等形式代替接收安置。

2. 发放相关补助。退役士兵待安排工作期间，安置地人民政府要按照上一年度最低工资标准逐月发放生活补助。非因退役士兵本人原因，接收单位未按照规定安排上岗的，应当从所在地人民政府退役军人事务部门开出介绍信的当月起，按照不低于本单位同等条件人员平均工资 80% 的标准，逐月发给退役士兵生活费，直至上岗为止。

3. 接续基本保险。退役士兵在国家规定的待安排工作期间，以其在军队服役最后年度的缴费工资为基数，按 20% 的费率缴纳基本养老保险费，所需费用由安置地人民政府同级财政资金安排。退役士兵在国家规定的待安排工作期间，按规定参加安置地职工基本医疗保险，单位缴费部分由安置地人民政府足额缴纳，个人缴费部分由退役士兵个人缴纳。

4. 实行“阳光安置”。《符合政府安排工作条件退役士兵服役表现量化评分暂行办法》规定，将退役士兵服现役期间的表现量化评分作为安排工作的主要依据，结合量化评分情况进行排序选岗，使服役时间长、贡献大的退役士兵能够选岗。

政策解读

问：制定出台《关于进一步加强由政府安排工作退役士兵就业安置工作的意见》的意义是什么？

答：《关于进一步加强由政府安排工作退役士兵就业安置工作的意见》(以下简称《意见》)是党中央决策部署组建退役军人事务部后，首个专门针对由政府安排工作退役士兵出台的政策性文件。《意见》从提高思想认识、明确安置责任、提高补助标准、接续基本保险、落实岗位待遇、实行阳光安置、加强监督考核等方面，进一步完善政策制度，明确安置责任，体现了国家切实提升安置质量、不断优化工作流程，让退役士兵工作生活更加有保障、让军人更加受到社会尊崇的明确导向，对做好新时代退役士兵安置工作具有重要意义。《意见》从2018年8月1日起施行，适用于8月1日后退出现役的士兵。

《关于进一步加强由政府安排工作退役士兵就业安置工作的意见》

四、计划移交的伤病残退役士兵安置

（一）接收安置方式及适用对象范围

伤病残士兵交接安置包括计划移交安置、集中移交安置、随年度士兵退役安置三种方式。计划移交安置方式主要适用于不宜由政府安排工作或需由国家供养终身的伤病残退役士兵，主要包括：因战、因公、因病（不含精神病）被评定为1级至4级残疾等级的义务兵和初级士官；因患精神病被评定为1级至6级残疾等级的义务兵和初级士官；自愿放弃退休安置的因战、因公被评定为1级至4级残疾等级的中级以上士官；参照执行的军队院校伤病残士官学员。

（二）工作流程

1. 下达计划。年度计划移交残疾士兵、军队院校残疾学员安置计划由退役军人事务部办公厅和军委政治工作部办公厅联合印发各地，各地按照移交计划进行接收安置。

2. 审核档案。伤病残士兵所在旅（团）级单位政治工作部门接到人员名单20日内，与安置地退役军人事务部门联系沟通，及时移交具备移交条件人员档案。安置地退役军人事务部门在收到人员名单和档案20日内完成审档，并将审档结果、交接时间等及时通告部队。

3. 移交接收。①部队结算相关费用，指派专人护送伤病残士兵到安置地退役军人事务部门报到。军地共同做好伤病残士兵本人及其家属思想工作。②部队、安置地退役军人事务部门和伤病残士兵（或利害关系人）签订三方协议，共同办理交接手续；需要住院的，有关医院要派人参加交接，安置地退役军人事务部门协助部队将伤病残士兵送到指定医院。

4. 落实待遇。安置地退役军人事务部门及时落实已接收人员住房、医疗等各项待遇，纳入国家优抚保障体系，确保享受相关抚恤优待政策。

（三）安置待遇

被评定为1级至4级残疾等级的义务兵和初级士官退出现役的，由国家供养终身，分为集中供养和分散供养。具备下列条件之一，并经省级人民政府退役军人事务部门批准，可以集中供养：因残疾原因需要经常医疗处置的；日常生活需要护理，不便于分散安置照顾的；独身一人，不便分散安置的。分散供养，是指对不符合集中供养条件的人员或虽符合集中供养条件但本人自愿回家休养的人员，实行在家休养、康复和医疗。

分散供养的残疾退役士兵购（建）房所需经费的标准，按照安置地县（市）经济适用住房平均价格、60平方米的建筑面积确定；没有经济适用住房的地区，按照普通商品房价格确定。购（建）房所需经费由中央财政专项安排，不足部分由地方财政解决。购（建）房屋产权归分散供养的残疾退役士兵所有。分散供养的残疾退役士兵自行解决住房的，按照上述标准将购（建）房费用发给本人。

政策解读

问：为什么要制定出台《关于进一步规范退役士兵移交安置工作有关具体问题的通知》？

答：一方面，这是服务国防和军队建设的需要。军队各项改革向纵深推进，对加强军地政策制度衔接和工作协同配合提出了更高要求，需要我们在统筹做好顶层设计的同时，加强分层对接，全力推进退役军人事务领域治理体系和治理能力现代化。《关于进一步规范退役士兵移交安置工作有关具体问题的通知》针对当前军地在移交安置工作中的一些难点、断点问题提出了解决意见，进一步压实了军地责任，增强了刚性约束，加强了业务衔接，对于提升工作的严肃性和协同性、健全军地移交工作机制具有重要作用。

另一方面，这是维护退役士兵合法权益的需要。近年来，国家层面围绕退役士兵安置出台了一些法规政策，但由于部分规定比较原则，政策效果没有充分释放；有的地方在具体工作中存在程序不严谨、服务不到位的问题，需要我们坚决贯彻以人民为中心的发展思想，通过规范行政行为、改进服务方式，打通政策落地“最后一公里”，逐步提高服务的精细化、人性化水平。

《关于进一步规范退役士兵移交安置工作有关具体问题的通知》

第三节　退役士兵安置工作的主要方法

退役士兵安置工作方法是做好退役士兵工作的“桥”和“船”。不解决“桥”或“船”的问题，退役士兵安置工作就不可能落地落实。近年来，党和政府为做好退役士兵安置工作，先后出台了一系列相关法律、法规、制度，为退役士兵安置工作奠定了制度基础。各级政府认真贯彻相关法规制度，积极探索政府调控和市场调节相结合的退役士兵安置工作新思路，采取多元化的手段，为退役士兵安置提供组织保障。

一、依法行政，规范管理

依法行政、规范管理是现代法治国家政府行使权力时所普遍奉行的基本准则，是退役士兵安置工作规范化的必然要求。一是完善政策法规。各地要贯彻落实《退役军人保障法》，结合当地实际，制定具体的安置实施办法，为退役士兵提供就业优惠政策。二是注重经验交流。借助召开座谈会等形式交流退役士兵安置工作经验，研讨退役士兵安置工作的科学方法和可行性措施。一些地方提出了“双考安置”“供需见面、双向选择”等方法路径，推动了安置工作的创新发展。三是发挥舆论导向作用。通过新闻发布会、政策吹风会等形式，积极向社会公众宣传退役士兵安置政策，营造尊重退役军人的良好社会氛围，引导企事业单位主动为退役士兵提供就业机会。

二、开展适应性培训，宣讲安置政策

突出思想政治教育，加强待安置期间管理服务，教育引导退役士兵遵纪守法、珍惜荣誉；介绍党和国家关于退役士兵安置的相关政策法规、地方经济社会发展和就业形势等，帮助退役士兵了解国情社情，尽快实现身份转变；提供职业指导服务，引导合理预期，指导退役士兵做好职业规划。

◀ 内蒙古自治区包头市昆都仑区开展2021年度自主就业退役士兵适应性培训／内蒙古自治区退役军人事务厅供图

三、建立信息服务平台

网络信息服务平台是退役士兵安置工作的重要载体，实现了线上招聘和线下招聘的结合，面向退役士兵提供全天候、不受时间和空间限制的专业服务，对政府、社会、培训机构、企业等不同培训资源、就业资源、教育资源进行整合和优化配置，实现了退役士兵培训需求、就业需求与不同资源的匹配。可采取“互联网＋”运营模式，设置在线培训、就业政策查询、在线求职等不同栏目，为退役士兵提供全方位安置服务。

第六章

退役军人就业创业工作

要论摘编

要始终把人民安居乐业、安危冷暖放在心上，千方百计稳定现有就业，积极增加新的就业，促进失业人员再就业，突出做好高校毕业生、退役军人、农民工和城镇困难人员等重点群体就业工作。

——习近平：《在吉林考察时的讲话》（2020 年 7 月 24 日）

退役军人就业创业工作是退役军人工作的重要组成部分，是各级退役军人事务部门的重要职责，关乎民生，关乎社会稳定。退役军人就业创业工作主要包括教育培训、就业创业帮扶、协助落实社会保险待遇等内容，服务对象主要是处于劳动年龄的非政府安置工作的退役军人。

第一节　退役军人教育培训工作

退役军人教育培训工作是做好退役军人就业创业工作的重要基础，是提高退役军人就业创业质量的可靠保证。必须紧密围绕社会需求，帮助退役军人完善知识结构，提高思想政治水平、职业技能水平和综合职业素养，提升创业能力。

一、退役军人教育培训工作概述

（一）退役军人教育培训的内涵

退役军人教育培训是指由退役军人事务部门牵头，组织和利用多种教育培训方式方法，提高退役军人适应社会、就业创业能力素质的实践活动。其目的是帮助退役军人顺利实现由国防和军队建设人才向经济社会建设人才转变，为全面建成社会主义现代化强国、实现中华民族伟大复兴的中国梦提供强大支撑。

（二）退役军人教育培训工作的原则

由于工作对象、性质及过程的特殊性，退役军人教育培训应遵循坚持党的领导、坚持统筹协调、坚持需求导向、坚持以人为本、坚持开放办教的原则。

1. 坚持党的领导。坚持党对退役军人教育培训工作的领导，教育培训的思想内容要与党中央的决策部署保持一致，深刻领悟“两个确立”的决定性意义，增强“四个意识”、坚定“四个自信”、做到“两个维护”。

2. 坚持统筹协同。退役军人事务部负责统筹规划全国退役军人教育培训工作；各级政府及退役军人服务机构应加强对退役军人教育培训的宣传、组织和协调，确保教育培训政策落到实处。

◀ 2022年1月11日，由教育部、退役军人事务部、上海市政府联合委托上海师范大学成立的上海退役军人学院举行了揭牌仪式 / 上海市退役军人事务局供图

3. 坚持需求导向。坚持以促进退役军人就业创业为目标，切实强化教育培训内容与市场人才需求的无缝对接，提高培训后的就业创业成功率。

4. 坚持以人为本。教育培训必须充分考虑受教育者的个体特征，充分研究退役军人的特点，尊重其特殊性和差异性，设计相应的教育培训内容、方式等，提高退役军人参与的积极性、主动性，发挥他们的主体作用，保证教育培训质量。

5. 坚持开放办教。推进退役军人教育培训市场化、社会化改革，充分发挥政府主导作用，鼓励支持社会力量参与，建立培训资源优化配置、培训载体多元发展、退役军人按需选择、政府加强监管服务的体制机制。

（三）教育培训的目标任务

退役军人教育培训要以顺利实现退役军人从部队到地方的就业创业转换为目标，以政府补贴培训、市场化培训为主要供给方式，以公共实训机构、职业院校、职业培训机构和行业企业为主要载体，以就业技能培训、岗位技能提升培训和创业创新培训为主要内容，帮助退役军人增强角色转换意识，改善知识结构，提升综合素质，掌握就业创业必需的各种知识和技能，顺利实现从部队到地方的角色转变。

二、退役军人教育培训的形式

退役军人教育培训主要包括：适应性培训、职业技能培训、学历教育、终身教育学习等。2018 年以来，退役军人事务部指导各地积极推进退役军人教育培训，帮助退役军人提高学历、掌握就业创业技能；会同教育部、财政部、人力资源和社会保障部等部门先后出台有关教育（学历提升）和培训政策文件 10 多个；会同教育部，面向自主就业退役士兵进行高职扩招，在读的本专科生、研究生实行学费减免，本专科生国家助学金对全日制在读的退役军人大学生实行全覆盖。

（一）适应性培训

适应性培训是指帮助退役军人适应社会、融入社会的基础培训。包括国情社情、法律法规、待遇政策、心理调适等内容。

1. 适应性培训的基本目标。一是通过参观见学、国情社情介绍等活动，帮助退役军人全面了解地方经济社会、人文历史、文化传统等概况，增强对社会的认知度和融入度。二是通过专业化的心理引导和调适，帮助退役军人尽快从紧张的军营生活中调整过来，适应社会生活新环境、新节奏。三是通过各类政策宣讲，帮助退役军人了解权利和义务，从而自觉遵守国家和地方法律法规，理性维护自身合法权益。四是帮助退役军人了解自身特点和需求，树立正确择业观，合理调整就业预期，制定职业发展规划，提供就业创业指导。

青海省 2021 年度政府安排工作退役军士和退出消防员适应性培训班组织学员开展拓展训练／青海省退役军人事务厅供图

2. 退役士兵适应性培训的要求。一是加强职业技能储备培训和离队前教育。军队要做好面向现役士兵的教育培训，支持其在服役期间学习、储备多种职业技能，取得更多职业技能等级证书；进一步完善退役士兵离队前教育工作。县级以上地方人民政府退役军人事务部门要积极主动配合驻地部队按需开展“送技能进军营”、定期开展“送政策进军营”等活动，宣讲政策形势，加强择业指导，实现区域内驻军单位基本覆盖。二是实施即退即训。面向自主就业退役士兵开展适应性培训，帮助其尽快转变角色、融入社会。培训工作由省（自治区、直辖市）退役军人事务部门结合实际统筹安排，在自主就业退役士兵返乡报到后及时组织实施，培训时长不少于 80 学时。三是确保培训实效。适应性培训要强化思想政治引领，面向自主就业退役士兵开展安全保密教育，树牢组织纪律意识；宣讲退役政策，普及相关法律法规；开展心理调适，促进角色转换；实施职业指导，分析就业创业形势，引导合理就业预期；组织人才测评，提供就业推荐、职业培训项目推介。采用“互联网＋培训”等多种教学手段，灵活安排教学，定期开展培训评估，确保教学效果。

（二）职业技能培训

职业技能培训是指帮助退役军人掌握就业创业技能、提高就业创业能力的专业培训。在优化培训模式、提高管理服务能力的基础上，要重点把握三点：一是针对性。紧贴国家发展重大战略、紧贴当地经济社会发展需要、紧贴退役军人自身特点，坚持“市场需要什么就培训什么”“退役军人缺什么就补什么”的原则，做到有的放矢。二是灵活性。退役军人退役后面临就业和学习的双重压力，参加职业技能培训难以平衡工学矛盾。培训组织者必须采取灵活多样的方式，如网上教学、送教上门、弹性学制等，正确解决工学矛盾。三是实效性。职业技能培训的最终目标是促进退役军人实现就业，就业率是衡量职业技能培训质量的关键。要将参训退役军人职业技能证书获取率、推荐就业成功率与承训资格和培训经费拨付挂钩，引导各类职业技能承训机构聚焦退役军人就业实效。

（三）学历教育

学历教育是指退役军人在教育机构接受科学文化知识和专业培训、取得专科以上高等学历证书的专业教育或职业教育。

近年来，国家教育改革力度不断加大，历次重大教育改革和计划均对退役军人的学历教育予以政策倾斜。同时，国家围绕引导退役军人回到校园、帮助退役军人提高学历层次作出过一系列制度设计和政策安排，内容上涵盖了从学历教育到职业教育、从全日制学习到成人学习、从中等学历教育到高等学历教育等各个方面，举措上贯穿了从招录加分到学费资助等全过程。

1. 支持从高校应征入伍士兵退役后复学深造。支持入伍前已被普通高等学校录取并保留入学资格或者保留学籍的退役士兵入学或复学，经学校同意并履行相关程序后可转入本校其他专业学习，免修公共体育、军事技能和军事理论等课程，直接获得相应课程学分，允许适当延长修业年限。高职（专科）升普通本科、成人本科按规定免试入学。符合条件的退役大学生士兵参加全国硕士研究生招生考试，按有关规定享受加分照顾。服役期间获二等功以上奖励、符合全国硕士研究生招生考试报考条件的退役士兵，可申请免初试攻读硕士研究生。适度扩大“退役大学生士兵”专项硕士研究生招生计划规模。

2. 鼓励高中、初中学历退役士兵提升学历。退役士兵参加中职教育，实行注册免试入学；报考高职院校，免文化素质考试。符合条件的退役士兵参加全国普通高考、成人高考，按规定享受加分照顾。高等学校可按规定通过单列计划、单独招生等方式招考退役士兵。将退役士兵服役期间的学历教育和非学历教育学习成果按规定记入国家学分银行，实现退役前后学习成果贯通连续。建立健全行业教育合作机制，对适合退役士兵就业的行业，加大行业系统内院校招生力度，以专业教育促进退役士兵入行就业，努力实现“入学即入职”。

（四）终身教育学习

实行职业生涯全过程培训。将退役军人培训纳入国家终身职业技能培训制度体系。以职业素养提升、技术更新、技能等级晋升为培养目标，鼓励用人单位定期组织退役军人参加岗位技能提升和知识更新培训，拓展职业上升空间。退役军人事务主管部门依托就业企业合作签约机制，支持合作企业为受聘退役军人提供多渠道、多层级、多频次的教育培训。紧紧围绕服务乡村振兴、打造“双创”升级版等国家战略，开展退役军人创业培训。

政策解读

问：《关于全面做好退役士兵教育培训工作的指导意见》能为退役士兵带来哪些政策优惠？

答：一是提供更多学习机会。《退役军人保障法》第三十二条规定：“国家建立学历教育和职业技能培训并行并举的退役军人教育培训体系”。引导士兵走好退役后第一步并在职业生涯中持续培养赋能，是实现退役士兵稳定就业和高质量就业的关键。《关于全面做好退役士兵教育培训工作的指导意见》（以下简称《意见》）提出“建立包括适应性培训、职业技能培训、学历教育和终身学习的教育培训体系”，让退役士兵在接受学历教育和技能培训的同时，能够通过适应性培训快速转变角色、融入社会，能够在职业发展过程中终身学习，全面增加学习机会，有效提升职业能力。

二是给予更全面学习资助。《意见》提出，自2019年秋季学期起，对通过全国统一高考或高职分类招考方式考入普通高等学校的全日制在校自主就业退役士兵学生均实行学费减免，实现了退役一年内和退役一年以上自主就业退役士兵资助待遇相一致，减免最高标准按照《学生资助资金管理办法》规定的本专科生每人每年8000元执行。为充分缓解退役士兵的工学矛盾和生活压力，《意见》还提出，全日制在校退役士兵学生全部享受本专科生国家助学金，参加全日制中等职业教育的，按规定享受中等职业教育国家奖助学金和免学费政策。此外，《意见》中提到的由政府部门组织的适应性培训、职业技能培训都是免费的，可以同时享受。

三是保障更多学习选择。为向退役士兵提供更多样、更高质、更可及的培训，《意见》提出，在职业技能培训中引入学历证书＋若干职业技能等级证书制度（1+X证书制度）和学分银行制度，鼓励教育培训机构对接共享优质培训资源，纳入更多培训机构，由自主就业退役士兵自主选择。对于已经就业的退役士兵，《意见》鼓励用人单位定期组织岗位技能提升和知识更新培训，支持就业合作签约企业提供多渠道、多层级、多频次的教育培训。《意见》还提到，建设全国退役士兵网络学习平台。未来，退役士兵可根据自身需要选择在线学习。

《关于全面做好退役士兵教育培训工作的指导意见》

第二节　退役军人就业创业扶持工作

帮扶退役军人就业创业是退役军人事务部门的重要职责，主要包括帮扶就业、帮扶创业两个方面。帮扶就业是指通过挖掘岗位、举办招聘会等方式，帮助退役军人找到合适工作，实现更高质量的稳定就业；指导创业是指通过组织创业培训、提供创业指导等方式，帮助退役军人成功创业。

◀ 黑龙江省为退役军人举行专场招聘会 / 黑龙江省退役军人事务厅供图

一、退役军人就业创业扶持政策

退役军人是重要的人力人才资源，是建设中国特色社会主义的重要力量。退役军人是就业创业扶持工作的重点群体。退役军人事务部门会同有关部门相继出台了一批政策法规和意见措施，不断加大对自主就业退役士兵就业创业的支持力度。地方各级党委、政府结合实际千方百计解决退役军人就业创业中遇到的矛盾和问题，积极推动退役军人就业创业工作不断发展。

（一）企业招聘

2018 年 7 月 27 日，退役军人事务部等 12 部门印发的《关于促进新时代退役军人就业创业工作的意见》明确要求，企业在招收员工时，要适当放宽退役士兵的年龄和学历等条件，同等条件下优先招录。

1. 退役士兵就业岗位衔接。2020 年 3 月 26 日，退役军人事务部、人力资源和社会保障部印发《退役士兵就业职业目录参考》，结合退役士兵的军事职业技能特点，对地方相关职业名称进行职业描述，梳理出了相对应的445个地方职业目录，引导理性求职、精准招聘，推动用工单位、退役士兵、教育培训机构良性互动。

2. 企业招用自主就业退役士兵就业税收优惠。2019年2月，财政部、国家税务总局、退役军人事务部印发《关于进一步扶持自主就业退役士兵创业就业有关税收政策的通知》，提高了税收优惠标准。

3. 鼓励民营企业招用自主就业退役军人。2022年1月6日，退役军人事务部等12部门联合印发《关于引导和鼓励民营企业招用自主就业退役军人的意见》，强调要加大职业培训力度，加强项目扶持，优化供地保障，降低要素成本，强化金融支持，落实税收优惠，完善相关机制建设，加强服务宣传工作，为积极招用自主就业退役军人的民营企业提供相应支持。

（二）公务员、事业单位和社会工作人员招录

1. 放宽招录条件。《关于促进新时代退役军人就业创业工作的意见》明确，机关、社会团体、事业单位招收退役士兵，应适当放宽年龄和学历条件，同等条件下优先招录。2022年6月，退役军人事务部、教育部、人力资源和社会保障部联合印发《关于促进优秀退役军人到中小学任教的意见》，进一步拓宽退役军人就业渠道，加强中小学教师队伍建设。

2. 加大公务员招录力度。一是在军队服役5年（含）以上的高校毕业生士兵，退役后可以报考面向服务基层项目人员定向考录的职位，同服务基层项目人员共享公务员定向招录计划，并优先录用建档立卡贫困户家庭高校毕业生退役士兵。二是各地特别是边疆地区、深度贫困地区结合实施乡村振兴、脱贫攻坚等战略，设置一定数量基层公务员职位面向退役军人招考，西藏和四川、云南、甘肃、青海四省藏区以及新疆南疆地区县乡逐步扩大招考数量。三是各级党政机关在组织开展选调生工作时，注意选调有服役经历的优秀大学生。四是适当提高政法干警招录培养体制改革试点定向招录退役军人的比例，有效拓宽从反恐特战等退役军人中招录公安机关人民警察的渠道。

3. 社会工作人员聘任录用。选派包括退役士兵在内的退役军人参与社会治理、稳边固边、脱贫攻坚等重点工作，鼓励退役军人到党的基层组织、城乡社区担任专职工作人员。

（三）自主创业和个体经营

1. 市场监督管理部门扶持规定。《退役士兵安置条例》明确，对从事个体经营的退役士兵，除国家限制行业外，自工商行政管理部门首次注册登记之日起 3 年内免收管理类、登记类和证照类的行政事业性收费。

2. 专门税收优惠。《退役士兵安置条例》明确，对从事个体经营的退役士兵，按照国家规定给予税收优惠。《关于促进新时代退役军人就业创业工作的意见》明确，退役军人从事个体经营，符合条件的可享受国家相关税收优惠。

3. 小微企业普惠性税收优惠。退役士兵创业和从事个体经营，除了以上对退役士兵的特殊税收优惠政策以外，还享有小微企业相关普惠性税收优惠。

4. 小额担保贷款和财政贴息。《退役士兵安置条例》和《关于促进新时代退役军人就业创业工作的意见》都明确要求，对从事个体经营的退役士兵，按照国家规定给予小额担保贷款扶持，从事微利项目的给予财政贴息。对于自主就业的退役士兵来说，从事个体经营或创办经济实体资金不足时，可持《中国人民解放军义务兵退出现役证》《士官退出现役证》等向商业银行申请贷款。符合贷款条件的，商业银行应当予以信贷支持。退役士兵申请创业担保贷款，虽然各地情况有所差异，但其贷款类型、标准、流程等大同小异。

为推动退役军人就业创业，广西壮族自治区柳州市推出为退役军人定制的专属信贷产品“拥军贷”。图为在签约仪式现场，退役军人咨询办理该业务 / 广西壮族自治区退役军人事务厅供图

（四）返乡就业创业

2021 年 8 月 16 日，退役军人事务部等 16 部门印发《关于促进退役军人投身乡村振兴的指导意见》，明确鼓励退役军人到乡村重点产业就业创业，支持退役军人领办新型农业经营主体，持续引进退役军人参与经济建设和基层治理。

（五）复工复职

《退役士兵安置条例》规定："自主就业的退役士兵入伍前是国家机关、社会团体、企业事业单位工作人员或者职工的，退出现役后可以选择复职复工，其工资、福利和其他待遇不得低于本单位同等条件人员的平均水平。"《军人抚恤优待条例》也明确："义务兵和初级士官入伍前是国家机关、社会团体、企事业单位职工（含合同制人员）的，退出现役后，允许复工复职，并享受不低于本单位同岗位（工种）、同工龄职工的各项待遇。"

2022 年 12 月，退役军人事务部等 21 部门联合印发《关于支持退役军人创业创新的指导意见》（以下简称《意见》），明确在坚持享受普惠性政策和公共服务基础上，在同等条件下给予优先优待的原则，支持有条件、有意愿的退役军人创业创新，促进退役军人中小企业、个体工商户等市场主体高质量发展。《意见》面向退役军人初次创业者和退役军人市场主体，特别是中小企业、个体工商户，兼顾当前纾困解难和长远发展，围绕强化金融支持、大力降本减负、优化创业环境、深化服务引导、加强组织实施等五个方面，提出了 18 条具体措施，涉及加大创业担保贷款力度、创新金融信贷产品、引导社会资本支持、落实税费减免、缓解租金压力、优化供地保障、落实补贴优惠、完善公共服务、强化载体建设、积极搭建平台、健全激励机制、开展创业培训、做好创业服务、加强个体工商户引导扶持等，进一步提升退役军人创业创新能力，培育壮大退役军人市场主体，带动更多退役军人就业。

二、帮扶退役军人就业创业工作

2020 年，退役军人事务部探索与政法、交通、船舶、消防以及大型民营企业直招专招退役军人模式，采取"权威推荐＋自主选择"方式，先后分3批与66家大型国有和知名民营企业签订了退役军人就业战略合作协议。截至2021年底，签约企业直接提供55万多个就业岗位，年度达成就业意向17万人，带动全国各地与企业签约直接提供103万个就业岗位。同年，退役军人事务部专门印发了《关于规范退役军人就业创业指导团队建设的通知》，从坚持高标准遴选、全面发挥职能作用、强化组织管理等方面作出规定安排。2018年以来，各地累计帮扶226万名退役军人实现就业创业。

2020年，退役军人事务部联合广东省人民政府主办了首届全国退役军人创业创新大赛。2021年，退役军人事务部印发《全国退役军人创业创新大赛组织实施暂行办法》，明确"全国退役军人创业创新大赛以'立创业创新潮头 展退役军人风采'为主题，坚持'严格公正、精心细致、创新务实'的办赛原则，采用'部省合办、以省为主、开放观赛、赛展结合'的模式开展，每两年举办一届"。2020年、2022年举办的全国退役军人创业创新大赛，吸引了全国1.3万名退役军人和相关团体参加比赛，有效激发了退役军人的创业创新热情。

◀ 2020年，退役军人事务部和广东省人民政府联合主办了首届全国退役军人创业创新大赛。图为获奖选手在大赛颁奖典礼上合影／广东省退役军人事务厅供图

三、促进退役军人就业创业工作的规划与举措

国家《"十四五"就业促进规划》对加强退役军人就业保障作出了明确规划：支持退役军人自主就业，将退役军人按规定纳入现有就业服务、教育培训等政策覆盖范围；探索推开"先入校回炉、再就业创业"模式，鼓励符合条件的退役军人报考高职学校，落实招收、培养、管理等方面的扶持政策；适时调

整退役军人就业岗位目录，协调各方资源，加强行业企业合作，拓展就业供给领域，挖掘更多适合退役军人的就业岗位，促进退役军人到民营企业就业；实施“兵支书”协同培养工程，推动退役军人在乡村就业；设立退役军人就业实名台账，强化退役军人服务中心（站）的就业服务功能，及时提供针对性服务。

（一）提高就业创业能力素质

全面落实退役军人教育培训政策，加强退役大学生士兵复学服务，推动延续高职扩招优惠政策，改善退役军人知识结构。探索依托就业创业园地开展技能培训，推进退役军人管理保障学科和培训教材建设，发挥培训就业率的指挥棒作用，逐步构建适应性培训、职业技能培训、学历教育、终身职业教育四位一体的教育培训体系。

（二）加大就业创业服务力度

进一步探索“教培先行、岗位跟进”“权威推荐、自主选择”等就业模式，上线运营全国退役军人就业创业信息系统，搭建退役军人就业服务信息平台，扩大与企业签约规模。加强就业动态监测，对因灾影响就业困难退役军人，通过纳入公益性岗位等办法及时给予帮扶。充分发挥创业带动就业作用，建立国家退役军人创业项目黄页，鼓励社会资本设立创业基金，引导社会力量成立创业服务团队，举办创业创新成果展陈交流活动，推动退役军人稳定就业。

案例选编

浙江省宁波市构建“六位一体”退役军人就业创业服务体系

浙江省宁波市高度重视退役军人就业创业工作，通过构建“六位一体”服务体系，全面推进退役军人就业创业工作向好向稳发展：构建企业吸纳培育平台，热忱主动吸收退役军人，为退役军人提供培养成长通道；发挥人力资源机构专业平台作用，开发符合退役军人及其延伸人才特点的服务产品，实现专业、精准、高效的就业服务；打造特色金融服务平台，为军人、军属、退役军人等提供优先、优质、优惠的金融服务；探索创新创业园区平台，开发创业园区政策；搭建退役军人就业创业驿站，发动社会力量帮扶退役军人就业创业；创建退役军人健康服务、精神家园等各类专业服务驿站；选树优秀退役军人企业和人才典型事迹。

（三）搭建干事创业平台

坚持在过程中培养、在实践中锻炼、向能力上聚焦，实施“兵支书”协同培养工程，培养选拔更多退役军人村干部，发挥其在乡村振兴、基层治理中的骨干作用。总结推广退役军人志愿者队伍建设经验，打造中国退役军人志愿服务品牌，促进退役军人就业与乡村振兴、基层治理、稳边固边有机衔接，让退役军人更好回馈社会、报效国家。

（四）鼓励退役军人创业奋斗

引导退役军人牢固树立“幸福都是奋斗出来的”理念，立足本职、积极工作，在新的岗位创造新的业绩。鼓励退役军人增强改革创新意识，自觉做改革创新的支持者、参与者、实践者。支持退役军人学习新知识、掌握新本领，在工作中精益求精、争创一流。积极发挥退役军人党员的先锋模范作用，鼓励他们勇挑重担、追求卓越，在社会主义现代化建设中不断取得突出成绩。

2019 年 12 月 30 日，广东省首届退役军人创业大赛决赛成功举办。图为参加决赛的选手合影留念 / 广东省退役军人事务厅供图

第三节　退役军人社会保险工作

退役军人社会保险是保障退役军人权益的关键环节，退役军人依法参加社会保险并享有相应待遇。做好退役军人社会保险工作具有重要意义。

一、退役军人社会保险政策的主要内容

目前，我国退役军人社会保险制度主要包括退役军人养老保险、退役军人医疗保险、退役军人失业保险、退役军人伤亡保险四项制度。

（一）退役军人养老保险

军人退出现役后参加职工基本养老保险的，由军队后勤（联勤）机关财务部门将军人退役养老保险关系和相应资金转入地方社会保险经办机构，地方社会保险经办机构办理相应的转移接续手续。

军人退出现役后参加城乡居民基本养老保险的，按照国家有关规定办理制度衔接手续。《关于军人退役基本养老保险关系转移接续有关问题的通知》明确：军人退出现役后参加城乡居民基本养老保险的，由安置地社会保险经办机构保存其军人退役基本养老保险关系并按规定计息。待达到企业职工基本养老保险法定退休年龄后，按照国家规定办理城乡养老保险制度衔接手续。

现役军官、文职干部退出现役自主择业的，按照国家有关规定执行。

（二）退役军人医疗保险

军人退出现役后参加职工基本医疗保险的，由军队后勤（联勤）机关财务部门将军人退役医疗保险关系和相应资金转入地方社会保险经办机构，地方社会保险经办机构办理相应的转移接续手续。

军人退出现役后参加新型农村合作医疗或者城镇居民基本医疗保险的，按照国家有关规定转移接续手续。

（三）退役军人失业保险

退役军人参加失业保险的，其服役年限依法视同失业保险缴费年限。军

人退出现役参加失业保险的，到参保地失业保险经办机构办理参保手续（一般失业保险手续不单独办理，按参保类型同养老保险等险种一同办理），按规定申领失业保险金并享受相关待遇。自主择业军队转业干部的服役年限不可视同失业保险缴费年限，从其退出现役后实际缴纳失业保险费之日起计算缴费年限。逐月领取退役金的退役军官和军士的失业保险待遇按有关规定执行。

（四）退役军人伤亡保险

军人伤亡保险与地方的工伤保险类似，其保障对象是现役军人，已经退出现役的军人不再属于军人伤亡保险的保障对象。但根据《军人保险法》第十一条的规定，已经评定残疾等级的因战、因公致残的军人退出现役参加工作后旧伤复发的，依法享受相应的工伤待遇。这一规定是军人伤亡保险的合理延伸，充分考虑了因战、因公致残军人退役后的相关待遇保障问题。

二、部分退役士兵社会保险补缴

2019 年初，中共中央办公厅、国务院办公厅印发《关于解决部分退役士兵社会保险的意见》，明确规定：符合条件的退役士兵根据服役年限可以参保和补缴；入伍时未参保的，入伍时间视为首次参保时间。各级各部门共同努力、集智攻坚，截至 2022 年 4 月，部分退役士兵基本养老保险补缴全面完成，285.3 万人享受政策红利，医保补缴进入常态化办理阶段。

◀ 退役军人事务部门把社保补缴作为“为群众办实事”工作重点，多措并举推动补缴工作。截至 2022 年 4 月，部分退役士兵基本养老保险补缴全面完成。图为中央广播电视总台相关报道

/ 第七章 /

退役军人服务管理工作

要论摘编

组建退役军人管理保障机构对于更好为退役军人服务、让军人成为全社会尊崇的职业具有重要意义，要把好事办好办实。

——习近平：《在出席十三届全国人大一次会议解放军和武警部队代表团全体会议时的讲话》（2018 年 3 月 12 日）

第一节　退役军人服务管理工作概述

退役军人是党执政兴国的重要资源，是推进新时代中国特色社会主义伟大事业的重要力量。他们在部队工作时间长，为党领导的中国革命、建设、改革事业作出了重要贡献，是党和国家的宝贵财富。对他们既要及时妥善安置，更要做好服务保障。

一、退役军人服务管理工作的概念

退役军人服务管理工作，在本书中是指国家对移交地方政府安置、由退役军人事务部门管理的离休退休军队干部、退休军士（士官、志愿兵）、无军籍退职退休职工、自主择业军队转业干部、逐月领取退役金退役军人、复员干部等人员进行的服务保障和组织管理活动，内容主要包括接收安置、住房保障、政治与生活待遇落实、服务管理等工作。

二、退役军人服务管理工作的对象

（一）军队离休退休干部及退休军士（士官、志愿兵）

军队离休退休干部（以下简“军休干部”）及退休军士（士官、志愿兵）包括：抗日战争时期入伍的营以下离休干部和解放战争时期入伍的团以下离休干部，新中国成立后入伍的师以下（技术四级以下）退休干部及退休军士（士官、志愿兵）。

伤病残退休军人执行军休干部的基本政策。伤病残退休军人是指因战、因公致残，被评定为1级至6级残疾等级或因病基本丧失工作能力的军官、文职干部和中级以上士官。

（二）无军籍退休退职职工

无军籍退休退职职工包括：军队机关、部队及纳入军队编制管理的招待所、幼儿园、装备修理机构、实习工厂、试制试验车间、营房维修机构、文印机构、军人服务社、农场（生产基地）等事业单位1986年以前参加工作且纳入国家劳动计划的全民固定工和新中国成立后至2004年底前参加工作的录用制职员干部，以及1971年11月底前参加工作的计划内长期临时工，工作5年以上的退休退职职工；军队单位中1949年9月30日前入伍或参加革命工作并已按规定办理离休手续的无军籍离休干部。

（三）自主择业军队转业干部

自2001年1月19日起施行的《军队转业干部安置暂行办法》规定，国家对军队转业干部实行计划分配和自主择业相结合的方式安置，按照国家规定享受相关待遇保障。

自2021年1月1日起施行的《退役军人保障法》规定，本法施行前已经按照自主择业方式安置的退役军人的待遇保障，按照国务院和中央军委的有关规定执行。

（四）逐月领取退役金退役军人

《退役军人保障法》规定，军官、军士服现役满规定年限，以逐月领取退役金方式安置的，按照国家有关规定逐月领取退役金。

2021 年 12 月 24 日，退役军人事务部等 11 部门印发《退役军人逐月领取退役金安置办法》，对逐月领取退役金退役军人安置对象和安置地、退役金发放与调整、相关待遇保障等作出了具体规定。

（五）企业军转干部、自愿自行就业军转干部、复员干部

2021 年 9 月，根据退役军人事务部党组决策部署，企业军转干部解困工作和自愿自行就业军转干部相关工作职责、复员干部服务管理职责划入军休服务管理司。2021 年 11 月，完成职能划转和工作交接。

第二节　军休干部服务管理工作

军休干部移交政府安置管理，是党中央、国务院和中央军委作出的重大战略决策，是服务军队、实现新老交替的必然要求，也是支持国防和军队建设的重要举措。截至 2021 年，移交政府安置的军休干部有 38 万余名。

一、军休干部服务管理工作的原则要求

军休干部服务管理工作坚持党的领导，由退役军人事务部门主管，由军休服务管理机构（以下简称“军休机构”）具体组织实施。工作目标是：对军休干部进行妥善安置，通过高质量的服务管理，落实他们的政治待遇和生活待遇以及国家制定的有关政策。

（一）军休干部服务管理工作的主要原则

军休干部服务管理工作坚持政治关心、生活照顾、服务、依法管理的原则，从维护军休干部的合法权益出发，贯彻执行国家关于军休干部的法律法规

和政策，完善军休干部服务保障和教育管理机制，落实军休干部政治待遇和生活待遇。

（二）军休干部服务管理工作的基本要求

军休干部服务管理工作应牢固树立军休干部主体地位，改革现有移交安置模式，研究创新政策措施，提高安置效率和服务质量，从优化体制、重构模式、明确责任、释放效能等方面着力完善组织管理、工作运行和政策制度体系，抓紧建立和落实与经济社会发展更加协调、与国防和军队建设更加衔接、与军休干部需求更加适应的新体制新机制新制度，真心实意为军休干部排忧解难和提高保障待遇，激发他们的荣誉感、归属感、获得感，不断开创新时代军休干部服务管理工作新局面。

◀ 陕西省军休系统开展“千名军休人浓墨抒情 万幅新春联高歌盛世”主题活动 / 陕西省退役军人事务厅供图

二、军休干部服务管理工作的政策

党和国家历来高度重视老干部工作。自 1978 年以来，党中央、国务院及中央军委制定和出台的有关老干部工作的政策法规及文件达 2000 多个。至 2021 年底，由中共中央、国务院、中央军委以及各部委下达的涉及军休工作的政策性文件 1000 余份。这些文件涵盖了综合类、组织机构类、服务管理类、建房房改类、安置类、退休军士（士官、志愿兵）类、落实政策类、伤病残退休军士（士官、志愿兵）类等领域和范围，覆盖了军休工作的方方面面，为开展军休工作提供了科学的政策依据。

（一）安置去向的审定

对符合移交政府安置条件的军休干部，根据个人不同情况，一般可以在部队驻地、本人原籍或入伍地、配偶原籍或配偶、子女、父母居住地安置。其中，对到北京市、天津市、上海市安置的条件进行了明确界定。

（二）住房保障

原则上执行军队统一的住房制度，由国家和个人合理负担，实行住房补贴、货币补差相结合的办法，稳妥推进住房分配货币化、管理社会化。军休干部住房原则上实行物业管理，所需经费按照有关政策规定落实。

（三）政治待遇

军休干部的政治待遇按照安置地国家机关同职级离休退休干部的规定执行，包括军休干部享受文件阅读，社会优待，参加重大庆典和重大政治活动时可着军装、佩戴军衔及勋章，地方政府及军队有关单位每年可以采取不同形式慰问军休干部等政治优待。

（四）生活待遇

军休干部的生活待遇按照军队统一的项目和标准执行。

（五）医疗待遇

军队离休干部享受安置地国家机关离休干部同等医疗待遇，医疗费按照规定实报实销。军队退休干部比照安置地国家机关退休公务员参加基本医疗保险和实行公务员医疗补助，享受同职级退休公务员的医疗待遇。

2022 年 8 月 2 日，退役军人事务部、国家发展和改革委员会、民政部、财政部、住房和城乡建设部、国家卫生健康委员会联合印发《关于进一步做好移交政府安置的军队离休退休干部养老服务工作的通知》，提出提供居家养老便利、发展融入社区养老、积极推进机构养老、大力发展医养结合、提高健康服务水平、完善养老服务设施、推动智慧养老服务、突出养老服务重点、有效促进社会参与等九个方面的政策举措，提升移交政府安置的军休干部养老服务水平。

三、军休干部服务管理工作的历史沿革

军休干部服务管理是新中国退役军人服务管理工作的开端，起始于 20 世纪 50 年代，至今已走过 60 多年的发展历程。概括起来，军休干部服务管理工作可分为四个阶段：

（一）零星移交安置阶段（20 世纪 50 年代—80 年代初）

1958 年，国务院颁布有关规定，对军队干部实行退休办法，由民政部门负责接收安置。随后，民政部门陆续开始接收安置军队退休干部。这个阶段，军休工作刚刚起步，安置模式尚不成熟，安置人数不多，相关政策措施有尝试性和随机性，安置办法较为简单随意，不够健全。这个阶段接收安置的军休干部，基本由地方的组织、人事部门管理。

（二）批次移交安置阶段（20 世纪 80 年代—2003 年）

1978 年，民政部恢复成立，财政部随即把军队退休干部安置工作和优抚工作一起移交给民政部。1980 年，中央发出通知，要求民政部门设立机构负责接收管理，先办理军队离退休干部的接收安置工作。这个阶段，共移交安置了 5 个批次，接收了约 24 万人，其中军休干部 13.6 万人。各地建立了专门机构，配备了专门用人、用车、用房，工作体系和工作框架基本建立。军休工作从此步入正规化发展轨道，各项工作得到快速而全面的发展。

（三）年度移交安置阶段（2004—2015 年）

2004 年，中央发出通知，将军休干部安置由批次交接方式改为按年度计划交接，进一步拓宽安置路子，完善医疗保障手段、经费保障方式、住房保障措施、服务管理模式。这个阶段，军休干部的安置去向审定、移交安置、生活待遇、医疗保障、住房落实等一系列政策逐步健全，军休保障体系日益成熟完善，军休工作进入多元化、多样化、社会化发展的新阶段。

（四）随退随审、即交即接的移交安置阶段（2016 年至今）

2016 年，民政部等多部门联合印发通知，对军休干部安置去向、审定办法、交接程序、接收条件等政策作了较大幅度调整，基本建立了军队退休人员

“随退随审、即交即接”工作机制。2019 年，退役军人事务部与军地多个部门联合印发关于做好伤病残军人退役安置、军队离休退休干部（退休士官）移交安置的两个政策文件，进一步健全完善了工作机制。2021 年，退役军人事务部等多部门联合下发关于军队离休退休干部（退休军士）集中移交安置的通知。这个阶段，基本实现了符合条件的人员随时审、随时交，甚至审定与交接同时办，基本实现了服务管理工作有章可循，军休工作逐步进入多元化、社会化、全面规范、良性发展的新阶段。

四、军休干部服务管理工作的基本内容

随着军队改革发展和国家对军休政策的调整，军休干部服务管理工作虽有一定变化，但基本内容没有改变，并且逐步趋于完善和规范。军休干部服务管理工作的基本内容主要包括以下几个方面：

（一）政治待遇方面

退役军人事务部门、军休机构要加强军休干部思想政治工作；落实军休干部政治待遇，组织军休干部阅读有关文件、听取党和政府重要会议精神传达等，主动协调当地离退休干部管理部门将军休干部纳入本级老干部工作体系；在国家、地方和军队举行重大庆典和重大政治活动时，按照要求组织军休干部参加；在八一建军节、春节等重大节日走访慰问军休干部；落实军休干部荣誉疗养制度，对服役期间或移交安置后作出突出贡献的军休干部，分层级、分批次组织疗养；举行新接收军休干部迎接仪式。

（二）生活保障方面

按时发放军休干部离退休费和津贴补贴，帮助符合条件的军休干部落实优抚待遇；协调做好军休干部的医疗保障工作，落实体检制度，建立健康档案，开展医疗保健知识普及活动，引导军休干部科学保健、健康养生；培育军休干部文化队伍，开展军休文化体育活动，引导和鼓励军休干部参与社会文化活动；开展经常性走访探望，定期了解军休干部情况和需求，提供必要的关心照顾；协助办理军休干部去世后的丧葬事宜，按照政策规定落实遗属待遇。

（三）教育管理方面

依法依规加强对军休干部参加社会组织、出国（境）、著作出版、发表言论等事项的管理，督促军休干部遵纪守法和遵守军休机构各项规章制度；鼓励支持军休干部保持和发扬优良传统，发挥自身优势，继续贡献力量。

◀ 湖南省长沙市军休干部踊跃参加退役军人党史宣讲团。图为首场“党的故事我来讲”党史宣讲活动在长沙市周南中学举行 / 湖南省退役军人事务厅供图

五、军休干部服务管理工作的方式

军休机构应当建立健全工作制度，为军休干部老有所养、老有所医、老有所教、老有所学、老有所为、老有所乐创造条件。建立值班制度，并采取定期联系、定人包户等方式，为军休干部提供及时、方便的日常服务保障。坚持共性服务和个性化服务相结合，为军休干部提供细致周到的服务，对失能、失智、重病、高龄、独居、“空巢”等军休干部重点照顾并提供必要帮助。按照退役军人事务部门制定的规范标准，推进服务管理工作标准化建设，确保规范运行。推进社会化服务，根据需要引进医疗、养老、志愿服务等方面力量，为军休干部提供多元服务。加强信息化建设，充分运用信息技术，发挥军休安置服务管理信息系统、“军休所”APP 等信息化平台的作用，提高工作效率，实现精准服务。推进军休老年大学建设，线上线下融合，扩大教学供给，提高办学水平，不断满足军休干部终身学习需求。健全军休机构服务网格，加强军休干部服务保障；军休机构内设有军休干部管理委员会的，军休机构党组织要加强对军休干部管理委员会的领导，按照有关规定组织开展活动，发挥军休干部

管理委员会的作用，定期听取军休干部管理委员会工作情况报告，研究解决其反映的问题。

案例选编

北京市莲花池军休所打造“三项机制、五项服务”，不断提升精准医疗服务水平

北京市莲花池休养所认真落实军休干部服务管理“五项制度”，构建“日常申报、跟踪服务、沟通研判”三位一体的医疗服务保障机制，打造“跟踪指导、健康咨询、上门巡诊、绿色转诊、一对一服务”五项服务内容，与辖区内莲花池西里社区卫生服务站加强合作，签订《莲花池军休所精准医疗服务协议书》，围绕孤寡“空巢”失能军休干部的医疗需求，帮助解决家庭护理、出诊、健康咨询等问题，不断提升全所精准医疗服务水平。

六、军休干部服务管理工作的运行机制

（一）保障体系

国务院、中央军委明确规定，军休干部的安置和服务管理由军队与组织部门、人社部门、财政部门、医保部门、退役军人事务部门等按照分工，共同做好保障工作。2004 年后由民政部门、目前由退役军人事务部门接收安置的军休干部，通过建立基层服务管理机构（军休服务站或军休服务中心）进行服务和管理。

（二）责任机构

军休干部移交地方政府安置后，各级退役军人事务部门设立军休服务管理司（处、科、股）负责军休干部的安置和管理，组织、人力资源和社会保障、财政、医保等相关部门按照业务划分，配合退役军人事务部门承担有关职能职责。

军休机构是服务和管理军休干部的专设机构，包括军休服务管理中心、

军休所、军休服务站等，承担军休干部服务管理具体工作。军休所、军休服务站是直接为军休干部服务的基层单位，承担组织建设、制度建设、职工队伍建设、设施建设等重要的服务管理工作。

七、军休干部服务管理工作取得的主要成绩

军休干部服务管理起始于20世纪50年代后期，伴随着党领导的革命、建设、改革伟大实践不断发展。60多年来，军休干部服务管理工作体制机制不断健全，机构队伍逐步壮大，服务管理水平持续提升，有力服务了部队备战打仗。党的十八大以来，以习近平同志为核心的党中央高度重视军休干部服务管理工作。习近平总书记强调，各级党委和机关要高度重视老干部工作，坚持思想上关心、生活上照顾、精神上关怀，满腔热情为老干部办实事、办好事；希望广大军队离退休干部永葆革命本色，为实现中国梦强军梦作出新的贡献。这些重要论述，指引军休工作始终沿着正确方向前进，军休干部服务管理工作呈现出向上向好的发展态势。

（一）构建政策体系，确保了顺畅运转

积极适应形势发展，军地共同研究出台移交安置、住房供应、医疗保障、待遇调整、机构建设、服务管理等方面的政策文件2000多个，至今仍在执行的有700多个。国家层面政策正确引领，各地配套措施跟进完善，形成了统分结合、上下贯通、权责明确、具体实用的政策体系，为军休干部服务管理工作顺畅运转提供了遵循和保障。

（二）构建协作机制，促进了有序交接

军地之间，由退役军人事务部和军委政治工作部牵头组织，搭建了协调有效的移交安置工作链条，做到了“只要部队交得出，地方就能接得下”，着力解决军休干部和伤病残军人移交安置难点问题。贯彻落实党中央决策部署，制订工作方案，集中力量攻坚，下决心3年内解决滞留军队人员过多问题。截至2021年底，接收军休干部38万余名，切实减轻了部队负担。各地想办法、出新招，聚焦服务部队、备战打仗的中心要求，扎实做好接收安置工作。

（三）构建保障平台，筑牢了坚实基础

建立健全党委领导、政府主导、部门主管、机构实施的服务管理运行体系，构建了横向到边、纵向到底、就近就便、全员覆盖的服务保障网络。近年来，积极协调军地有关部门，建立健全取暖补贴、离退休生活补贴、住房物业服务补贴三项制度，彻底解决住房货币补差遗留问题，大幅提高军休干部保障标准。调标后，师级退休干部保障标准人均每年增加 4.2 万元，团级增加 3.3 万元。将武警跨军地改革 6 个警种 1.6 万名军休干部的人员经费统一纳入中央财政，理顺保障渠道。

（四）构建服务模式，提升了生活质量

坚持以国家保障为主体、服务管理机构为载体、落实“两个待遇”为中心，致力于实现“六老”的目标，积极开展亲情化、个性化、社会化服务，持续推进规范化建设，改善休养环境，确保了军休干部离退休生活幸福舒适。

▲ 为庆祝中国共产党成立 100 周年，退役军人事务部组织创作了首部退役军人题材话剧《兵心》。2021 年 7 月 31 日晚，该剧在解放军歌剧院举行首演

1. 尊崇优待不断加强。严格落实各项政治待遇，保证了军休干部政治坚定、思想稳定。加强文化建设，举办全国军休干部文艺汇演；创作首部退役军人题材话剧《兵心》，线上线下共计 15 万人观演；各地开展形式多样的文化活动，展示退役军人爱党爱国爱军的精神风貌，激励广大军休干部发扬优良传统、永葆政治本色。邀请军休干部参加庆祝新中国成立 70 周年系列活

动，部分参加“致敬”方阵接受全国人民致敬。开展“三先”（先进军休干部、军休工作先进单位、军休工作先进个人）表彰，徐文涛等 3 人被评为“最美退役军人”，陈荣超等 22 人被评为“全国模范退役军人”，王从保、蔡建勋被评为“全国离退休干部先进个人”，朱再保、王成邦 2 名老同志受到习近平总书记亲切接见，军休干部荣誉感、尊崇度得到彰显。

2. 硬件设施不断改善。推进军休机构服务用房建设，联合军队出台政策文件，明确机构服务用房和军队集中统建安置住房同步规划、同步建设、同步移交；2018—2021 年，协调中央财政下拨专项经费，持续加大机构用房保障力度。各地结合实际，加强统筹规划，盘活现有资源，推进重点项目建设，对集中活动场所实施安装扶手、铺设坡道、加装电梯等适老化改造，积极探索养老、疗养等服务保障设施配套建设。据统计，退役军人事务部成立以来，各地新建新购机构用房 36.9 万平方米，改扩建 46.7 万平方米，改造军休老旧小区 323 个，加装电梯 321 部，江西、青海等地对全省军休机构进行整体改造，广西投入专项资金对 20 多个军休机构进行适老化改造，为军休干部活动创造了良好条件。

3. 服务保障不断优化。积极引入社会服务资源，不断壮大服务力量，满足军休干部养老、医疗、助餐、出行等需求。推动军休大学建设，积极协调军队有关部门制定下发通知，明确创建标准、申报程序等。在北京、青岛等六地举办全国首批军休大学揭牌仪式，同步开通线上军休大学。新冠肺炎疫情防控期间，全国军休系统织密防控网络，积极协调有关部门确保患病军休干部及时入院救治，扎实做好生活服务，军休干部新冠肺炎患病率远低于其他老年群体，切实保障了广大军休干部的健康和安全。

4. 信息建设不断升级。大力推进军休信息化建设，升级军休安置服务管理信息系统，在全国军休系统正式开通“军休所”APP，设置党建、学习、生活、服务四个板块，以信息化推动军休工作现代化。

（五）构建老有所为平台，引导续写晚年新篇章

定期开展“三先”评选表彰活动，通过组织引领、搭建平台、典型带动

等方式，教育和引导广大军休干部积极为党和人民事业增添正能量。广大军休干部充分发挥自身独特优势，在开展国防教育、传播红色基因、助力脱贫攻坚、关心下一代、志愿服务等方面作出了积极贡献。

多年来，军休工作在开拓中前进，在创新中发展，形成了一整套政策制度，建立了一整套工作机制，积累了一整套实践做法。这些都为军休工作创新发展奠定了坚实基础，提供了重要支撑。要把握军休工作特征、规律，在谋划事业发展中尊重和遵循这些特征、规律，以科学严谨的态度、开拓创新的精神、求真务实的作风，持续推进新时代军休工作谋新篇、开新局。

政策解读

问：《军队离休退休干部服务管理办法》修订的总体考虑是什么？

答：《军队离休退休干部服务管理办法》（以下简称《办法》）2014年出台。近年来，军休服务管理工作内外部环境发生深刻变化，退役军人工作法律法规和政策文件相继出台，军休服务管理机构从民政部门转隶退役军人事务部门，社会保障制度、医疗卫生体制、养老服务等改革深入推进，军休干部日益增长的美好生活需要对军休服务管理工作提出新要求，迫切需要对原《办法》进行修订。新《办法》对标近年来出台的退役军人工作法规政策，与相关领域改革政策相衔接，吸收各地军休服务管理工作有益经验，在保持原框架结构基础上，从加强党的领导、丰富服务内容、创新服务方式、加强机构建设等方面，对原《办法》逐条修订，形成现条款 37 条。

《军队离休退休干部服务管理办法》

第三节　无军籍退休退职职工安置服务管理工作

无军籍职工为革命、建设、改革作出了积极贡献，是党和国家的宝贵财富。做好他们的安置服务，事关国家和军队建设长远和大局，是地方和军队的共同责任。

一、安置范围

经国务院、中央军委同意，民政部、财政部、劳动和社会保障部、总后勤部于2005年9月印发《关于加强和改进军队无军籍退休退职职工移交安置工作的意见》，就加强和改进无军籍职工安置工作提出明确意见。

根据《关于加强和改进军队无军籍退休退职职工移交安置工作的意见》，无军籍职工是指军队机关、部队及纳入军队编制管理的招待所、幼儿园、装备修理机构、实习工厂、试制试验车间、营房维修机构、文印机构、军人服务社、农场（生产基地）等事业单位1986年以前参加工作且纳入国家劳动计划的全民固定工人和新中国成立后至2004年底前参加工作的录用制职员干部，以及1971年11月底以前参加工作的计划内长期临时工，工作5年以上的退休退职职工。

2010年，拟移交地方安置的无军籍职工经军队核准登记并会同民政部核定，录入安置信息管理数据库，作为制定无军籍职工移交安置计划和各地接收安置无军籍职工的重要依据。

二、安置去向

《关于加强和改进军队无军籍退休退职职工移交安置工作的意见》规定，对符合移交政府安置条件的无军籍职工，一般实行就地安置，也可以回原籍安置。

三、待遇保障

无军籍退休退职职工的待遇保障主要体现在生活、住房、医疗三个方面。

（一）生活方面

移交政府安置的无军籍职工，执行国家和安置地事业单位退休人员待遇政策。即：移交当年剩余月份按规定应享受的离退休费及各项待遇经费，由原所在军队单位一次性拨给安置地政府组织落实；从移交后第二年1月起，按照现行财政体制，分别列入中央财政和地方各级财政开支。其中，基本离退休费和国家统一规定的艰苦边远地区津贴，由中央财政预算安排；地方性津贴补贴、改革性补贴，由出台政策的地方政府财政部门负责解决。

（二）住房方面

无军籍职工的住房保障，包括移交后的住房维修、房租补贴发放等由军队负责。

（三）医疗方面

无军籍职工移交安置后，按安置地政府有关规定参加城镇职工基本医疗保险，由安置地负责在当地医疗保险经办机构办理参保相关事宜，参保人员享受与当地退休人员同等的医疗保险待遇。

四、服务管理

按照《军队无军籍退休退职职工服务管理办法》，已安置的无军籍职工，按照属地原则，由街道（乡镇）或退役军人事务部门指定机构负责。服务管理主要内容有：组织无军籍职工党员参加党组织生活；调整、发放无军籍职工离退休费及津贴补贴；按规定协调落实无军籍职工医疗待遇；定期了解无军籍职工情况和需求，并提供必要的关心照顾；宣传解释无军籍职工相关政策；组织无军籍职工开展活动等。

第四节　自主择业军队转业干部服务管理工作

自主择业军队转业干部是党和国家干部队伍的组成部分，是重要的人才资源，是社会主义现代化建设的重要力量。他们为国防事业、军队建设作出了牺牲和贡献，应当受到国家和社会的尊重和优待。

自主择业军队转业干部服务管理工作主要包括：

一、退役金计发

自主择业军队转业干部的退役金，按照本人转业时安置地同职级军队干部的月工资和津补贴项目等确定计发基数和比例，符合条件和标准的可以增发退役金，由安置地政府逐月发放，免征个人所得税，并根据国家有关规定相应调整。自主择业军队转业干部被录用或聘用为机关事业单位正式工作人员，或者存在未按要求参加年度审核登记、违纪违法等情形的，按规定中止、停发、降低或者取消退役金。

二、待遇保障

（一）政治待遇

自主择业军队转业干部按规定享受安置地相应职务等级退休干部的有关政治待遇。自主择业军队转业干部党员管理按照有关规定执行。服现役期间被军队授予荣誉称号、一等功等功勋表彰的，按规定享受相应待遇。

（二）养老待遇

自主择业军队转业干部就业后，应当按照国家有关法律法规，依法参加当地基本养老保险，缴纳养老保险费，并享受相应养老保险待遇，其养老保险缴费年限从其在当地缴费之日起算。

（三）医疗待遇

自主择业军队转业干部到地方后，未被党和国家机关、人民团体、企业事业单位录用聘用期间的医疗保障，按照安置地党和国家机关与其军队职务等级相应或者同等条件人员的有关规定执行。

（四）住房待遇

自主择业军队转业干部到地方后，未被党和国家机关、人民团体、企业事业单位录用聘用期间的住房补贴，按照安置地党和国家机关与其军队职务等级相应或者同等条件人员的住房补贴的规定执行。

（五）就业创业

自主择业军队转业干部按规定享受退役军人就业创业有关优待优惠和扶持政策。

（六）优待抚恤

自主择业军队转业干部去世后的抚恤金和丧葬补助费，按照国家有关规定执行。

三、服务管理

自主择业军队转业干部的服务管理由安置地退役军人事务部门负责。服务管理内容包括：协助做好党员教育管理、开展年度登记审核、做好人事档案管理、及时发放与调整退役金、定期联系走访、就业创业扶持等。

第五节　逐月领取退役金退役军人安置服务管理工作

《退役军人保障法》《退役军人逐月领取退役金安置办法》《逐月领取退役金退役军人服务管理规定》等法律法规政策，以及接收安置规程、退役金发放管理等配套文件，对逐月领取退役金退役军人接收安置、服务管理、待遇保障等作出了明确规定。

一、接收安置

（一）安置对象

大校以下军官、军士退役时符合规定条件，由本人申请，经审核批准，可以按逐月领取退役金方式安置。不作逐月领取退役金安置的情形：超过50周岁且可以作退休安置的；因伤残可以作退休安置或者经医学鉴定基本丧失工作能力的；受审查尚未作出结论或者留党察看期未满的；被开除党籍或者因故意犯罪受刑事处罚的；因法律法规规定的其他原因不宜作逐月领取退役金安置的。

（二）安置地

逐月领取退役金的退役军官、军士可以在本人原籍、入伍地或者入伍时户口所在地安置，符合相关规定的也可以在配偶、子女、父母、配偶父母户籍地安置；易地安置落户在国务院确定的超大城市的退役军官、军士，应当符合国家和军队关于退役军官、军士在该超大城市安置落户的有关规定。

二、退役金计发

退役金发放区分国家法定退休年龄前后两个阶段。达到国家法定退休年龄前，按照规定逐月发放退役金；达到国家法定退休年龄后，按照规定享受基本养老金、职业年金等养老保险待遇，并继续保留一定比例退役金发放终身。国家根据经济社会发展水平、财力状况等因素，参照企业和机关事业单位退休人员基本养老金调整幅度和频次调整退役金。逐月领取退役金的退役军人被录用为公务员或者聘用为事业单位工作人员的，自被录用、聘用下月起停发退役金，其社会保险按照国家规定转移接续。逐月领取退役金的退役军人违法犯罪的，按照国家有关规定中止、降低或者取消退役金，其社会保险待遇按照国家有关规定执行。

三、待遇保障

（一）政治待遇

逐月领取退役金的退役军人，依据其军衔等级、服役贡献等享受着制式军装参加重大庆典活动，以及去世后根据条件安葬在军人公墓等国家法律法规明确的政治待遇。退役军人党员管理按照有关规定执行。

（二）养老待遇

逐月领取退役金的退役军人基本养老保险和职业年金补助，按照安置到企业的退役军人办法计算。保险关系、补助资金根据国家和军队有关规定转移。退役后就业的，按照国家有关规定接续缴纳基本养老保险费；未就业的，可以按灵活就业人员身份参加基本养老保险。符合国家规定的基本养老保险待遇领取条件的，享受养老保险待遇。

（三）医疗待遇

逐月领取退役金的退役军人按照规定参加安置地的基本医疗保险，享受相应的医疗保险待遇。退役时，医疗保险关系按照规定转移至安置地的医疗保障经办机构，服役期间个人账户资金按照规定转入本人新的账户。退役后因个人身心状况、家庭实际困难等原因无法就业的，参加职工基本医疗保险，单位缴费部分由安置地退役军人事务部门向当地医疗保险费征收机构缴纳，所需经费由安置地人民政府解决，个人缴费部分由个人按照规定缴纳。逐月领取退役金的退役军官在参加职工基本医疗保险的基础上，参照公务员医疗补助标准，享受相应待遇。

（四）住房待遇

逐月领取退役金的退役军人，享受国家和军队有关规定明确的住房待遇。服役期间的住房公积金，按照规定在其离队时根据本人意愿可以一次性发给本人，也可以转移接续到安置地。转移接续到安置地的，可按照安置地规定享受使用权益。符合条件的人员申请安置地保障性住房时，在同等条件下予以优先安排。

（五）就业创业

逐月领取退役金的退役军人，享受国家扶持退役军人就业创业和教育培训的各项优惠政策。因身体状况、技能水平等原因未能就业，以及连续失业一定时间仍未就业的，地方各级人民政府提供有针对性的职业介绍、就业指导等服务。符合就业困难人员条件的，按照规定享受社会保险补贴、公益性岗位安置等就业援助政策。

（六）优待抚恤

逐月领取退役金退役军官和符合随军条件的退役军士，其配偶子女随调随迁入学等分别按照转业军官和安排工作退役军士有关规定执行。逐月领取退役金的退役军人去世的，按照国家有关规定发给抚恤金和丧葬补助费，其基本养老保险、基本医疗保险个人账户和军人职业年金账户资金余额可以继承。

四、服务管理

逐月领取退役金退役军人服务管理工作由退役军人事务部门主管，由退役军人服务机构组织实施。退役军人事务部门负责逐月领取退役金退役军人服务管理工作，及时协调解决问题，监督检查相关法规政策落实情况。退役军人服务机构承担逐月领取退役金退役军人的日常服务管理工作。服务管理内容包括：开展思想政治教育、协助党员教育管理、组织接收报到、人事档案管理、年度登记审核、退役金发放与调整、定期联系走访、就业创业扶持等。在服务管理方式上，建立健全服务管理工作制度机制，探索开展网格化管理，推进工作标准化建设，引导发挥自我教育服务管理作用，发挥安置服务管理信息系统等信息化平台的作用，不断提升服务管理水平。

政策解读

问：如何理解制定出台《退役军人逐月领取退役金安置办法》的背景和意义？

答： 习近平总书记站在党和国家全局的高度，作出改革强军的重大战略决策。这是实现中国梦强军梦的时代要求，是强军兴军的必由之路。根据中央军委政策制度改革部署，对服役满规定年限的退役军官和退役军士，可以按逐月领取退役金方式安置。《退役军人保障法》随之确立了逐月领取退役金的安置方式。

制定出台《退役军人逐月领取退役金安置办法》具有重要意义：

其一，这是贯彻落实军事政策制度改革部署的具体举措。将党中央决策部署和国家法律要求转化为制度安排，进一步健全完善了新形势下退役军人安置制度体系。

其二，这是推进军官职业化的重要保障。将服役年限或担任军官年限作为逐月领取退役金安置的基本条件，使大多数军官通过稳定服役达到这一条件，保障了初中级军官以充裕的时间培养历练，进一步提升职业能力、增强专业化水平。

其三，这是提高军士制度吸引力的重大创新。契合延长中高级军士服役年限的改革方向，为服役达到一定年限的退役军士提供更多“后路”，有利于引导他们长期稳定服役，更好服务部队备战打仗。

其四，这是实现退役军人安置工作创新发展的有力支撑。适应当前地方干部人事制度、机构编制管理、户籍制度、劳动力要素市场化配置等改革要求，通过建立逐月领取退役金安置制度，引导退役军人积极融入社会就业创业，既使其得到妥善安置，又能够充分发挥人才资源的社会效益。

《退役军人逐月领取退役金安置办法》

第六节　退役军人帮扶保障工作

退役军人帮扶保障工作的对象主要包括企业军转干部、自愿自行就业军转干部、复员干部三类人员。

一、基本概念

（一）企业军转干部

一般是指新中国成立以来特别是1975年恢复军官转业安置制度后到2001年以前，计划安置到国有企业工作的军队转业干部。

（二）自愿自行就业军转干部

是指自愿放弃政府安排工作，自行就业的军队转业干部。

（三）复员干部

是指以复员方式退出现役的军队转业干部。

二、历史沿革

（一）企业军转干部

军队转业干部安置到企业工作主要集中在1975年恢复军官转业安置制度至2001年《军队转业干部安置暂行办法》颁布实施之前。2001年，自主择业政策出台以后，安置到企业的军队转业干部占比较小、人数较少。

（二）自愿自行就业军转干部

1993—1999年，国家陆续出台一些政策和措施，鼓励军队转业干部到非公有制企业工作。至2001年，国家对单一计划分配安置模式进行改革，实行计划分配与自主择业相结合的安置方式，自愿自行就业政策正式退出。

（三）复员干部

复员干部安置工作大体可分为五个阶段：一是从新中国成立初期至1966

年。1954 年，国务院颁布《复员建设军人安置暂行办法》，全军有 57 万人作复员安置。当时，没有转业和退休政策，全部实行复员，从哪里来回哪里去，参加工农业生产。二是 1966—1976 年，全军有 41 万人作复员处理。直到 1980 年，才将这部分人改为转业，补发了工资，安置或调整了工作，并按原职级安排了干部职务。三是 1976—1992 年。1976 年，国务院明确了军队干部退出现役的三种安置方式：转业、复员、退休。其中，对复员干部的工作安排作出了规定：干部复员，一般回本人原籍。这一阶段复员的干部，大部分由政府安排了适当工作并享受了相应政策待遇，少数回乡务农者基本都已按优抚政策规定享受在乡老复员军人或老退伍军人定期生活补助。四是 1993—2000 年。这一阶段，自愿复员的干部，除自愿回农村者外，均落户非农户口，政府不负责分配工作，由本人自行就业。五是 2001 年至今。2001 年，中央明确了转业干部可自主择业退役安置，复员干部人数呈下降趋势，相对较少。

三、政策措施

党中央、国务院高度重视企业军转干部和复员干部等三类人员的生活待遇，先后出台一系列政策文件，对企业军转干部和复员干部解困工作进行分类指导。在企业军转干部方面，部分企业军转干部“三拖欠”（拖欠的工资、养老金和医药费）问题得到了妥善解决，所有企业军转干部都纳入社会保障体系，并对在岗职工工资达不到当地平均工资水平和退休人员养老金达不到当地基本养老金水平的予以补齐，他们的基本生活和看病医疗得到了有效保障。在复员干部方面，2005 年以来，国家有关部门陆续出台了解决复员干部社会保障、就业帮扶、生活救助、住房困难等方面的政策，部分地区结合本地实际也出台了相应的政策措施，对生活困难的复员干部进行了帮扶，一定程度上解决了他们的生活困难问题。

第七节　退役军人服务管理工作的创新发展

进入新时代、新征程，退役军人服务管理工作要适应新的形势，着力推进属地化管理、制度化安置、标准化保障、社会化服务，着力构建区域统管、资源统筹、集约高效的服务保障体系，不断满足退役军人对美好生活的向往。

一、退役军人服务管理工作面临的新形势

当前，党、国家和军队各项改革正在向纵深推进，退役军人服务管理工作面临许多新情况、新问题，机遇与挑战并存。

（一）改革落实任务更加紧迫

完善社会保障制度和医疗卫生体制、加强公共服务体系建设、加快事业单位分类、推进养老保障和服务业发展等改革，都与退役军人服务管理工作息息相关，需要超前筹划、搞好衔接、乘势跟进。

（二）专司主业，责任更加重大

目前，全军正围绕实现党的强军目标、建设世界一流军队，实施领导指挥体制改革、部队规模结构和力量编成改革、军事政策制度改革“三大战役”，服务军队专司备战、专谋打赢。退役军人服务管理工作面临的责任重大、困难更多、标准更高，需要进一步提升保障能力。

（三）职能使命更加繁重

一方面，退役军人服务管理工作职能使命进一步拓展，任务更加繁重；另一方面，由于形势要求变化，现行政策框架、运行机制、保障能力、服务方式等急需改革和调整。

（四）重难点问题更加棘手

服务管理对象的年龄结构、知识层次、思想观念和生活需求正在发生深刻变化，更加注重幸福指数和精神追求。特别是伴随军地改革深入推进，服务

管理对象期望值很高，对提高服务保障水平充满期待，要求越来越高。退役军人服务管理工作面临的重点难点问题会越来越多，迫切需要进一步增强工作的针对性、实效性，切实拿出破解难题的实招和办法。

二、退役军人服务管理工作创新发展的思路

退役军人服务管理工作要以习近平新时代中国特色社会主义思想为指导，根据军事政策制度改革和退役军人管理保障改革部署，聚焦服务和支持改革强军战略，加强顶层设计，破解难点问题，完成安置任务，推动服务升级，抓好队伍建设，全面推进新时代退役军人服务管理工作创新发展。总的来讲，建立与经济社会发展相协调、与军队政策制度相衔接、与退役军人服务管理工作需求相适应的新体制、新机制、新制度，是当前和今后一个时期退役军人服务管理工作亟待研究和解决的实践命题。

（一）高度重视军休干部服务管理工作，进一步抓好军休干部政治生活待遇落实

改革移交接收模式，完善和落实随退随审、即交即接工作机制。采取简化程序、缩短周期等措施，提高军休干部移交政府安置效率。提升军休保障能力，大力推进军休机构规范化建设。改进军休服务方式，坚持共性服务和个性化服务相结合，对失能、失智、重病、高龄、独居、“空巢”等军休干部提供重

◀ 2018 年 5 月 25 日，北京市海淀区军休老年大学举办“讴歌新时代 共筑中国梦”歌咏活动 / 北京市退役军人事务局供图

点照顾；推进社会化服务，为军休干部提供多元服务；加强信息化建设，发挥“军休所”APP等信息化平台的作用，实现精准服务。改进和创新军休干部党组织建设工作，规范党支部设置和组织生活制度，加强军休干部日常教育管理。建设学习型军休机构，分批次在省级和地市级推进军休老年大学创建工作。

（二）进一步加强自主择业军转干部服务管理工作，不断提升工作科学化规范化水平

教育引导广大自主择业干部深刻认识“两个确立”的决定性意义，进一步增强“四个意识”、坚定“四个自信”、做到“两个维护”，听党话、跟党走，增强党员意识和党性观念，充分发挥先锋模范作用。加强自主择业军队转业干部日常管理服务工作，不断提高退役金发放、党员教育、干部档案管理的科学化、法治化水平。用足相关扶持政策、搭建就业创业服务平台、宣传就业创业典型，努力创造条件，扶持自主择业军转干部就业创业。抓好自主择业管理服务工作队伍建设，加强业务培训，不断提高基层一线工作人员的业务能力。强化责任意识和服务意识，进一步改进工作作风，更好地为自主择业军转干部服务。

（三）认真执行《逐月领取退役金退役军人服务管理规定》，努力实现逐月领取退役金退役军人服务管理的全覆盖

退役军人服务机构要建立健全和完善服务管理网络，发挥服务站点末梢作用，探索开展网格化管理。推进服务管理工作标准化建设，确保规范运行。加强信息化建设，发挥安置服务管理信息系统等信息化平台的作用，提高服务管理效能。鼓励和支持逐月领取退役金退役军人加强自我教育、自我服务、自我管理，遴选政治过硬、身体健康、经验丰富、能力较强的逐月领取退役金退役军人在自我服务管理中发挥带头作用。

/ 第八章 /

抚恤优待工作

要论摘编

中华民族是英雄辈出的民族，新时代是成就英雄的时代。全党全社会要崇尚英雄、学习英雄、关爱英雄，大力弘扬英雄精神，汇聚实现中华民族伟大复兴的磅礴力量。

——习近平：《给四川省革命伤残军人休养院全体同志的回信》(2020 年 10 月 21 日)

中国共产党在创建人民军队和进行艰苦卓绝的人民战争过程中，创立了与历代剥削阶级有着本质区别的新型优抚制度。新中国成立以来，优抚工作作为为军队和国防建设服务的传统工作，逐步形成了以《宪法》《国防法》《兵役法》《退役军人保障法》为基本准则，以《军人抚恤优待条例》为核心依据，内容丰富、涵盖全面的优抚政策实施体系。

第一节　抚恤优待工作概述

抚恤优待工作是社会保障体系的重要组成部分，也是退役军人事务部门的重要工作内容之一。抚恤优待工作的落实和完善，关系社会安定和国家安全，在军队和国防建设中发挥着举足轻重的作用。

一、抚恤优待工作的概念及特征

抚恤优待工作简称“优抚工作”，是指国家和社会依法对以军人及其家属为主体的优抚对象实行物质照顾和精神抚慰的一项特殊的社会工作。优抚工作直接服务于国防和军队建设，是国家社会保障体系的重要组成部分，主要包括对军人等优待对象的伤残抚恤、死亡抚恤和社会优待等。优待工作是针对所有优抚对象，本质属性是优惠和荣誉激励；抚恤工作是针对伤残、死亡对象，本质属性是物质补偿和精神抚慰。抚恤优待的本质属性和国家事权决定了抚恤优待工作的基本特征。

（一）抚恤优待对象具有特定性

《军人抚恤优待条例》规定，抚恤优待工作的保障对象主要包括现役军人、服现役或退出现役的残疾军人以及复员军人、退伍军人、烈士遗属、因公牺牲军人遗属、病故军人遗属、现役军人家属等。这些特定的抚恤优待对象为革命事业和保卫国家安全作出了牺牲和贡献，由国家对他们给予补偿和褒扬，可以激励广大优秀青年投身军队和国防事业。

（二）抚恤优待保障标准高于一般社会保障标准

抚恤优待体现的是国家对军人军属、退役军人和其他优抚对象等特殊群体为国防和军队所作牺牲奉献的补偿和褒扬。因此，优抚待遇坚持普惠与优待叠加原则，确保优抚对象在按规定纳入社会保障和基本公共服务体系的基础上再享受相应的抚恤优待，并随着经济发展进行动态调整。

（三）抚恤优待保障资金主要由国家财政承担

抚恤优待工作是政府的一项重要行为，抚恤优待的资金主要由国家财政投入，还有一部分由社会承担，只有在医疗保险和合作医疗等方面由个人缴纳一部分费用。

（四）抚恤优待的内容具有综合性

社会优抚与社会保险、社会救助和社会福利不同，是特别针对某些特殊身份的人设立的，内容涉及社会保险、社会救助和社会福利等，包括抚恤、优待、教育、医疗、养老、就业安置等多方面的内容，是一种综合性项目。

二、抚恤优待工作的重要意义

抚恤优待工作是党在中国革命实践中创立的。党领导的抚恤优待工作，对于人民军队从胜利走向胜利起到了重大作用。无论是在战争年代还是在和平建设时期，抚恤优待工作都起到了稳定军心民心的作用。

（一）抚恤优待是国家对优抚对象的特殊照顾

军人用自己的生命和青春为国防、军队建设以及国家和民族和平与安全作出奉献和牺牲。国家对烈士、因公牺牲军人、病故军人遗属以及因战、因公和因病残疾军人予以抚恤，对在乡复员军人、带病回乡退役军人等优抚对象给予生活补助，帮助解决他们在生活和医疗等方面的困难，体现了国家和社会对优抚对象的特殊照顾。抚恤优待工作提高了“三属”（烈士遗属、因公牺牲军人遗属、病故军人遗属）等优抚对象的社会地位，促进了社会的和谐稳定，形成了全社会尊崇军人、关爱军属的良好社会风尚。

（二）抚恤优待是国家对优抚对象的特殊社会保障

军人社会保障是国家专门为伤亡军人提供抚恤，为军人及其家庭提供优待，为退出现役的军人予以生活和就业帮扶而建立的社会保障制度；是国家通过立法程序作出相应的制度安排，从而保障军人及其家庭成员享有国家和社会提供的各种优待、抚恤、社会保险等待遇和服务的保障制度。抚恤优待与社会保险、社会救助、社会福利不同，并不是一种普遍的社会保障形式，而是一项针对优抚对象的社会保障制度。

（三）抚恤优待事关国防和军队建设及国家的长治久安

军人作为国家的保卫者，从来都是与国家唇齿相依、存亡与共。改革开放以来，我国经济社会发展取得重大成就，经济实力、综合国力进入世界前列，国际地位实现前所未有的提升，国防和军队建设取得新进展，军人在其中发挥着极其重要的稳定器作用。当前，世界百年未有之大变局加速演进，国家在政治、经济、文化和军事等多方面面临挑战，国防和军队建设尤为重要。做好抚恤优待工作，是事关国防和军队建设、事关国家长治久安的重要任务，对解除广大军人军属后顾之忧，激励广大军人勇于奉献、英勇作战、不怕牺牲，让军人成为全社会尊崇的职业，具有重要意义。

政策解读

问：出台《关于加强军人军属、退役军人和其他优抚对象优待工作的意见》有何重要意义？

答：《关于加强军人军属、退役军人和其他优抚对象优待工作的意见》的出台，能更好地落实中央决策部署，体现党和政府对军人军属、退役军人和其他优抚对象的关心关爱，对于维护军人军属合法权益、形成拥军优属的价值导向和浓厚社会氛围具有积极和正向的作用。

一是明确了优待工作的原则，坚持现役与退役衔接、优待与贡献匹配、关爱与管理结合、当前与长远统筹四项原则，立足当前国家经济社会发展实际，尽力而为、量力而行，规范细化优待条件和内容。

二是搭建了优待工作的整体框架，明确指导思想和基本原则，整合现行较为零散的优待政策，形成针对全体优抚对象的社会优待政策体系，健全了管理机制，为今后一个时期的优待工作提供了遵循和方向。

三是初步确立了优待目录清单，在全国层面统一优待政策和目录清单的同时，又为地方逐步拓展优待领域、丰富优待内容留下一定空间。

四是更加注重精神褒扬和激励，如优先聘请优秀优抚对象担任编外辅导员、讲解员等；倡导利用大型集会、赛事播报，航班、车船及机场、车站、码头的广播视频等载体和形式，宣传优抚对象中优秀典型的先进事迹。

五是与贡献匹配的优待得到体现，综合考虑优抚对象为国防和军队建设所作贡献，给予相应优待，树立贡献越大优待越多的鲜明导向，促进优待工作更加科学规范。

《关于加强军人军属、退役军人和其他优抚对象优待工作的意见》

三、抚恤优待工作的发展历程

中国共产党在创建人民军队之初，就十分重视对军人的优抚。1928 年 6 月，党的第六次代表大会通过的《十大纲领》即指出："改善兵士生活，发给兵士土地和工作。"1933 年，《中华苏维埃共和国地方苏维埃暂行组织法（草案）》规定，为加强红军的优抚工作，各级苏维埃政权均应成立相应的优抚组织机构。中央革命军事委员会设立了专门的抚恤委员会，省内务部下设优待红军科，市、区苏维埃直至乡苏维埃均设立经常性或临时性的优待红军委员会和慰劳红军委员会，负责管理、督促、检查、落实红军的优抚工作。中共中央、中华苏维埃政府先后颁布了《红军优待条例》《红军抚恤条例》《优待红军家属条例》《优待红军家属礼拜六条例》等一批重要的法规和决议，从组织上和制度上为新型优抚制度的确立奠定了基础。

新中国成立后，优抚工作的环境发生了重大变化，大体上可分为四个发展阶段：

1. 新中国成立至"文化大革命"前，党和政府对优抚工作给予高度重视。1950 年，国家制定并颁布《革命烈士家属革命军人家属优待暂行条例》等五个暂行条例，对革命烈士认定条件、革命军人家属优待办法、革命军人评残条件、伤残等级区分、抚恤优待标准及优抚证件进行了统一，从而有了全国性、指导性优抚法规，标志着我国优抚工作进入了一个系统规范的发展阶段。

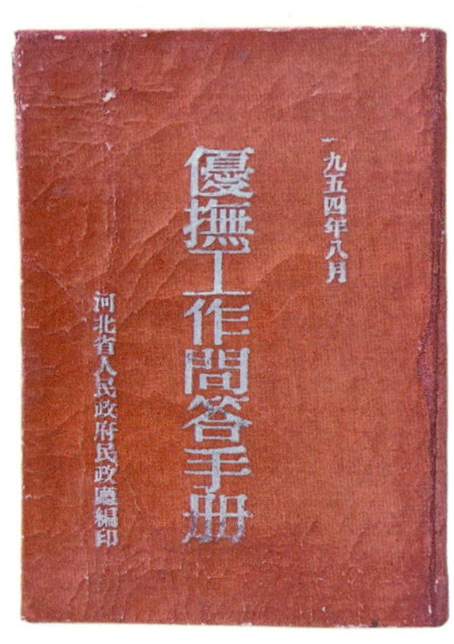

▲ 北京市人民优抚工作委员会于 1951 年编印的《优抚工作手册》及河北省人民政府民政厅于 1954 年编印的《优抚工作问答手册》

2.“文化大革命”期间，优抚工作遭到了一定程度的破坏甚至出现了倒退，主要表现是撤销各级优抚机构、废止原有优抚条例，优抚工作受到了严重影响。

3. 改革开放以后，为使优抚工作不断适应新形势的发展需要，在政策上进行了重大的调整和改革。一是改进优抚定期定量补助工作。民政部在 1979 年大规模普查优抚对象的基础上，逐步将烈军属和复员军人补助费的 60%—70% 用于定期定量补助，使绝大部分经费转为“人头费”，不仅较好地解决了优抚对象的生活困难，也防止了滥用优抚事业费现象。1985 年，经国务院批准，由中央财政拨出专款，将烈属、因公牺牲军人家属和病故军人家属的定期定量补助改为定期抚恤，进一步体现了国家的保障责任。这一政策上的改变，既是标准上的调整，又是制度上的根本改革，是一个由量变到质变的飞跃，从此确立了国家抚恤烈士家属制度。与此同时，对在乡红军老战士、红军西路军老战士、红军失散人员和老复员军人实行了定期定量补助。二是对死亡抚恤进行了改革。为理顺关系，力求使抚恤与经济发展相适应，使伤亡抚恤工作走上制度化和规范化轨道，将死亡抚恤由过去的两个档次（因公牺牲、病故）改为现行的三个档次（烈士、因公牺牲、病故）。不仅较大幅度地调整了烈士一次性抚恤标准，而且进一步体现了合理差别。

三是改进了群众优抚办法。农村实行家庭联产承包责任制后，过去那种对优抚对象实行“困难大的多优待，困难小的少优待，不困难的不优待”的办法已不适应形势发展的需要。从1980年开始，在全国范围内逐步实行了对农村义务兵家属的普遍优待和对符合享受抚恤补助的优抚对象重点优待。改革后的优待工作做到与征兵工作相结合、与战士的表现奖惩相结合、与退伍安置工作相结合，直接起到了鼓舞士气、巩固国防建设的作用，同时也激发了全国人民的爱国拥军热情。

▲ 湖南省民政厅于1990年编印的《优抚工作文件选编》

4. 进入新时代以来，党中央、国务院高度重视抚恤优待工作。习近平总书记亲自倡导组建退役军人保障部门，旨在维护军人军属合法权益，加强退役军人服务保障体系建设，建立健全集中统一、职责清晰的退役军人管理保障体制，让军人成为全社会尊崇的职业。颁布了《退役军人保障法》《军人地位和权益保障法》，出台了《为烈属、军属和退役军人等家庭悬挂光荣牌工作实施办法》《关于加强新时代退役军人工作的意见》，修订颁布了《伤残抚恤管理办法》，印发《关于加强军人军属、退役军人和其他优抚对象优待工作的意见》。一系列有关军人军属和其他优抚对象抚恤优待的法律法规和政策，使抚恤优待工作迎来了新的发展阶段。

四、抚恤优待工作的政策法规

新中国成立以来，国家出台了一系列政策法规，较好地保障了军烈属、残疾军人和在乡复员军人等优抚对象的生活。主要政策法规有：1950年12月，内务部公布了《革命烈士家属革命军人家属优待暂行条例》《革命残废军人抚恤优待暂行条例》《革命军人牺牲病故褒恤暂行条例》《革命工作人员伤亡褒恤暂行条例》《民兵民工伤亡抚恤暂行条例》五个暂行条例。这是自新中国成立初期到改革开放前抚恤优待工作的重要文件，为抚恤牺牲、病故军人遗属和优待残疾军人和军属等起到了重要作用。1951—1978年，除“文化大革命”期间外，先后出台了一系列有关烈士遗属抚恤和残疾军人、在乡复员军人优待的政策文件，对残疾军人医疗和旧伤复发治疗、带病回乡军人治疗、烈军属优待范围、牺牲和病故军人抚恤待遇、残疾抚恤金发放等作出了明确规定，为做好这一时期的抚恤优待工作提供了政策依据。

1977年12月，国家首次调整在乡革命残废人员抚恤标准，自1978年1月起执行，并将原在乡三等革命残废人员的残废补助改为长期抚恤。由于在“文化大革命”期间，优抚工作受到严重干扰破坏，优抚对象变化没有及时登记，有的优抚对象遭到打击迫害，被无故取消优抚对象资格，也有人骗取优抚对象荣誉和待遇。为搞清楚优抚对象的实际情况，1978年10月，国家开展优抚对象全面普查，为后续抚恤优待政策制定提供了重要依据。

党的十一届三中全会后，我国进入改革开放新时期，抚恤优待工作得到明显加强。1980年6月，国务院发布《革命烈士褒扬条例》，纳入了1950年颁布的《革命军人牺牲病故褒恤暂行条例》《革命工作人员伤亡褒恤暂行条例》和《民兵民工伤亡抚恤暂行条例》死亡抚恤部分内容。1980年9月，民政部颁布《关于贯彻执行〈革命烈士褒扬条例〉若干具体问题的解释》，明确了烈士遗属一次性抚恤金的发放条件和范围。特别是明确了在1950年上述三个暂行条例公布后牺牲的，按1955年制定的标准予以补发一次性抚恤金；公布前牺牲的，不再补发。

1988年7月，国务院公布《军人抚恤优待条例》，自1988年8月1日起施行。《军人抚恤优待条例》是开展军人抚恤优待工作最直接、最具体的法规依据。

1989年4月，根据《军人抚恤优待条例》，民政部颁发《革命伤残军人评定伤残等级的条件》，1950年12月11日内务部公布的评残条件同时废止。

1989年4月17日，民政部颁布《关于贯彻执行〈军人抚恤优待条例〉若干具体问题的解释》。这是各级优抚战线贯彻执行《军人抚恤优待条例》的重要依据和标准。

1997年4月，民政部颁布《伤残抚恤管理暂行办法》，对新评、补评伤残等级等情况作出规定。

▲ 民政部优抚司于1994年编写出版的《伤残抚恤法规政策及经验汇编》

1998年3月，国务院办公厅印发《关于加强优抚工作的通知》，对不断完善优抚保障制度、认真落实优抚政策和加快优抚事业单位建设与发展提出明确要求。

2004年8月1日，国务院、中央军委公布新制定的《军人抚恤优待条例》。与1988年的《军人抚恤优待条例》相比，2004年的条例作了许多修订，增加了优抚工作方针，使之更符合优抚工作实际和依法治国方略；将“使抚恤优待标准与人民的生活水平同步提高”修改为“保障抚恤优待对象的生活不低于当地的平均生活水平”，增加了“重视和加强军人抚恤优待工作”和抚恤优待经费保障体制的相关内容，强化了国家和社会对军人抚恤优待的责任，明确了军人抚恤优待经费的来源。

2007年7月，修改《伤残抚恤管理办法》，于同年8月1日起施行，1997年制定的《伤残抚恤管理暂行办法》同时废止。

2011年7月29日，国务院公布了修订后的《军人抚恤优待条例》，明确了烈士褒扬金标准，大幅提高了烈士遗属、因公牺牲军人遗属的一次性抚恤金标准。

另外，国家还制定了义务兵家庭优待金和“三属”一次性抚恤金与定期抚恤金发放、残疾军人旧伤复发医疗报销、残疾军人辅助器具配送、军人子女教育优待等一系列针对性、操作性都很强的规范性文件。这些文件是指导做好抚恤优待工作的重要依据。

2018 年以来，全国县级以上政府均组建了退役军人事务部门。新组建的退役军人事务部突出军人荣誉体系建设，加快了抚恤优待等工作的政策法规建设进程。

2018 年 7 月，国务院办公厅印发《为烈属、军属和退役军人等家庭悬挂光荣牌工作实施办法》，明确要主动为持有《烈士证明书》《因公牺牲军人证明书》《病故军人证明书》的“三属”家庭、退役军人家庭悬挂光荣牌，对非持证的烈士、因公牺牲军人、病故军人的父母（抚养人）、配偶和子女家庭，依申请悬挂光荣牌。至此，始自国家层面的军人荣誉体系建设开启。2019 年 8 月，退役军人事务部印发《光荣牌悬挂服务管理工作规定（试行）》，明确了给谁挂、谁来挂、怎么管理等具体问题，对光荣牌的制作、新发、补发、更换、收回、取消和恢复悬挂等全部工作程序进行了规范，细化了各个环节的操作程序和工作流程。

2019 年 12 月，退役军人事务部修订《伤残抚恤管理办法》，将行政主体由民政部门改为退役军人事务部门。重新确定办法适应对象，调整并减少了评残程序，申请人可以直接向户籍地县级退役军人事务部门提出申请；规范统一了相关表格式样；加强了服务管理工作，明确落实待遇以户籍地为基础，要求伤残抚恤关系随户籍迁移；强化政策刚性要求，对冒领抚恤金、骗取医药费、抚恤金和相关待遇等行为追究相应责任。

2020 年 1 月，按照着眼长远建立优待工作体系，明确坚持现役与退役衔接、优待与贡献匹配、关爱与管理结合、当前与长远统筹原则，退役军人事务部等 20 部门印发《关于加强军人军属、退役军人和其他优抚对象优待工作意见》。这是首个国家层面建立的，涵盖荣誉激励、生活、养老、医疗、住房、教育、文化、交通等方面的社会优待体系框架，树立了“贡献越大优待越多”的鲜明导向，促进了优待工作更加科学规范。

2020 年 4 月，退役军人事务部公布修订后的《光荣院管理办法》，取消“集中供养对象的定期抚恤金、补助金由光荣院统一管理使用”的规定，明确光荣院应当重点服务保障好集中供养对象，并结合实际视情免除相关费用，确保集中供养对象能够享受更加优惠的服务保障。规定“光荣院在保障好集中供养对象的前提下，可利用空余床位为其他老年且无法定赡养人、抚养人或者法定赡养人、抚养人无赡养、抚养能力的抚恤优待对象提供优惠服务”，“有条件的光荣院在满足上述对象集中供养、优惠服务的需求外，可面向其他抚恤优待对象开展优待服务”，进一步扩大了服务范围，使更多优抚对象可享受光荣院优惠及优待服务。

2020 年 11 月 11 日，十三届全国人大常委会第二十三次会议审议通过《退役军人保障法》。其中，涉及抚恤优待和褒扬激励相关内容的共 2 章 17 条。2021 年 6 月 10 日，十三届全国人大常委会第二十九次会议审议通过《军人地位和权益保障法》。其中，有 3 章 42 条内容对军人荣誉维护、待遇保障、抚恤优待等作出明确规定。

2022 年 1 月 5 日，退役军人事务部等 6 部门联合印发《残疾退役军人医疗保障办法》，进一步完善政策、规范工作，更好保障残疾退役军人合法权益。优化保障内容，健全残疾退役军人“保险 + 救助 + 补助 + 优待”的医疗保障政策体系，明确残疾退役军人按规定参加基本医疗保险并享受相应待遇，符合条件的困难残疾退役军人享受相应医疗救助；在享受基本医疗保障待遇的基础上，按规定享受优抚对象医疗补助和不同医疗机构的就医优待。对拓展优待范围作出规定，明确残疾退役军人到医疗机构就医时按规定享受优先挂号、取药、缴费、检查、住院服务；在优抚医院享受优惠体检和就诊、检查、住院等服务，并免除普通门诊挂号费；在军队医疗机构就医，与同职级现役军人享受同等水平优待，并免除门急诊挂号费。

2022 年 6 月，退役军人事务部、财政部、国家发展和改革委员会、人力资源和社会保障部、国家卫生健康委员会、国家医疗保障局、中央军委政治工作部、中央军委后勤保障部联合印发《关于推进优抚医院改革发展的意见》，全面启动优抚医院改革，以更好满足残疾退役军人等优抚对象供养和医疗需求，服务国防和军队建设。2022 年 6 月 28 日，退役军人事务部、国家卫生健康委员会、国家医疗保障局令第 7 号修订《优抚医院管理办法》(以下简称《办法》)，自 2022 年 8 月 1 日起施行。原《办法》是 2011 年 6 月 9 日由民政部令第 41 号公布，本次修订改为由退役军人事务部、国家卫生健康委员会、国家医疗保障局联合公布，这有利于明确各相关部门职责、加强部门间沟通协调，为优抚医院在机构设置规划、行业监管指导、人员培训进修、纳入医保定点范围等方面加强指导或创造条件。《办法》进一步拓展了优抚医院的职能任务，明确优抚医院在完成集中供养重残、康疗重病等优抚对象任务的基础上，可以为其他优抚对象提供优先或优惠服务，为社会提供优质医疗服务。《办法》进一步规范了优抚医院的内部管理，强调要加强党的建设，实行党委领导下的院长负责制；统一医院名称，将全国优抚医院名称统一为“荣军优抚医院”；优化薪酬制度，合理确定医务人员薪酬待遇水平，完善内部分配和激励机制；提升管理水平，建立健全病历管理制度，树立现代管理理念，强化重点专科建设，惩罚违法违规行为。《办法》还进一步明确了相关部门职责，完善了服务方式。

案例选编

广东省阳江市复退军人医院用发展提升优抚服务水平

优抚医院是退役军人服务保障体系的重要组成部分，是保障退役军人权益的重要平台。广东省阳江市复退军人医院主动适应新时代发展要求，立足实际、准确定位、先行先试，建成全国首家地市级公共卫生医院。打破体制藩篱，高效整合医疗资源。创新“大健康、大卫生”理念，破除跨部门体制障碍；坚持“大专科、小综合”发展思路，整合疾病治疗、康复、疗养、护理、预防等方面资源，实行“医、防、康、养”一体化管理；探索创新医院激励机制，加大财政帮扶力度；加强党的建设，发挥党建示范引领。

另外，国家已基本建立起优抚对象抚恤补助标准自然增长机制，自2000年以来，连年调整部分优抚对象抚恤补助标准。

至此，军人抚恤优待工作法规政策体系得到进一步健全。

政策解读

问：为什么要修订《优抚对象医疗保障办法》?

答：原《优抚对象医疗保障办法》(以下简称《办法》)为2007年7月6日由民政部、财政部、劳动和社会保障部、卫生部联合印发，执行10余年来，较好保障了优抚对象的医疗待遇。由于经济社会发展以及形势任务变化，法律基础、行政主体、保障体系等方面均发生了变化，原《办法》相关条文滞后性日渐显现。为切实保障优抚对象的医疗待遇，退役军人事务部会同相关部门，在深入调查研究、总结实践经验、反复评估论证的基础上，对原《办法》进行了修订。修订后，优抚对象医疗保障政策体系更加完善、保障内容更加丰富、保障渠道更加顺畅、待遇享受更加便捷，能够更好保障优抚对象的合法权益。

问：《优抚对象医疗保障办法》的适用对象有哪些?

答：《办法》的适用对象为享受国家定期抚恤补助的在乡复员军人、参战退役军人、参试退役军人、带病回乡退役军人、烈士遗属、因公牺牲军人遗属、病故军人遗属。残疾退役军人依据《残疾退役军人医疗保障办法》享受医疗优待。

问：优抚对象医疗待遇如何保障?

答：《办法》按照“待遇与贡献匹配、普惠与优待叠加”原则，健全完善了优抚对象“保险＋救助＋补助＋优待”的医疗保障政策体系。已就业的优抚对象参加职工基本医疗保险，未就业的优抚对象按规定参加基本医疗保险，符合条件的优抚对象享受城乡医疗救助；优抚对象在享受基本医疗保障待遇的基础上按规定享受优抚对象医疗补助和就医优待。

问：优抚对象如何享受医疗保险？

答：优抚对象按照属地原则相应参加职工基本医疗保险、城乡居民基本医疗保险等，享受国家基本医疗保障。已就业的优抚对象参加职工基本医疗保险，按规定缴费；未就业的优抚对象可按规定参加基本医疗保险；符合城乡医疗救助资助参保条件的优抚对象，由其户籍所在地医疗保障部门通过城乡医疗救助基金对其参加城乡居民基本医疗保险的个人缴费部分给予补贴；其他参加城乡居民基本医疗保险、个人缴费确有困难的优抚对象，可由其户籍所在地政府安排资金帮助缴费。

问：哪些优抚对象可以享受医疗救助和医疗补助？

答：参加基本医疗保障制度但个人医疗费用负担较重的优抚对象，可以按规定享受城乡医疗救助和优抚对象医疗补助。

问：优抚对象享受哪些医疗优待？

答：优抚对象到医疗机构就医时按规定享受优待服务。《办法》进一步拓展了优待内容，新增优抚对象在优抚医院享受优惠体检和优先就诊、检查、住院等服务，并免除普通门诊挂号费。同时，鼓励和引导医疗机构自愿减免有关医疗服务费用。

问：服务程序作了哪些优化？

答：《办法》明确提出各地应当积极建立完善基本医疗保险、大病保险、医疗救助、优抚对象医疗补助“一站式”费用结算制度机制，推动实现资源协调、信息共享、结算同步，通过信息技术手段进一步优化服务程序，减轻优抚对象医疗费用垫付压力，全面提升服务质效。

《优抚对象医疗保障办法》

《优抚医院管理办法》

第二节　抚恤优待工作体系

加强抚恤优待工作体系建设，是维护军人军属合法权益的重要途径，对加强优抚工作具有重要作用。

一、抚恤优待工作的总体要求

《军人抚恤优待条例》开宗明义指出：“为了保障国家对军人的抚恤优待，激励军人保卫祖国、建设祖国的献身精神，加强国防和军队建设，根据《中华人民共和国国防法》、《中华人民共和国兵役法》等有关法律，制定本条例。”做好军人抚恤优待工作，能够更好地服务于广大优抚对象、服务于国防和军队建设、服务于改革发展稳定大局，为高质量发展、实现共同富裕、实现第二个百年奋斗目标增加强劲力量。不论是优待还是抚恤，目的都是为了提高优抚对象的政治社会地位、保障其物质生活等合法权益，都体现了党和政府对优抚对象政治上的关心和生活上的关爱。抚恤优待工作应遵循以下总体要求：

（一）重视和加强军人抚恤优待工作

抚恤优待工作是加强国防和军队建设的需要。战争年代，军人抚恤优待工作始终是夺取战争胜利、建立和维护国家政权的重要保证；和平建设时期，军人抚恤优待工作是提高军队战斗力、激发官兵爱军习武热情、积蓄强大后备力量的基本依靠。

做好抚恤优待工作，有利于提高军人的社会地位，鼓舞部队士气，抚慰军人家属，解除军人后顾之忧，促进国防和军队建设。优抚对象分散在社会各阶层和各领域，做好抚恤优待工作有利于促进经济社会发展和维护社会稳定。

（二）抚恤优待标准与国民经济和社会发展相适应

优抚对象为党和国家作出过贡献，是人民的功臣。国家和社会相结合，保障优抚对象在物质生活和精神生活上总体略高于当地人民群众的平均水平，并使他们的生活随着国民经济增长和社会事业发展同步提高。不少省、自治区、直辖市据此原则制定了本地区优抚对象优抚标准自然增长机制，确保了本地区军人抚恤优待标准与当地经济和社会发展水平同步提高。

（三）发挥好退役军人事务部门的主管作用

2018 年，退役军人事务部组建以后，全国军人抚恤优待工作职能由民政部转隶至新组建成立的退役军人事务部。地方县级以上各级人民政府退役军人事务部门是地方各级军人抚恤优待工作的管理机关，负责管理本行政区域内军人抚恤优待工作，对本级军人抚恤优待工作按照国家法律、法规组织实施，协调指导及监督检查。

二、抚恤优待的对象

根据《军人抚恤优待条例》，中国人民解放军现役军人、服现役或者退出现役的残疾军人以及复员军人、退伍军人、烈士遗属、因公牺牲军人遗属、病故军人遗属、现役军人家属，统称优抚对象，按规定享受抚恤优待。

三、抚恤优待的标准

各类抚恤优待对象的待遇标准分别按照国家上年度职工平均工资、城乡居民家庭收入的一定水平确定。地方可结合实际适当提高优抚对象的抚恤补助标准。

（一）残疾军人定期抚恤金标准

根据不同的伤残程度、致残原因，残疾军人分为 1 级至 10 级 10 个伤残等级和因战、因公、因病三种伤残性质（其中：因病伤残适应于 1 级至 6 级），并根据伤残等级和伤残性质的不同领取相应的残疾抚恤金。服现役的残疾军人，由所在部队按照规定发给残疾抚恤金；退出现役的残疾军人，由其户籍所在地县级人民政府退役军人事务部门按照其残疾等级发给残疾抚恤金。近年来，伤残抚恤金标准逐年提高。

（二）烈士褒扬金、“三属”一次性抚恤金和定期抚恤金标准

国家设立烈士褒扬金制度。烈士遗属享受烈士褒扬金，标准为上一年度

全国城镇居民人均可支配收入的30倍。

烈士褒扬金适用范围：根据法不溯及既往的原则，烈士褒扬金的适用范围是《烈士褒扬条例》正式实施后牺牲并被评定为烈士的。即2011年8月1日后（含2011年8月1日）牺牲，按照《烈士褒扬条例》规定被评定为烈士的人员，其遗属可以享受烈士褒扬金。

《烈士褒扬条例》颁布之前牺牲，2011年8月1日之后被批准或追认为烈士的，不享受烈士褒扬金，其抚恤应当按其牺牲时的抚恤待遇执行。

国家建立“三属”一次性抚恤金年增长机制。现役军人死亡，根据其死亡性质和死亡时间的月工资标准，由县级人民政府退役军人事务部门发给其遗属一次性抚恤金。标准是：烈士和因公牺牲的，为上一年度全国城镇居民人均可支配收入的20倍加本人40个月的工资；病故的，为上一年度全国城镇居民人均可支配收入的2倍加本人40个月的工资。

这里的“月工资”是指军人牺牲或者病故前的本人月基本工资。月工资或者津贴低于排职少尉军官工资标准的，按照排职少尉军官工资（一级一档）标准计算。军人立功受奖的，可按一定比例增发一次性抚恤金。新中国成立以来，烈士遗属一次性抚恤金标准经历了多次调整。

国家对符合一定条件的烈士遗属、因公牺牲军人遗属、病故军人遗属发给定期抚恤金。具体为：父母（抚养人）、配偶无劳动能力、无生活费来源，或者收入水平低于当地居民平均生活水平的；子女未满18周岁或者已满18周岁但因上学或者残疾无生活费来源的；兄弟姐妹未满18周岁或者已满18周岁但因上学无生活费来源且由该军人生前供养的。

定期抚恤金标准参照全国城乡居民家庭人均收入水平确定。近年来，国家逐年提高“三属”的定期抚恤金标准。

（三）“三红”、在乡复员军人、带病回乡退伍军人、参战参试退役军人生活补助标准

国家对“三红”（在乡红军退伍老战士、在乡西路军红军退伍老战士、红军失散人员）、在乡复员军人、带病回乡退伍军人、参战参试（指参加核试验）

退役军人、部分老年烈士子女给予定期生活补助，按照农村居民家庭人均可支配收入的一定水平确定，并逐年调整增加。

在乡复员军人、参战参试退役军人、带病回乡退伍军人和部分老年烈士子女生活补助则按相对固定标准提高，近年来每年增长 600 元。

（四）部分农村籍老年退伍军人老年生活补助标准

国家自 2011 年起，对 1954 年 11 月 1 日试行义务兵役制后至《退役士兵安置条例》实施前入伍、年龄在 60 周岁以上（含 60 周岁）、未享受到国家定期抚恤补助的农村籍退役士兵，每服一年义务兵役每月发给 10 元老年生活补助。近年来，连续按每服一年义务兵役每人每月提高 5 元标准增长。从 2021 年 8 月 1 日起，提至每服一年义务兵役每人每月 50 元。

四、抚恤优待工作的体制机制

抚恤优待工作的体制机制包括组织领导体系、服务保障体系、财政保障体系和工作机构设置等内容。建立抚恤优待工作体制，首先是完善抚恤优待工作机制。

（一）抚恤优待工作的领导机构

《军人抚恤优待条例》第五条明确："国务院退役军人事务部门主管全国的军人抚恤优待工作；县级以上地方人民政府退役军人事务部门主管本行政区域内的军人抚恤优待工作。"

全国军人抚恤优待工作是退役军人事务部门的主要任务之一。县级以上各级人民政府退役军人事务部门是地方各级人民政府负责管理本行政区域内军人抚恤优待工作的管理机关，对本级军人抚恤优待工作按照国家法律法规组织实施、协调指导及监督检查。

（二）抚恤优待服务保障体系

军人抚恤优待是国家和社会的共同责任。按照国家和社会相结合的工作方针，国家通过抚恤等方式体现对有特殊贡献社会成员——军人的保障责任，引导和调动社会力量并依靠社会力量共同做好抚恤优待工作。实行抚恤以国家为主、优待以社会为主，是国家和社会相结合工作方针的具体体现。

国家针对军人军属和其他优抚对象建立优待服务保障体系。国家对伤亡军人给予国家抚恤；生活困难的“三属”和残疾军人等优抚对象，在享受国家保障抚恤的基础上，还享受生活特别抚恤、生活补助以及国家和社会给予的就业、子女教育、医疗、住房、文化旅游等方面的政治优待、社会生活优待以及其他经济优待。

▶ 湖北省武汉市江岸区一元街道退役军人服务站开展常态化走访慰问机制，走访慰问生活困难的退役军人／湖北省退役军人事务厅供图

（三）抚恤优待经费

抚恤优待经费由中央和地方各级人民政府分级负担。对“三属”、残疾军人和在乡复员军人中的“三红”的抚恤补助，由中央财政负担；中央统一标准达不到当地居民平均生活水平的，由当地人民政府负责补足。对没有工作、无生活费来源、生活困难的在乡复员军人和带病回乡退伍军人、参战参试退役军人的抚恤补助，主要由地方人民政府特别是省级人民政府负担。

（四）抚恤优待工作机构设置

退役军人事务部负责全国军人抚恤优待工作，下设拥军优抚司，专司全国军人抚恤优待工作。其主要职责为：协调指导全国拥军优属工作，指导做好地方支持军队相关工作，承担现役军人、退役军人、军队文职人员和军属优待、抚恤等工作；承担不适宜继续服役的伤病残军人相关工作，组织协调落实退役军人医疗保障工作，拟定有关退役军人医疗、疗养、养老等优抚保障机构以及军供保障机构的规划政策并指导实施；协调指导随军随调家属就业创业。各级地方人民政府退役军人事务部门设立拥军优抚处（科、股），负责本级军人抚恤优待工作。

政策解读

问：《退役军人、其他优抚对象优待证管理办法（试行）》出台的背景是什么？

答：2020年1月，退役军人事务部等20部门联合印发《关于加强军人军属、退役军人和其他优抚对象优待工作的意见》，提出建立优待证制度，逐步为退役军人和“三属”统一制作颁发优待证。2021年1月1日起施行的《退役军人保障法》，将国家发放优待证写入法律。

为落实党中央国务院决策部署和相关法律法规要求，规范优待证相关管理工作，退役军人事务部在深入调查研究、反复研究论证、广泛征求意见基础上，制定出台了《退役军人、其他优抚对象优待证管理办法（试行）》（以下简称《优待证管理办法》）。

问：《优待证管理办法》出台的意义是什么？

答：出台《优待证管理办法》，是深入贯彻习近平总书记关于退役军人工作重要论述、全面落实《退役军人保障法》、积极推动退役军人工作高质量发展的具体举措，充分体现了党和政府对广大退役军人和其他优抚对象的关心关爱，有利于提升广大退役军人和其他优抚对象的荣誉感、获得感，有利于在全社会营造“让退役军人成为全社会尊重的人，让军人成为全社会尊崇的职业”的浓厚氛围。

《退役军人、其他优抚对象优待证管理办法（试行）》

第三节　抚恤优待工作取得的主要成绩

改革开放以来，我国军人抚恤优待工作取得显著成绩。特别是党的十八大以来，党中央更加高度重视军人抚恤优待工作，抚恤优待的保障范围不断扩大，优抚保障机制不断健全，优抚保障水平有了较大提升，优抚保障体系稳步完善；优抚对象的幸福感、获得感进一步增强，价值感得到进一步体现，荣誉感得到极大提升。

一、抚恤优待保障范围不断拓展

新中国成立初期，受当时经济条件的限制，国家只是对生活极端困难的烈军属进行优抚补助。国家规定对“生活极端困难之烈军属”发给补助食粮。1953 年 4 月，内务部、财政部发出通知，规定对大中城市不超过烈军属总人口 12%，小城镇及农村不超过烈军属总人口 8% 的困难对象实行补助。补助费的分配、使用，首先照顾烈属，军属较多而贫苦的地区，对个别无依无靠而又无生产能力之鳏、寡、孤、独可多予补助。“对有部分生产能力的困难户，集中一次补助，帮助其进行生产、建立家务。”虽然当时优抚保障的范围有限，但充分体现了党和政府对烈军属的关心关爱。

改革开放后，1979 年 2 月，经国务院批准，总政治部、民政部等 5 部门印发《关于退伍红军老战士称号和待遇方面存在的问题与解决意见》。自当年 4 月 1 日起，已确认为退伍红军老战士身份的，享受相关待遇；尚未确定身份的，待查清情况确定身份后，从批准之月起享受待遇。至此，“三红”人员开始纳入定期生活补助范围。

1979 年 10 月，民政部、财政部印发《关于改进优抚对象定期定量补助工作的规定》，对优抚对象中的孤、老、病、残人员的定期定量补助工作作出规定，较好地保障了在乡复员军人等优抚对象的生活。

1986年12月出台的《关于妥善解决“红军失散人员”生活困难问题的通知》明确，自1987年起，对被确认为“红军失散人员”的，自批准之月起，发给定期定量补助，从而正式解决了在乡“三红”人员的生活困难问题。

从2006年1月1日起，国家将带病回乡退伍军人定期生活补助纳入中央财政补助范围，使带病回乡退伍军人的生活得到更好保障。

从2007年8月1日起，国家将参战退役军人和参加核试验军队退役人员纳入定期定量补助范围，对生活在农村和城市的无工作单位且生活困难的上述对象给予生活补助。

2011年7月，出台《关于给农村籍退役士兵发放老年生活补助的通知》，自当年8月1日起，将1954年11月1日试行义务兵役制后到《退役士兵安置条例》实施前入伍、年龄在60周岁以上（含60周岁）、未享受到国家定期抚恤补助，退役时落户农村户籍且目前仍为农村户籍，退役时落户农村户籍后转为非农户籍的人员（不包括已享受退休金或城镇职工养老保险金待遇的人员），享受老年生活补助。

2012年1月，出台《关于给部分烈士子女发放定期生活补助的通知》，自2011年7月1日起，给居住在农村和城镇的无工作单位、18周岁之前没有享受过定期抚恤金待遇且年满60周岁的烈士子女发放定期生活补助。至此，优抚保障范围实现除有工作单位或已享受退休金或城镇职工养老保险金待遇转业军人外的全覆盖。

二、抚恤优待保障机制不断健全

新中国成立初期，抚恤优待工作主要是对军烈属和残疾军人给予帮扶解困，解决他们的生活困难和部分医疗报销问题。随着国家经济社会的发展，烈属、因公牺牲军人和病故军人遗属的生活补助标准逐步提高。

1985年，经国务院批准，由中央财政拨出专款，将烈属、因公牺牲军人家属和病故军人家属的定期定量补助改为定期抚恤，从此确立了由国家抚恤烈士家属的制度。

2004年修订的《军人抚恤优待条例》，对残疾抚恤工作重新进行了规范，对残疾性质的认定条件、残疾等级设置、残疾抚恤金标准、残疾军人供养等多个方面作了较大的调整和修改，取消了残疾军人在职在乡的分类。被评定伤残等级的残疾军人，不论有无收入，统一按伤残性质和等级享受伤残抚恤金。国家抚恤伤亡军人制度得到进一步健全。

三、抚恤优待保障水平稳步提升

改革开放以来，国家先后多次调整部分优抚对象抚恤补助标准。其中，截至2022年，29次提高残疾抚恤金标准，32次提高“三属”定期抚恤金标准和“三红”生活补助标准。自2005年以来，国家更是连续调整部分优抚对象的抚恤补助标准，确保优抚待遇与经济社会发展相适应，优抚保障水平实现稳步提升。将残疾军人、“三属”、在乡复员军人、参战参试退役军人等对象纳入优抚医疗补助范围，保障水平不断提升。

四、抚恤优待保障体系稳步推进

新中国成立初期，受当时条件的限制，国家仅对牺牲、病故军人家属和残疾军人给予物质上的照顾和生活上的关心，对残疾军人因伤口复发医疗费用给予报销，对极少数生活极度困难的退役军人给予生活补助。随着国家的发展和综合国力的提升，优抚对象的抚恤优待保障由开始的保基本生活不断向保障优抚对象医疗、教育、住房以及荣誉激励发展，抚恤优待保障也由解困型向抚恤加优待的褒扬激励型转变，并逐步增加荣誉激励功能，抚恤优待保障体系稳步推进。

2005年12月31日，民政部、财政部、劳动和社会保障部印发《一至六级残疾军人医疗保障办法》，将1—6级残疾军人纳入城镇职工基本医疗保险范围。2007年7月6日，民政部、财政部、劳动和社会保障部、卫生部联合印发《优抚对象医疗保障办法》，在2005年将1—6级残疾军人纳入城镇职工医疗保险的基础上，又将残疾军人和在乡复员军人、带病回乡退伍军人，以及享受抚恤和生活补助的“三属”、参战退役军人纳入城镇职工基本医疗保障、城镇居民医疗保险和新型农村合作医疗等基本医疗保障制度，建立了优抚对象医疗保障制度。2022 年 6 月 16 日，退役军人事务部、财政部、国家卫生健康委员会、国家医疗保障局 4 部门联合修订印发《优抚对象医疗保障办法》，立足健全完善优抚对象“保险 + 救助 + 补助 + 优待”的医疗保障政策体系，明确“待遇与贡献匹配、普惠与优待叠加”原则，规定已就业的优抚对象参加职工基本医疗保险，未就业的优抚对象按规定参加基本医疗保险，符合条件的优抚对象享受城乡医疗救助，在享受基本医疗保障待遇的基础上，再按规定享受优抚对象医疗补助和医疗优待。

政府和社会对军人交通、旅游、住房、医疗等优待高度重视，优待内容不断扩大。2014 年 4 月，民政部、国土资源部、住房和城乡建设部印发《优抚对象住房优待办法》，进一步扩大了优抚内容和范围。2020 年 1 月，退役军人事务部等 20 部门联合印发《关于加强军人军属、退役军人和其他优抚对象优待工作的意见》，强调要以习近平新时代中国特色社会主义思想为指导，全面贯彻落实党的十九大精神，适应国家经济社会发展、国防和军队建设的新形势，顺应广大优抚对象对美好生活的新期待，坚持国家和社会相结合的工作方针，秉持体现尊崇、体现激励的政策导向，因地制宜，尽力而为、量力而行，逐步建立健全优待政策体系，营造爱国拥军、尊重优抚对象的浓厚社会氛围，增强优抚对象的荣誉感、获得感。强调坚持现役与退役衔接，坚持优待与贡献

▶ 2022 年 4 月 8 日，四川省绵阳市举行退役军人、其他优抚对象优待证首发仪式，现场为 31 名首批成功申领优待证的退役军人代表颁发优待证。图为一位退役老兵笑逐颜开地展示自己的优待证 / 四川省退役军人事务厅供图

匹配，坚持关爱与管理结合，坚持当前与长远统筹，规范荣誉激励、生活、养老、医疗、住房、教育、文化、交通等方面的优待内容。提出从建立优待证制度、明确优待目录、完善奖惩措施等方面健全管理机制。强调压实工作责任、严密组织实施、强化教育引导，以促进优待工作更加科学规范。

总之，从世界范围来看，我国的拥军优抚工作无论是覆盖人群、待遇标准还是国家财力投入程度，不比其他任何国家差。

第四节　抚恤优待工作的创新发展

党的十八大以来，抚恤优待工作在继承中发展，取得了新的成绩：政策体系逐步完善，优抚保障水平稳步提升，服务管理水平不断提高，爱国拥军氛围持续浓厚。在充分肯定成绩的同时，也要清醒认识到，当前抚恤优待工作仍面临一些困难和矛盾，必须坚持用发展的眼光来看待当前问题，坚持用改革的办法、通过完善政策来解决发展中的问题，与时俱进，积极稳妥做好当下和今后的抚恤优待工作。

一、切实提高政治站位

以习近平新时代中国特色社会主义思想为指导，学习贯彻党的二十大精神，深刻领悟“两个确立”的决定性意义，增强“四个意识”、坚定“四个自信”、做到“两个维护”，坚决把党中央各项决策部署贯彻落实到位。深刻理解、准确把握《退役军人保障法》关于抚恤优待工作的新要求，让广大优抚对象成为巩固党执政地位的可靠力量，成为经济社会发展稳定的重要力量，让军人成为全社会尊崇的职业。

二、完善政策制度体系

坚持问题导向，紧盯国家战略、紧跟改革进程、紧贴发展实际，在制定政策时，坚持普惠与优待叠加、待遇与贡献匹配、当前与长远统筹，提高政策的系统性、整体性和全局性，不断推动相关政策法规向体系化、规范化、标准化方向发展。

三、提升服务管理水平

主动把工作理念、思路举措从困难救助向褒扬激励转变，从重服务轻管理向服务管理并重转变，以新理念牵引各项工作实现新发展。增强保障本领，加强岗位能力标准体系建设。更新服务理念，秉持全心全意为优抚对象服务的根本宗旨，强化工作作风，培塑良好形象。

四、推动形成工作合力

强化工作统筹，加强组织保障，构建军地配合、部门联动、社会参与的抚恤优待工作格局，建立顺畅高效的工作运行模式。进一步调动社会力量广泛参与，形成优化政府购买服务、推进社会专项服务、鼓励实行自我服务、倡导开展志愿服务相互补充、稳妥有序的管理格局。

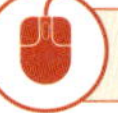

延伸阅读

退役军人事务部与中国银联等六家企业在京签署《拥军优抚合作协议》

2022 年 2 月 28 日上午，退役军人事务部与中国银联、中国石油、中国邮政、顺丰集团、德邦快递、中国联合航空六家企业在京签署《拥军优抚合作协议》，拓展优待证的使用场景，进一步提升优待证持证人的获得感、荣誉感。六家企业按照“优待与贡献匹配”的原则，结合自身业务领域，为不同的优抚对象提供不同幅度的优惠服务和专属服务。此外，中国邮政还将向退役军人关爱基金开展捐赠活动。

/ 第九章 /

双拥工作

要论摘编

双拥运动是我党我军我国人民特有的优良传统和政治优势。坚如磐石的军政军民团结，永远是我们战胜一切艰难险阻、不断从胜利走向胜利的重要法宝。

——习近平：《在会见全国双拥模范城（县）命名暨双拥模范单位和个人表彰大会与会代表时的讲话》（2016 年 7 月 29 日）

第一节　双拥工作概述

双拥工作是随着中国共产党对中国革命的认识、建军理论的产生和人民军队的建立逐步发展起来的。双拥工作在党的领导下，以正确处理和调节政府与军队、军队与人民之间的关系为主要内容，以密切军政军民关系、巩固和发展军政军民团结为根本目的，深刻反映了军民血肉相连的本质特征，生动体现了党的宗旨、国家的性质和人民军队的本色。

一、双拥工作的科学内涵

双拥工作，是拥军优属、拥政爱民工作的简称，是指在中国共产党领导下，为保障党、国家和军队履行使命、实现全体军民的根本利益而调节军政军民关系的实践活动的总和。这一概念包括三层含义：

1. 双拥工作的实质，是遵循军民一致的原则，正确处理军政军民关系。我国军民有着共同的理想、信念和奋斗目标，有着完全一致的根本利益。要通过开展双拥工作，巩固和加强军政军民团结，使人民与军队同呼吸、共命运、心连心，为实现党的总任务、总目标而共同奋斗。

2. 双拥工作的基本精神，是坚持全心全意为人民服务的根本宗旨。国家的安全和社会的稳定，关系着各族人民的根本利益和长远利益。军政军民团结，历来是捍卫国家安全和保持社会稳定的重要因素。做好双拥工作，为改革开放和中国特色社会主义现代化建设创造安定的社会环境，是维护国家和人民群众根本利益的重要体现。

3. 双拥工作是党的群众路线的具体体现和运用。群众观点是马克思主义的基本观点，群众路线是党的根本工作路线。做好双拥工作，加强军地之间在各个领域的密切合作，维护和保障广大官兵和优抚对象的合法权益，直接关系到党和军队的形象，关系到人民群众与军队的血肉联系，是实现党的群众路线的重要途径。

二、双拥工作的特点

与其他社会工作相比，双拥工作具有以下特点：

1. 对象的广泛性。双拥工作的对象十分广泛，涉及军队和地方各个领域、各条战线、各个阶层、各种团体。这种广泛性决定了双拥工作需要广大军民共同参与，决定了双拥工作的各项活动必须符合广大军民的意愿。

2. 活动的社会性。双拥工作是处理军政军民关系的工作，其活动内容带有明显的社会性。支持部队建设、安置退役军人、开展双拥创建活动、参加抢险救灾、处理军民矛盾，都需要军地密切配合。这一特点决定了双拥工作具有广泛的社会影响。

3. 作用的多样性。双拥工作对国家改革发展稳定和军队建设起着服务保证作用。这种服务保证作用表现形式多样，既有直接的也有间接的，既有现实的也有长远的。有些工作，如帮助部队解决实际问题、开展多种形式的拥军优属活动、妥善处理军民矛盾、支持地方经济建设、参加抢险救灾，直接显示出双拥工作的作用。而通过长期的、经常性的双拥工作，密切军政军民关系，增强军政军民团结，为国家改革发展稳定和军队建设创造良好的社会环境，其影响和作用将是长远的。

4. 效益的综合性。双拥工作的效益是多方面的，它既能产生政治效益、经济效益，也能产生军事效益。从政治上看，双拥工作能够增强军政军民之间的凝聚力，促进社会政治稳定；从经济上看，广大军民在经济建设中相互支持、密切配合，能极大地促进社会生产力的发展；从军事上看，双拥工作有利于激发人民群众爱国拥军的积极性，保证部队建设的顺利进行，提高部队的战斗力，确保部队能打仗、打胜仗。

三、双拥工作的意义

国家的安全和社会的稳定关系着各族人民的根本利益和长远利益。军政、军民团结，历来是捍卫国家安全和保持社会稳定的重要因素。做好双拥工作，是维护国家和人民群众根本利益的重要体现。

双拥工作是我党我军的优良传统和政治优势。党的十八大以来，在以习近平同志为核心的党中央坚强领导下，全国军民根据新的形势和任务，对双拥工作从内容到形式都进行了新的探索和实践，继承和发展优良传统，在建立新型军政军民关系中发挥了重要作用。当前，国防和军队建设正在深化改革，需要各方面大力支持；军民融合发展工作正在推进，需要双拥工作为之打下扎实基础；“五位一体”总体布局、“四个全面”战略布局正在统筹协调推进，需要双拥工作给予有力配合和支持。历史和现实证明，双拥工作形成的坚强军政军民团结，既是凝聚中华民族的巨大精神力量，也是推进社会进步的伟大物质力量，既是解放和发展生产力的重要条件，也是实现社会稳定、国家长治久安的重要保证。

第二节　双拥工作的历史沿革

一、双拥工作的起源

早在八一南昌起义期间，起义军革命委员会就设立了“农工委员会”，负责宣传和发动群众支持起义部队的行动；井冈山斗争时期，毛泽东同志明确将“宣传群众、组织群众、帮助群众建立工农革命政权”作为工农红军的三大任务之一；在根据地建设和红军长征时期，党和红军采取多种形式宣传、组织、团结群众，为部队筹粮筹款、带路引路、救治伤员，对工农红军的发展壮大以及革命根据地建设和红军长征胜利发挥了重要作用，也孕育和催生了早期的双拥工作。

二、双拥工作的形成

拥军优属、拥政爱民正式成为大规模的群众性运动，是在抗日战争时期。当时，面对日本帝国主义的疯狂入侵，党中央和毛泽东同志倡导和建立了最广泛的抗日民族统一战线，提出了军民一致的原则，并将其确定为八路军政治工作的三大原则之一，成为广泛深入开展双拥工作的根本指导原则。

1943 年 1 月，陕甘宁边区军民为了巩固根据地建设、扩大抗日民族统一战线，开展了“拥军优抗”和“拥政爱民”活动。边区政府发布了《拥护军队的决定》《拥军公约》和《“开展拥军运动月”的工作指示》，决定从 1 月 25 日至 2 月 25 日为全边区拥军运动月。八路军留守兵团司令部、政治部发出了《关于拥护政府、爱护人民的决定》《拥政爱民十大公约》和《关于拥政爱民月工作的指示》，决定从 2 月 5 日至 3 月 4 日为拥政爱民月。“双拥运动月”活动的开展，进一步密切了边区军政军民之间的鱼水情谊。同年 10 月 1 日，毛泽东同志在为中共中央起草的《关于减租、生产、拥政爱民及宣传十大政策的指示》中，充分肯定了陕甘宁边区军民的做法，指出“为了使党政军和人民打成一片，以利于开展明年的对敌斗争和生产运动，各根据地党委和军政领导机关，应准备于明年阴历正月普遍地、无例外地举行一次拥政爱民和拥军优抗的广大规模的群众运动”，提出双拥运动“以后应于每年正月普遍举行一次”。之后，双拥运动迅速在各个革命根据地推广开来，掀起了前所未有的热潮。

这一伟大创举，在中华民族生死存亡的危急关头，迅速凝聚了军心民心，形成了军民团结、共御外侮的强大力量，为打败日本帝国主义侵略奠定了基础。拥军优属、拥政爱民，成为我党我军战胜艰难险阻、从胜利走向胜利的政治优势。特别是解放战争时期，党中央和毛泽东同志明确提出了全心全意为人民服务的建军宗旨，规定了人民解放军“战斗队、生产队、工作队”三大任务，重新颁布了《三大纪律八项注意》，使军队拥政爱民工作有了明确的指导思想和努力方向。在三大战役中，880 多万群众组成支前大军，川流不息地把粮食、弹药和各种军需物资送上前线，展现了波澜壮阔的人民战争场面。正如习近平总书记 2022 年 8 月 16 日在考察辽沈战役纪念馆时指出的，解放战争时期我们党同国民党的大决战，既是兵力火力之战，更是民心向背之争；辽沈战役胜利是东北人民全力支援拼出来的，淮海战役胜利是老百姓用小车推出来的，渡江战役胜利是老百姓用小船划出来的。这一时期，随着我党对军政军民关系认识的深化，双拥工作初步形成了一整套理论体系，取得了一系列实践成果，对夺取中国革命胜利发挥了不可替代的作用。

三、双拥工作的发展

新中国成立后，双拥工作根据党、国家和军队的形势任务变化，在国民经济恢复时期、全面建设社会主义时期、改革开放时期特别是抗美援朝战争中发挥了巨大作用，提供了有力的物质支援和强大的精神动力，双拥工作进入全面创新发展阶段。

1991 年是双拥工作具有里程碑意义的一年。这一年的 1 月 10—16 日，经国务院、中央军委批准，民政部和总政治部在福州市召开了全国双拥工作会议。大会系统总结了 1987 年全国拥军优属拥政爱民经验交流会之后的双拥工作成就，部署了任务，命名了 10 个全国双拥模范城（县）。会后，国务院、中央军委批转《全国拥军优属拥政爱民工作会议纪要》，提出了在新形势下加强双拥工作的基本方针、原则和任务。6 月，经党中央批准，国务院、中央军委成立全国拥军优属拥政爱民工作领导小组（简称“双拥工作领导小组”），统一指导和协调全国的双拥工作。各地也相继成立了双拥工作领导机构，加强对双拥工作的组织领导。同年，经党中央、国务院和中央军委批准，军地双方共同创建双拥模范城（县）活动应运而生，至 2022 年已开展 11 届，成为推进双拥工作、巩固和发展军政军民团结的重要抓手和有效载体。

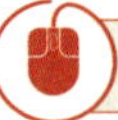

延伸阅读

坚如磐石的军政军民关系是我们战胜一切艰难险阻、不断从胜利走向胜利的重要法宝

2014 年 7 月 30 日，中共中央总书记、国家主席、中央军委主席习近平看望慰问驻福建部队官兵，强调扎实推进国防和军队建设改革，坚决完成党和人民赋予的各项任务。其间，习近平总书记同 11 位双拥模范代表亲切交谈时，大家回忆起 1991 年全国双拥工作会议在福州召开前夕，习近平所作的《军民情・七律》：“挽住云河洗天青，闽山闽水物华新。小梅正吐黄金蕊，老榕先掬碧玉心。君驭南风冬亦暖，我临东海情同深。难得举城作一庆，爱我人民爱我军。”习近平总书记动情地说，作这首七律是为了表达人民军队爱人民、人民军队人民爱的鱼水深情。他指出，拥军优属、拥政爱民是我党我军特有的政治优势，坚如磐石的军政军民关系是我们战胜一切艰难险阻、不断从胜利走向胜利的重要法宝。要把双拥工作抓得更加扎实有效，为实现中国梦强军梦提供坚强保证。

为更好维护军人军属合法权益，让军人成为全社会尊崇的职业，党的十九大报告提出组建退役军人管理保障机构。2018 年 4 月 16 日，退役军人事务部挂牌成立。12 月，根据机构设置、人员变动和工作需要，经党中央批准，国务院、中央军委决定对全国拥军优属拥政爱民工作领导小组组成人员进行调整，明确领导小组办公室设在退役军人事务部，并与中央军委政治工作部有关部门合署办公，双拥工作开启了新的征程。

第三节　双拥工作的主要内容和基本方法

双拥工作是在中国共产党的领导下我国军民的伟大创举，是维护国家长治久安、推动军民融合发展的可靠保证，也是加快国防和军队现代化建设、建设世界一流军队、确保部队打胜仗的必然要求。在革命战争年代，双拥工作的主要内容是：帮助人民军队扩充兵员，筹集粮款和军用物资；抢运和掩护伤员，运送军粮和武器弹药，传递情报，搞好战时勤务；优待军人家属，抚恤烈士遗属，慰问部队官兵；尊重地方党委、政府，严格执行党的政策和军队群众纪律，热爱和尊重人民群众，帮助人民群众排忧解难等。随着时代变化和形势任务的要求，双拥工作内容和方法也在与时俱进，不断改进创新。

一、双拥工作的主要内容

双拥工作内容是双拥工作目标任务的体现。

（一）新时代双拥工作的目标任务

新时代双拥工作的目标任务是：以习近平新时代中国特色社会主义思想为指导，着眼于配合和支持统筹推进“五位一体”总体布局、协调推进“四个全面”战略布局，坚持军地合力、军民同心，坚持服务备战、保障打赢，坚持贴近基层、注重实效，坚持改革创新、与时俱进，全面提高新时代双拥工作水平，不断密切坚如磐石的军政军民关系，共同把强国强军事业推向前进。具体任务是：紧紧围绕实现党在新时代的强军目标、把人民军队全面建成世界一流军队聚焦用力；贯彻以人民为中心的发展思想，为实现第二个百年奋斗目标作出新的更大贡献；充分发挥双拥机制优势作用，为推进军民融合深度发展打好基础；大力提升军人军属荣誉感获得感，为让军人成为全社会尊崇的职业创造良好的社会环境。

（二）新时代双拥工作的主要内容

新时代双拥工作的主要内容有：坚持军民一致，推进军民融合深度发展；广泛进行全民国防教育，增强全民国防拥军观念；为军队选送优质兵员，协助人民解放军建设强大的国防；支持军队的改革和建设，帮助军队完成作战和训练任务；保护军事设施，尊重和爱护军队；接收并妥善安置军队转业和离退休干部、复员退伍军人和伤残军人、随军家属；做好现役军人、革命伤残军人、复员退伍军人和“三属”的抚恤优待工作；维护军人及其家属合法权益，妥善处理军民矛盾和纠纷；开展创建双拥模范城（县）和军民共建社会主义精神文明活动；部队模范执行党的路线、方针、政策，遵守国家的宪法、法律、法规；尊重地方政府，支持地方工作，维护社会秩序；遵守群众纪律，严格执行民族、宗教政策，尊重少数民族风俗习惯；积极支援国家和地方经济建设与公益事业建设，奋勇参加抢险救灾，积极开展扶贫帮困活动；完善双拥工作政策制度，让军人成为全社会尊崇的职业；等等。

▶ 为进一步弘扬福州双拥优良传统，营造“爱我人民爱我军”的浓厚氛围，福建省福州市晋安区创新双拥工作，积极创建市级“双拥示范街”，总结提炼“一街、两核、三突出，四有、五纳、六结合”的晋安做法、晋安经验。图为位于晋安区长乐中路的福州双拥示范街主题雕塑之一／福建省退役军人事务厅供图

二、双拥工作的基本方法

双拥工作方法是马克思主义方法论在双拥工作领域的具体运用，是影响双拥工作质效的重要因素。在长期革命、建设和改革实践中，我党我军形成了一整套双拥工作的方法，这些方法在双拥工作实践中发挥了重要作用，并将随着时代条件的变化而不断丰富发展。

（一）拥军优属的基本方法

1. 广泛深入进行拥军优属教育。要把拥军优属教育列入全民教育计划，充分利用各种宣传渠道，大力宣传搞好拥军优属与支持军队建设、增强军政军民团结的关系，引导广大人民群众牢固树立“三个观念”（即“没有一个人民的军队，便没有人民的一切”的观念；“军民团结如一人，试看天下谁能敌”的观念；“拥军优属，人人有责”的观念），把拥军优属活动变为广大人民群众的自觉行动。动员全社会支持部队建设，提高部队战斗力。地方各级党委、政府和广大人民群众要重视安置好转业、退伍官兵和离退休干部，从国家长治久安和国防建设的大局出发，想方设法、克服困难，积极主动地把这项工作做好，使转业退伍官兵能够量才使用、各得其所，离退休干部得到妥善安置，使他们安度晚年。要重视处理好军地之间发生的问题，地方应从大局出发，多承担一些责任，多做一些工作，增强主动观念。对于经济、产权方面的纠纷，要按照国家有关政策，采取互谅互让的方法，平和地予以解决。对于军民之间在某些问题上产生的误会，要主动说明情况，取得对方谅解。平时，地方各级党委、政府及有关部门要经常到部队走访、交换意见，把矛盾苗头消灭在萌芽状态。

2. 认真落实拥军优属方面的政策法规。各级政府及有关部门要增强法制观念，认真执行各项法律规定，运用法规来保证拥军优属工作的落实。要引导地方各部门和广大人民群众树立拥军优属是应尽义务的思想，增强执行有关法规的自觉性，想方设法、克服困难，做好拥军优属工作，保证各项法规政策兑现。比如，农村义务兵在服役期间每年的优待金，要保证按时兑现；农村军人家属在生产、生活方面应当享受的优先照顾政策要切实落实；对军队干部家属在住房、就业、子女入学入托等方面遇到的问题，要按政策予以解决。对侵害部队、军人、军属合法权益的行为，要进行坚决的斗争，依法严肃处理，决不能姑息迁就。

3. 扎实开展群众性拥军优属活动。要把拥军优属的重点放在基层，注重从工厂、街道、学校、商店、乡村抓起，发挥基层群众性拥军优属服务组织的作用，把军人和优抚对象在工作生活等方面存在的实际问题解决在基层，真正把党和国家的温暖、人民群众的爱戴体贴之情落到实处。组织各种形式的慰问，可以在报纸上发慰问信，在电视、广播中由地方党政主要领导发表电视、广播慰问辞，也可以以政府、单位、个人名义向慰问对象发慰问信、寄慰问品或进行慰问演出，还可以召开慰问大会，或由领导同志带队上门走访慰问。

江西省吉安市永新县“拥军优属送温暖”活动启动仪式／江西省退役军人事务厅供图

（二）拥政爱民的基本方法

1. 拥护政府，自觉尊重地方党委和政府的领导。自觉遵守党和国家的政策，带头学习、执行、宣传党和国家的政策、法律和法令。自觉保卫党和政府机关，保证党政机关正常的工作秩序、生活秩序、科研秩序，使党政机关能够安全地、顺利地行使职权，完成其担负的任务。如：配合地方党委和政府的中心工作；配合地方公安、司法部门维护社会治安；在当地遇到自然灾害的情况下，全力以赴支持和帮助地方抢险救灾、渡过难关；对地方政府布置的全民性活动，要带头参加；尊重地方党委和政府的工作人员，处处谦虚谨慎、协商办事，始终与地方党委和政府的工作人员保持密切联系。

2. 爱护人民，始终坚持全心全意为人民服务的根本宗旨。一是关心人民。关心人民的政治利益、经济利益、文化利益，处处爱护人民群众的财产，在训练、演习、施工时，注意爱护道路、桥梁、水渠、树木、房屋以及群众的庄稼等。要经常开展学雷锋、做好事活动，帮助老年人，帮助失足青少年，倡导“最可爱的人帮助最需帮助的人”。二是尊重人民。尊重人民群众的政治、经济和民主权利，尊重人民群众的宗教信仰，尊重人民群众出版、集会、结社、言论自由的权利，尊重人民群众的风俗习惯和生活习惯等。三是保护人民。要把革命的利益和群众的切身利益结合起来，尽力照顾和保护人民群众的利益，千方百计使其不受损害。在人民群众遇到自然灾害威胁时，要临危不惧、挺身而出，真正做到受命不顾家、临危不顾身。四是智力助民。军地之间要联合办学，帮助地方普及科学文化知识；要帮助地方进行技术改造和科研攻关，军民融合解决科技难题；要适时向地方转让科技成果，实现军民互利共赢；要向地方输送干部和军地两用人才，努力为地方提供人力和智力支持。

第四节 双拥工作取得的主要成绩

双拥工作在各个不同历史时期，都传承红色基因并放射出夺目的光彩。由毛泽东等老一辈革命家于延安倡导发动的“拥军优属、拥政爱民”运动，乘着中国革命胜利的列车驶入新中国，与新中国风雨同行。改革开放时期，双拥工作在继承优良传统的基础上不断创新发展，为推进社会主义现代化建设凝聚了强大力量。党的十八大以来，以习近平同志为核心的党中央站在战略和全局的高度，着眼于为实现中国梦强军梦凝心聚力的战略擘画，把双拥工作推向新的阶段。习近平总书记强调，“最伟大的力量是同心合力”，“新形势下，双拥工作只能加强、不能削弱”，“双拥运动是我党我军我国人民特有的优良传统和政治优势。坚如磐石的军政军民团结，永远是我们战胜一切艰难险阻、不断从胜利走向胜利的重要法宝。'军民团结如一人，试看天下谁能敌'，永远是颠扑不破的真理"，要"发挥双拥工作联系军地军民的桥梁纽带作用，更好服务党和国家工作大局、国防和军队建设全局"。各地各部队认真贯彻落实习近平总书记重要指示要求，锐意创新，深入扎实做好新时代双拥工作，为实现中国梦强军梦凝聚了强大力量。

一、褒奖双拥模范单位和个人

1991 年以来，我国已先后 11 次召开全国双拥工作会议或双拥模范城（县）命名表彰大会暨双拥模范单位和个人表彰大会，以点带面，充分发挥模范和先进的示范带动作用，激发人民群众爱国拥军热情，集聚各方力量支持强军建设，有效提升了双拥工作水平，保障了国泰民安。

▲ 2020 年 10 月 22 日，获得"全国爱国拥军模范"称号的拉齐尼·巴依卡载誉而归。他激动地说："这不是我一个人的荣誉，这是新疆塔什库尔干塔吉克自治县 7000 余名护边员共同的荣誉。"2021 年 1 月 4 日，为解救落入冰窟的儿童，拉齐尼·巴依卡不幸英勇牺牲，年仅 41 岁。中宣部向全社会宣传发布他的事迹，追授他"时代楷模"称号 / 新疆维吾尔自治区退役军人事务厅供图

二、调整完善双拥工作领导机构和工作机构

党的十九大报告指出："组建退役军人管理保障机构，维护军人军属合法

权益，让军人成为全社会尊崇的职业。”2018 年 4 月，中华人民共和国退役军人事务部正式成立，负责退役军人移交安置、服务管理、待遇保障等工作，指导全国拥军优属工作。省、市、县三级也陆续成立相应机构。从中央到地方，双拥工作领导机构和工作机构不断调整完善。

各级不断完善双拥工作体系，组织领导明显加强，倾情解决部队官兵“三后”（后路、后院、后代）问题。截至 2022 年 12 月，全国已建成 61.79 万个退役军人服务中心（站），成为双拥工作重要阵地。

三、加强全民国防教育

习近平总书记指出：“我们的军队是人民军队，我们的国防是全民国防。我们要加强全民国防教育，巩固军政军民团结，为实现中国梦强军梦凝聚强大力量！”目前，国防教育进学校、进课堂、进教材，基本覆盖全国各级各类学校。各地省、市、县三级党校坚持开设国防教育课程，突出抓好党员领导干部的国防教育和双拥宣传。在内蒙古高原，75 支乌兰牧骑活跃在苏木、嘎查边防哨所，谱写了军民携手戍边的感人故事。各地的车站、机场、港口，“军人依法优先”的标志引人注目；部队官兵和退役军人家庭的门上，“光荣之家”的牌匾格外醒目。两块小小的标牌，承载的却是社会对军队、对军人的尊崇和大爱。全军部队持续开展我军性质宗旨和拥政爱民优良传统教育，视人民如父母、把驻地当故乡、为社会作贡献成为广大官兵的行动自觉。全国 10 万多个拥军服务机构和部队学雷锋小组常年活跃在城乡基层，为优抚对象和贫困群众排忧解难。

四、扎实推进拥军支前实战化准备

全国双拥工作领导小组、退役军人事务部、军委政治工作部出台《关于加强新时代拥军支前工作的意见》；全国双拥工作领导小组办公室建立应急应战响应机制，指导各战区健全拥军支前军地协调机制，构建军地互通、平战一体的拥军支前运行模式。

各地紧盯部队打仗急用、改革急需，想方设法为部队特别是驻边疆海岛等部队办实事、解难题。全国双拥工作领导小组办公室组织开展“情系边海防官兵”拥军优属“六送”活动（走访慰问送关怀，爱老助老送健康，家属就业送帮扶，子女教育送关爱，保障权益送温暖，尊崇功臣送喜报），动员组织社会力量为驻边防海防艰苦地区部队官兵的家庭排忧解难，使后方无忧、前方无畏。特别是在抗击新冠肺炎疫情期间，全国双拥工作领导小组办公室第一时间转为“支前办”，启动双拥应急机制，各地迅速兴起支持抗疫部队的热潮。各省区市普遍开展“五个一”活动：组织一次走访，建立一个联系卡，发送一封慰问信，赠送一个拥军包，解决一批现实困难。在火热的抗疫一线，拥军支前的感人场景不断涌现。2020 年 7 月 24 日，驻山东省青岛市长门岩岛的海防部队结束了数十年不通常电的历史：国家电网公司投入 1.92 亿元，铺设 30 公里陆岛相连的海底电缆；青岛市主动解决通信基站建设等问题，极大改善了官兵战备、生活条件。位于东海之滨的浙江象山，瞄着打仗拥军、盯着战场支前，将极具开发价值的滩涂岛屿提供给部队作为训练场，连续多年保障多批次数万名官兵的训练演习。

案例选编

内蒙古自治区额济纳旗用心谱写新时代双拥工作新乐章

内蒙古自治区额济纳旗深入贯彻军民融合发展战略，发扬双拥传统，大力支持军队改革，积极问需于东风航天城和空军某基地，切实为他们解难题、办实事，为他们做好社会化服务保障。重点通过组织开展春节、7 月 1 日中国共产党诞生纪念日、八一建军节等重大节日慰问、文艺演出进军营、双拥工作成果展、政策宣传、军地联谊等活动，动员企事业单位、社会组织、志愿服务队伍、人民群众积极参与拥军工作，不断拓宽双拥工作的领域和范围，不断扩大双拥工作的群众基础。

五、建立健全功勋荣誉表彰和双拥工作法规制度

设立烈士纪念日、中国人民抗日战争胜利纪念日、南京大屠杀死难者国家公祭日，制定《英雄烈士保护法》，国家以最高礼仪迎接志愿军在韩烈士遗骸归国安葬，重大庆典时举行盛大阅兵，全社会褒扬英烈、尊崇军人的氛围日渐浓厚。

军地联合出台政策，加强军人军属和优抚对象优待工作。修订《伤残抚恤管理办法》，制定移交安置、就业创业、教育培训、荣誉激励等方面的政策性文件。连续 18 年提高重点优抚对象抚恤补助标准，建立困难退役军人帮扶援助长效机制。全面开展退役军人和其他优抚对象信息采集工作，截至目前，全国已为 4000 余万户家庭悬挂了光荣牌。各地各部门全力做好转业干部安置、随军家属就业、退役士兵职业技能培训、伤病残退役军人移交安置和维护军人合法权益等工作。修订《烈士褒扬条例》，出台《烈士纪念设施规划建设修缮管理维护总体工作方案》等文件，英雄烈士保护纳入党和国家功勋荣誉制度体系。多部门大力宣传拥军先进典型，奏响爱党爱国爱军主旋律。

▶ 2019 年 3 月 25 日，新疆维吾尔自治区为烈属、军属和退役军人等家庭悬挂光荣牌工作启动。看到自己家门口高高悬挂的光荣牌，退役军人、91 岁的唐广才将军开心不已 / 新疆维吾尔自治区退役军人事务厅供图

六、部队积极参与抢险救灾、精准脱贫和乡村振兴

人民军队历来是抢险救灾的生力军和突击队，承担的往往是最紧急、最艰难、最危险的救援任务。在近些年发生的洪水、地震、泥石流等重特大自然灾害中，广大官兵舍生忘死、冲锋在前，以血肉之躯筑起了守护人民生命的牢固屏障。

党中央、国务院发出打赢脱贫攻坚战的号令后，全军部队积极响应，以革命老区、民族地区、边疆地区、连片特困地区为重点，广泛展开精准扶贫、精准脱贫行动。2016 年 3 月 4 日，军委政治工作部、国务院扶贫开发领导小组办公室印发《关于军队参与打赢脱贫攻坚战的意见》。至 2020 年 5 月，全军定点帮扶的 4100 个贫困村、29.3 万个贫困户、92.4 万名贫困群众全部实现脱贫。2021 年 2 月 25 日，全国脱贫攻坚总结表彰大会召开，军队系统 23 名个人和 17 个集体受到表彰。空军某运输搜救团一大队，多年来飞播造林，航迹遍及陕、甘、宁、青、蒙、川、黔 7 省（区）300 多个播区。武警四川总队与凉山彝族自治州昭觉县梭梭拉打村结成帮扶对子后，专门选派彝族干部布哈作为驻村扶贫干部，先后帮助村子建立了 10 多个特色产业。如今，全村 151 户 607 名贫困群众全部脱贫。

2021 年 5 月 23 日，经中央军委批准，军委办公厅印发《关于军队做好参与巩固拓展脱贫攻坚成果同乡村振兴有效衔接工作的意见》，吹响了全军官兵弘扬脱贫攻坚精神、参与支持乡村振兴的号角。

第五节　双拥工作的创新发展

新时代，国际国内形势的变化和军队使命任务的拓展对双拥工作提出了新的更高的要求。要永葆双拥工作生机和活力，必须适应新时代、发扬老传统、开创新局面，不断加强对双拥工作新情况、新矛盾、新特点的研究，不断

创新双拥工作的内容、方式方法手段和机制，不断提高双拥工作队伍的能力素质，不断改进双拥工作的指导方式和工作作风，使其与时代同步，与职能使命适应，与军地实际相符，更好服务于党和国家工作大局、国防和军队建设全局。

一、双拥工作创新发展的必要性

创新是一个民族进步的灵魂，是一个政党、一个国家、一支军队永葆生机活力的不竭动力和源泉。创新也是双拥工作适应新时代、实现新发展、开创新局面的动力和源泉。

（一）永葆双拥工作生机活力的历史经验

一部双拥工作史，就是一部双拥工作创新发展史。早在红军初创时期，党和毛泽东就提出了工农红军离不开工农群众的思想，要求军队爱护人民群众，苏区政府和人民支援红军、优待军属。这是其他军队所没有的。抗日战争时期，陕甘宁边区政府组织开展了“拥护军队、优待抗日军人家属”活动，八路军留守兵团开展了“拥护政府、爱护人民”活动，改善和密切了边区军政军民关系。解放战争时期，双拥工作所形成的坚强的军政军民团结精神发挥了重要作用，广大军民携手并肩、浴血奋战，迅速摧毁了国民党反动统治。新中国成立后，特别是改革开放以来，双拥工作理论不断完善，内容不断拓展，形式不断创新。广大军民在经济建设主战场上通力合作，在军民融合发展中密切配合，在抗击疫情斗争中并肩战斗，军政军民团结发挥了强大威力。正是由于坚持改革创新，双拥工作才在革命、建设和改革实践中始终保持生机和活力，发挥巨大作用。历史经验证明，在继承基础上创新发展，是双拥工作始终保持旺盛生命力的强大动力和不竭源泉。双拥工作之所以能够在不同历史时期发挥重要作用，促进国家改革发展稳定、国防和军队建设，圆满完成党、政府、军队和人民赋予的使命任务，重要原因就是坚持了继承和创新的统一，在继承中创新，在创新中发展，不断激发双拥工作生机活力。

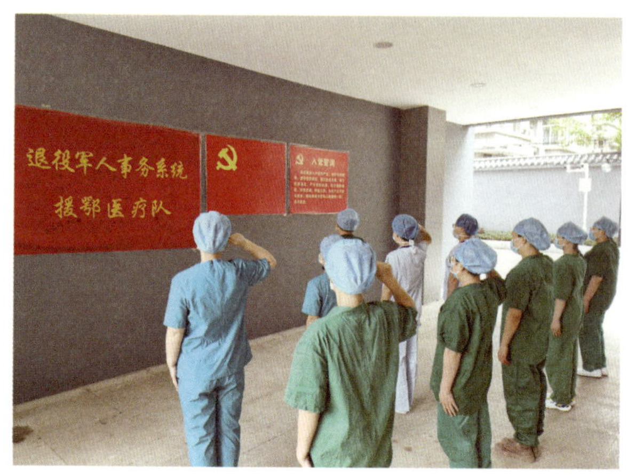

◀ 在新冠肺炎疫情防控阻击战中，退役军人事务部组建退役军人事务系统医疗队驰援武汉，全力抗击疫情。在全国抗击新冠肺炎疫情表彰大会上，退役军人事务系统医疗队临时党支部获“全国抗击新冠肺炎疫情先进集体”称号。图为2020年3月8日，退役军人事务系统援鄂医疗队临时党支部于湖北省荣军医院举行入党宣誓仪式／湖北省退役军人事务厅供图

（二）适应双拥工作形势变化的必然要求

党的十八大以来，党、国家和军队建设站在了新的历史起点上，双拥工作所处的时代条件和社会环境等发生了很大变化。新时代为双拥工作赋予了许多新内涵、新任务，也对双拥工作提出了更高标准和要求。只有坚持走创新发展之路，才能适应时代变化和任务要求，使双拥工作永葆生机和活力。

1. 从国情看，实现中华民族伟大复兴的中国梦赋予了双拥工作凝聚军民团结奋斗的新使命。中国梦生动形象地表达了全国军民的共同理想和追求，昭示着国家富强、民族振兴、人民幸福的美好前景。实现这个鼓舞人心的愿景目标，需要充分发挥双拥工作的政治优势，动员组织亿万军民齐心协力不懈奋斗。目前，我国已成为世界第二大经济体，亿万人民生活实现了从温饱到全面建成小康社会的跨越，我们比以往任何时候都更加接近中华民族伟大复兴的目标。处在这样的时代，更加需要把广大军民凝聚在中国梦这面精神旗帜下，把军政军民团结的巨大作用充分发挥出来，汇聚起推动实现中国梦的强大正能量。现阶段，我国正处于改革开放攻坚期和社会矛盾凸显期，面临的矛盾问题很多，特别是以美国为首的西方国家千方百计对我进行牵制和遏制，不愿看到社会主义中国发展壮大。在这种形势下，更加需要发挥双拥工作的独特优势和作用，最广泛地凝聚军民力量，同心同德、共克时艰，不断推动党和国家事业发展。

2. 从军情看，贯彻落实党在新时代的强军目标，确立了双拥工作服务军

事斗争准备的新标准。能打仗、打胜仗，是强军目标的核心所在。双拥工作为军事斗争准备服务，最根本的是要在支持部队能打胜仗上聚焦用力。当前复杂严峻的国家安全形势特别是海上安全形势，使拓展、深化军事斗争准备的任务更为紧迫繁重，对地方支持部队建设提出了新的要求。比如，在训练演习中，需要地方保障的范围越来越大，部队兵力输送、物资供应、卫生勤务、安全警戒等诸多方面，都要依靠地方大力支持。又比如，在海上维权军事行动中，动员人民群众拥军支前的任务不断加重，做好海上侦察预警、军用航道疏通、海上搜救抢救等作战、后勤和装备保障工作，都需要地方党委、政府和有关部门组织实施。再比如，在信息化建设中，部队专业技术人才队伍、信息基础设施建设，信息作战、军事航天等新型作战力量建设等，同样离不开地方党委、政府的大力协助和配合，需要地方在政策、资金、技术等方面给予倾斜和支持。事实证明，只有扎实做好新时代双拥工作，部队才能聚焦强军目标搞改革、抓建设，才能聚精会神思打赢、谋打赢、练打赢，全面提高能打仗、打胜仗的能力。

3. 从社情看，全面建成惠及亿万军民的小康社会，拓展了双拥工作服务经济社会发展的新领域。当前，经济社会建设的许多领域都离不开军队的积极参与和大力支援。比如，国家继续实施区域发展总体战略，深入推进西部大开发、全面振兴东北老工业基地、大力促进中部地区崛起、积极支持东部地区率先发展，以及推进京津冀协同发展、粤港澳大湾区建设、长三角区域一体化发展、“一带一路”建设等，大量的交通、通信、能源等基础设施重点工程需要部队发挥自身优势参与援建。又比如，保障和改善民生要求加大对革命老区的扶持力度；开展兴边富民行动、实施乡村振兴战略，都需要部队进一步做好帮扶工作。再比如，抢险救灾，需要部队冲锋在前、担当主力；生态文明建设、加强自然生态系统和环境保护等，需要部队积极参与和支持。

（三）解决双拥工作自身问题的现实需要

近年来，双拥工作积极适应党、国家和军队建设改革发展的新要求，紧紧围绕中心、服务大局，突出重点、主动作为，有力促进了经济社会发展和部队现代化建设，同呼吸、共命运、心连心的军政军民关系不断得到巩固和发展。但在实际工作中，还存在一些问题和不足。主要表现在：少数干部群众和部队官兵国防观念、双拥意识淡化，参与双拥工作的热情不够高；社会利益关系深刻调整和人们价值取向的变化，给保持健康纯洁的军政军民关系带来影响和冲击；政府职能转变和社会主义市场经济的深入发展，使协调地方做好拥军优属有关工作的难度加大；一些地区创建工作不够扎实，双拥模范城（县）整体水平有待进一步提高；双拥创建工作重“评时”轻“平时”现象还不同程度存在；等等。解决制约双拥工作发展的深层次矛盾问题，根本出路在于着眼新的实践和发展，着力改进和创新。这就要求新时代双拥工作既要从思想观念和工作思路上拓宽视野、寻求突破，又要从体制机制和政策制度调整改革上寻找对策办法。只有这样，才能不断深化对新时代双拥工作特点和规律的认识，在从理论到实践、从内容到形式等各方面、各领域解决矛盾问题，不断推进双拥工作适应新时代、实现新发展。

二、双拥工作创新发展的原则

推动新时代双拥工作创新发展，必须遵循以下原则：

（一）坚持党的集中统一领导

党的初心，就是要为中国人民谋幸福、为中华民族谋复兴。双拥工作是党的群众路线的具体体现和运用，是党的工作的重要组成部分，其本质要求就是实现好、维护好、发展好广大军民的根本利益。因此，双拥工作是党的初心的具体体现。创新发展双拥工作，必须坚持党中央集中统一领导。党的领导是中国特色社会主义最本质的特征，是中国特色社会主义的最大优势，也是我们做好双拥工作的根本保证。双拥工作必须坚持以习近平新时代中国特色社会主义思想为指导，增强“四个意识”、坚定“四个自信”、做到“两个维护”。坚决维护以习近平同志为核心的党中央集中统一领导，把党的领导贯彻到党和国家工作的方方面面，发挥党总揽全局、协调各方的领导核心作用，确保党的基本理论、基本路线、基本方略贯彻落实到双拥工作各方面、全过程，坚定不移走中国特色社会主义道路，始终保持党的宗旨、国家的性质和人民军队的本色。

（二）坚持军事优先军为首要、富国强军相统一

双拥工作是军民融合发展的重要内容，也是军民融合发展的政治保障。军事优先军为首要、富国强军相统一，既是推进军民融合发展所遵循的原则，也是新时代双拥工作创新发展的目标追求，两者是统一的。新时代双拥工作创新发展，必须坚持军事优先军为首要、富国强军相统一。要站在党和国家事业发展全局的高度，在军民融合发展战略的总体框架下来认识和思考双拥工作的新任务、新内容、新目标和新要求，充分发挥双拥工作的政治优势和桥梁转化作用，密切军政军民关系，增进军政军民团结，凝聚军民融合发展合力；要突出强军兴军，牢固树立军事优先军为首要的鲜明导向，支持军队建设和改革，推进国防和军队建设融入经济社会发展体系，配合部队完成多样化军事任务，为实现党在新时代的强军目标提供坚强后盾。

（三）坚持深化改革创新

创新发展新时代双拥工作，就是要通过深化改革解决影响和制约双拥工作创新发展的体制性障碍、结构性矛盾、政策性问题。推进新时代双拥工作创新发展，要与时俱进，认真学习贯彻习近平总书记关于加强军政军民团结的重要论述，深入分析新时代双拥工作的新情况、新特点；突出问题导向，聚焦和把握新时代双拥工作的新矛盾、新困难，主动作为、破解难题、乘势而上，以深化党和国家机构改革为契机，转变政府职能，优化政府机构设置和职能配置，健全完善双拥工作体系，探索构建新的双拥工作运行机制，创新和拓展双拥工作的新思路、新方式、新内容、新领域，推动双拥工作能力水平整体提升，努力开创军政军民团结的新局面，为实现中国梦强军梦作出新的更大贡献。

（四）坚持军民共同推进

做好双拥工作，是维护国家的军事利益、保障广大军人和军属的合法权益、加强军政军民团结、密切人民群众与军队的血肉联系的必然要求，是维护国家安全稳定和社会繁荣发展的政治保障，是实现中国梦强军梦的政治基础，

直接关系到党和军队的形象，关系到全体人民群众的共同福祉。双拥工作是涉及国家、军队、地方政府等全社会的大事，涉及面广、内容多样、需要协调的关系复杂。做好新时代双拥工作、推进双拥工作创新发展，必须由党中央集中统一领导，军民共同推进。军地双方要同心同德、共同努力，运用系统科学、系统思维、系统方法，广泛号召和动员军民多方力量，深入推进军地之间在各部门、各行业、各领域的全方位合作，以更大的决心和力度，把双拥工作抓得更加深入、更加扎实、更加有效，努力形成全国上下、全社会军民共同推进双拥工作的新局面，巩固和发展军政军民团结，为实现中国梦强军梦提供坚强保证。

三、双拥工作创新发展的体系建设

双拥工作的核心是维护国家军事利益和军人军属合法权益。创新发展双拥工作，必须始终以维护国家军事利益和军人军属合法权益为出发点和落脚点。双拥工作范围很广，内涵十分丰富。创新发展新时代双拥工作，应突出问题导向，站在国家战略和全局视角，客观分析新时代双拥工作面临的新情况新问题新要求，准确把握新时代双拥工作特点和规律，努力把新时代双拥工作提高到一个新水平。

（一）优化军人福利保障标准体系

军人福利是保障军人生活、补偿职业特殊性、彰显军人奉献和防范军人生活风险的重要措施，是对军人在军队服役期间贡献和付出的补偿与回报，体现了党和国家对人民子弟兵的关心厚爱。军人福利保障标准体系是服务保障军人军属和退役军人的重要标准与依据。科学的军人福利保障标准体系，符合奉献与补偿相统一的社会原则，有利于提高军人社会经济地位，增强军人荣誉感和军人职业吸引力，树立正确价值导向，激励广大官兵献身国防和军队建设事业。长期以来，党、国家和军队为规范军人社会保障，制定颁布了一系列政策法规和工作指导意见，对于加强军人社会保障、提高军人福利保障水平、吸引优秀人才、加快军队建设发挥了重大作用。但由于一些政策法规条款缺乏操作性，有些福利标准、制度设计不合理、导向作用不强，没有体现军人职业的特殊性和贡献的差异性，难以发挥激励广大官兵献身国防、勇于奉献的作用。应加快优化和完善军人福利保障标准体系，使军人的奉献和付出切实得到相应补偿和回报，切实体现奉献与补偿相统一的社会原则。优化军人福利保障标准体系，保障和改善退役军人的生活待遇与社会地位，既要努力解决他们面临的各种难题，又要努力体现公正兑现的原则，体现奉献与补偿相统一的社会原则，切实激励广大官兵努力工作的积极性。要在国家层面制定独立的、权威的军人福利保障标准体系，作为军人社会保障工作的依据。军人福利保障标准的设计必须体现按劳分配、公正兑现的原则和奉献与补偿相统一的社会原则，使所有优抚对象平等地享受国家提供的福利待遇。要突出军人职业的特殊性，军人福利待遇应与个人表现和贡献挂钩，激励广大官兵在保家卫国、作战训练、军队建设中作出更大贡献。要进一步丰富和细化军人福利保障的项目，特别是退役军人的福利保障，应充分考虑他们在服役期间的贡献和付出，依据岗位任职现实表现、服役年限、艰苦边远地区服役情况、参与作战任务和非战争军事行动任务情况、立功受奖等因素，对那些为国家和军队作出牺牲奉献的军人提供更好福利待遇，引领广大官兵树立正确的价值追求，激励他们立足本职工作，努力在平凡的岗位作出突出贡献。

（二）完善退役军人安置保障体系

重视退役军人安置和保障工作，是党和政府的光荣传统。随着时间推移、社会经济发展、形势变化，一些体制性障碍、结构性矛盾、政策性问题成为阻碍退役军人工作发展的“瓶颈”，退役军人管理保障工作逐渐呈现出多头管理、职能交叉以及政策不平衡、不统一等问题，也存在着政策滞后、制度空白等不足，既伤了广大现役和退役军人的心，也影响了社会对军人职业的认同。习近平总书记指出：“要关爱退役军人，他们为保家卫国作出了贡献。”他强调：“军转干部是党和国家的宝贵财富，我们要倍加关心、倍加爱护”，要“在国家层面加强对退役军人管理保障工作的组织领导，健全服务保障体系和相关政策制度”。在习近平总书记亲自谋划设计、部署推动下，2018 年 4 月 16 日，退役军人事务部挂牌成立。从退役军人事务部组建到 2019 年 3 月底，全国县级以上退役军人事务厅局全部挂牌运行，并根据“有机构、有编制、有人员、有经费、有保障”的要求，加快实现全覆盖。经过努力，一个横向到边、纵向到底的退役军人服务体系已经初步形成。随着各级退役军人管理保障工作组织领导机构的成立，退役军人管理保障工作将走向正规和常态化，要求必须不断健全完善退役军人安置保障体系。

1. 统筹谋划，建章立制。完善工作运行机制，进一步规范各部门机构的职能定位，明确任务分工，理顺协调关系。完善退役军人及其家属的政治优待制度，特别是为从军营向地方的平稳过渡提供制度保障。完善政策法规，实现退役军人安置工作由依靠行政制度向依靠法规制度转变。

2. 直面问题，突出重点。要深入分析和研究退役军人的现实状况及存在的矛盾问题，列出问题清单，着力解决他们在安置、生活和社会适应等方面存在的重点难题。加大退役军人安置力度，提供适合他们的工作岗位。重视退役军人的就业创业培训，帮助其尽快适应新职位的要求。提高退役军人的待遇，满足其基本生活需求。建立多元化的服务保障体系，利用市场机制，引入社会保障资源，为退役军人提供全方位、高质量的服务和保障。

2020年12月，重庆市退役军人事务局和市慈善总会共同发起成立退役军人关爱基金。图为基金设立签约暨捐赠仪式现场/重庆市退役军人事务局供图

3. 价值引领，提升境界。在保障退役军人物质层面需求的同时，要注重正确引导退役军人转变思想观念，使其能够正视角色转换，运用中华传统美德、革命道德、社会主义核心价值观引领退役军人，培育他们崇高的精神追

求，提升他们的精神境界。

（三）建立军人家庭援助体系

家庭作为社会构成的基本单元，是人们的“心灵港湾”。军人家庭是军人安心事业和工作的精神支柱，与一般家庭相比有更大的特殊性，既是社会构成的基本单元，也是国防力量的重要组成部分。军人家庭生活是否幸福美满，直接影响官兵安心服役和部队训练工作，直接影响部队完成任务以及社会的安全稳定与繁荣发展，对部队战斗力的培养、巩固和提高具有举足轻重的影响。建立军人家庭援助体系，是使军人安心尽职的重要保证，是维护官兵合法权益的客观要求，不仅能有效解决军人家庭的实际困难，化解各种矛盾和纠纷，解除军人的后顾之忧，帮助军人建立更加稳定和谐的家庭关系，而且能够提高军人对自身身份的认同感和对家庭生活的满意度，保持思想稳定，使其能全身心投入工作、训练和军队建设中。当前，军队基层官兵大多是“80后”“90后”独生子女，军人家庭大多是独生子女家庭，军人职业由于其风险性大、劳动强度高、工作艰苦、流动性大、长期两地分居等特点，在赡养父母、家庭团聚和子女教育等多方面面临着许多现实困难。2013年10月8日，国务院、中央军委批转人力资源和社会保障部、总参谋部、总政治部《军人随军家属就业安置办法》；2021年4月29日，教育部、军委政治工作部、全国双拥工作领导小组办公室印发《关于进一步做好军人子女教育优待工作的若干意见》；2022年1月17日，中央组织部、人力资源和社会保障部、退役军人事务部、军委政治工作部、全国双拥工作领导小组办公室印发《关于进一步做好军人随军家属就业安置工作的通知》；2021年10月17日，经中央军委批准，军委办公厅印发《军人及军队相关人员医疗待遇保障暂行规定》；2022年3月24日，教育部、军委政治工作部印发《关于进一步加强和完善边防军人子女预科班招生工作的通知》。这些重大举措，有效解决了军人的后顾之忧，有利于部队稳定、军心士气和战斗力的提升。新时代新征程，要适应时代需求，与时俱进，与实现中国梦强军梦要求相适应，与建设世界一流军队的目标相适应，加强统一领导和组织、科学定位职能和任务、完善优抚政策法规，构筑由中央到军人家庭的全服务保障平台，科学定位军人家庭援助制度，为军人提供家庭团聚、配偶就业、家庭医疗、家庭住房、家庭基本福利、子女教育和家庭抚恤等全覆盖的服务和保障，使军人家庭切切实实感受到全社会对自己的优待和照顾。要搭建专门面向军人家庭的服务平台，将国家出台的针对军人及其家庭的优惠政策和帮扶政策贯彻落实下去，为军人家庭提供物质、精神和法律等方面的援助，使军人和军人家庭切切实实感受到党和国家的贴心关怀。要引导社会风气，提高人们对军人家庭的关注程度，帮助军人树立更加坚定的理想信念，激发军人对自身价值的认同感、自豪感和荣誉感，增强服役期间的工作热情，带动部队整体士气的提升。

案例选编

福建省南平市光泽县积极探索“你我他”拥军优属新模式

福建省南平市光泽县积极探索军地双方助力和社会力量共同参与的“你我他”拥军优属新模式，实现入伍—服役—退役的“一体化”保障模式。一是“你入伍、我供岗、他欢送”，包括畅通入伍“绿色通道”、发放入伍视力矫正补助、对退役大学生士兵给予一次性奖励等。二是“你现役、我服务、他管理”，建立现役军人、退役军人联系服务制度，有效推动随军家属就业、军人子女入学等服务开展。三是“你退役、我跟进、他支持”，简化办事流程，解读安置政策，提供就业创业支持，促使返乡退役军人尽快适应并融入社会。

（四）完善军人保险体系

军人保险制度是国家社会保障制度的重要组成部分，是军人应该享受的合法权益。将其置于国家法律的保护之下，是社会主义市场经济运行的客观需要，也是外军的普遍做法。军人保险是一项有利于凝聚军心和保持部队稳定的大事、好事、实事，直接关系到广大官兵老有所养、病有所医、伤亡有所偿等切身利益。我国军人社会保险制度是在改革开放取得重要成就和社会保险制度改革不断深化的背景下，基于军人客观需求及国家社会保险制度的完善而逐渐发展起来的。1997 年 3 月八届全国人大第五次会议通过的《国防法》明确规定："国家实行军人保险制度"，首次从法律上提出了建立军人保险制度的目标任务。经国务院、中央军委批准，解放军四总部于 1998 年 7 月出台了《军人保险制度实施方案》，标志着中国军人保险制度正式启动。军人保险制度的出台和实施取得了预期的效果，并在一定程度上保护了广大官兵的合法权益，解决了官兵的实际困难。同时，现行的军人保险体系自身仍然存在着一些不容回避的深层次问题。比如，军人职业风险的界定不清，制度目标定位模糊；对象区分不明确，保障层次不明显；军人职业本身的多样性决定了军人职业风险的多元性，不同岗位职能和需要不同，军人的职业风险也有所不同；等等。相对于多元化的军人职业风险保障需求来说，现行军人保险体系的险种设置形式单一、项目体系残缺，难以适应新时代军人保险的需要。完善军人保险体系，应进一步明确界定保险对象和保险范畴，突出军人职业风险；丰富、完善军人保险险种项目，细化岗位特点和风险；创新军人保险制度的运营管理模式，确保保险基金的筹集渠道顺畅、保险基金的保值增值和保险理赔高效。

第十章

褒扬纪念工作

要论摘编

深切怀念为建立、捍卫、建设新中国英勇牺牲的革命先烈，深切怀念为改革开放和社会主义现代化建设英勇献身的革命烈士，深切怀念近代以来为民族独立和人民解放顽强奋斗的所有仁人志士。他们为祖国和民族建立的丰功伟绩永载史册！他们的崇高精神永远铭记在人民心中！

——习近平：《在庆祝中国共产党成立100周年大会上的讲话》（2021年7月1日）

党和国家历来高度重视烈士褒扬纪念工作。党的十八大以来，习近平总书记就做好烈士褒扬纪念工作先后作出一系列重要指示批示。退役军人事务部门自成立以来，认真贯彻落实习近平总书记重要指示批示精神，深刻领会做好褒扬纪念工作对推动经济社会发展、服务国防和军队现代化建设的重大意义，进一步认清担负的重大政治责任和重要历史使命，不断强化思想自觉和行动自觉，褒扬纪念工作取得长足发展，在全社会营造了崇尚英烈、缅怀英烈、捍卫英烈、学习英烈、关爱烈属的浓厚氛围和良好风尚。

第一节　褒扬纪念工作概述

英雄烈士是中华民族最优秀群体的代表。英雄烈士和他们所体现的爱国主义、英雄主义精神，是国魂、民族魂、党魂、军魂的不竭源泉和重要支撑，是中华民族精神的集中体现。

一、褒扬纪念工作的概念及特征

（一）基本概念

1. 烈士。是指在革命斗争、保卫祖国、社会主义现代化建设事业中及为争取大多数人的合法正当利益而壮烈牺牲的人员。“烈士”一词，古今皆有，但含义有别。在商代，所谓“烈士”，虽有“谓以身殉道，而不屈者”之说，但一般常指临危不惧的节义之士，是指活着的人。此后历代，“烈士”所指基本如上。庄子曾说过：“白刃交于前，视死若生者，烈士之勇也。”有时，“烈士”也指有抱负、有雄心壮志的人。如曹操诗云：“烈士暮年，壮心不已。”

近现代，“烈士”一词的含义发生了变化。抗日战争时期的国民党政府将抗战殉难者称为“忠烈”。中国共产党及其领导的人民军队称在战场牺牲的指战员为“阵亡将士”。

1945 年，党的七大作出召开中国革命死难烈士追悼大会的决定。1947 年 4 月，东北行政委员会公布实施的《东北解放区爱国自卫战争阵亡烈士抚恤暂行条例》中，首次将“阵亡将士”改称“阵亡烈士”。此后，“烈士”一词的所指便被固定下来并沿用至今。

1980 年 6 月，国务院发布的《革命烈士褒扬条例》对烈士的范围作了更为明确的界定：“我国人民和人民解放军指战员，在革命斗争、保卫祖国和社会主义现代化建设事业中壮烈牺牲的，称为革命烈士。”

在我国，“烈士”不仅是一种荣誉称号，更拥有着广泛的社会影响力，国家和人民永远尊崇、铭记英雄烈士为国家、人民和民族作出的牺牲和贡献。

2. 烈士褒扬纪念工作。是指对为实现民族独立、人民解放和国家富强、人民幸福而光荣献身的英雄烈士所进行的褒奖、抚恤和纪念活动的统称。目的是教育、鼓舞和激励社会全体成员发扬英烈的精神。褒扬烈士、弘扬英烈精神、抚恤优待烈士遗属，是国家的责任，也是全社会的义务。

延伸阅读

中国历史上的褒扬纪念活动

在中华民族五千年的历史长河中，各朝代有不少类似烈士褒扬纪念的活动。例如，刘邦在楚汉相争时期曾下令，“军士不幸死者，吏为衣衾棺敛，转送起家”。汉献帝时，要求州郡、藩国用棺材收殓阵亡将士，运回老家妥善安葬。曹操要求官府为没有基业、无法生存的阵亡官兵家属供给粮食，并要求官吏经常去看望他们。明朝朱元璋建立祭坛，亲自祭祀阵亡将士。

辛亥革命后，为纪念在 1911 年 4 月 27 日同盟会举行的广州起义中死难的烈士，由华侨捐资，在广州东北郊白云山下的黄花岗上，修建了七十二烈士陵园。

3. 烈士纪念设施。是指按照国家有关规定为纪念缅怀英雄烈士专门修建的烈士陵园、烈士墓、烈士骨灰堂、烈士英名墙、纪念堂馆、纪念碑亭、纪念塔祠、纪念塑像、纪念广场等设施。国家对烈士纪念设施实行分级保护，根据其纪念意义、建设规模、保护状况，可分别确定为国家级、省级、设区的市级、县级以及其他。

4. 烈士纪念设施保护单位。是指为保护和管理烈士纪念设施而设立的管理单位或管理机构。主要职能是管理保护烈士纪念设施，搜集、整理、保管、陈列烈士遗物和事迹史料，宣传弘扬英烈精神，为人民群众参观、瞻仰、祭扫活动提供耐心、周到、高质量的服务。

2021年9月30日，吉林省暨长春市“向人民英雄敬献花篮”活动在长春市烈士陵园隆重举行 / 吉林省退役军人事务厅供图

（二）褒扬纪念工作的特征

1. 高度的政治性。褒扬纪念工作是弘扬英烈精神、传承红色基因、筑牢民族精神的重要举措，是党和政府的重要职责，有着特殊的政治地位和作用。

2. 鲜明的政策性。新中国成立以来，在烈士评定、烈士纪念、烈属抚恤优待、烈士纪念设施保护管理等方面，先后颁布了大量的政策文件和法律法规，构成了完整的褒扬纪念工作政策法规体系。

3. 广泛的社会性。开展弘扬烈士精神、关爱优待烈属等褒扬纪念工作，既要面向群众、面向社会广泛宣传教育，又要引导和鼓励社会各界积极参与、大力支持，形成浓厚的社会氛围。

二、褒扬纪念工作的重要意义

自辛亥革命以来，全国先后约有2000万名烈士为民族独立、人民解放和社会主义建设事业献出宝贵生命，其中有名有姓的烈士196万多名。做好新时代褒扬纪念工作，是弘扬英烈精神、传承中华民族气节血脉的重要举措，是秉承英雄烈士遗志、筑牢民族精神支柱的迫切需要，意义深远、责任重大、使命光荣。

（一）做好褒扬纪念工作，是为实现中华民族伟大复兴中国梦提供强大精神力量的迫切需要

习近平总书记指出，一个有希望的民族不能没有英雄，一个有前途的国家不能没有先锋；今天，中国正在发生日新月异的变化，我们比历史上任何时期都更加接近实现中华民族伟大复兴的目标；实现我们的目标，需要英雄，需要英雄精神。做好褒扬纪念工作，对培养担当民族复兴大任的时代新人，对凝聚党和国家事业永续发展的强大精神动力，具有重要的历史意义。

（二）做好褒扬纪念工作，是培育和践行社会主义核心价值观的重要内容

习近平总书记指出，理想之光不灭，信念之光不灭，我们一定要铭记烈士们的遗愿，永志不忘他们为之流血牺牲的伟大理想；对一切为党、为国家、为人民作出奉献和牺牲的英雄模范人物，我们都要发扬他们的精神，从他们身上汲取奋发的力量；革命博物馆、纪念馆、党史馆、烈士陵园等是党和国家红色基因库；要讲好党的故事、革命的故事、根据地的故事、英雄和烈士的故事，加强革命传统教育、爱国主义教育、青少年思想道德教育，把红色基因传承好，确保红色江山永不变色。做好褒扬纪念工作，对以烈士精神涵养社会主义核心价值观，在全社会营造崇尚英烈、缅怀英烈、学习英烈的浓厚氛围，具有重要的时代意义。

（三）做好褒扬纪念工作，是推进强军事业、建设一流军队的内在要求

习近平总书记指出，历史不能忘记，军人的英勇牺牲行为永远值得尊重和纪念；对为国牺牲、为民牺牲的英雄烈士，我们要永远怀念他们，给予他们极大的荣誉和敬仰。做好褒扬纪念工作，对激励广大青年从军尚武、献身国防，对锻造能打必胜的精兵劲旅，对实现中国梦强军梦，具有重要的战略意义。

（四）做好褒扬纪念工作，是维护烈属合法权益的重要举措

习近平总书记指出，生活一天比一天好，但我们不能忘记历史，不能忘记那些为新中国诞生而浴血奋战的英雄烈士；要加强对烈士陵园的规划、建设、修缮、管理维护。做好褒扬纪念工作，对切实维护烈士遗属合法权益，对激励英雄事业后继有人，具有重要的现实意义。

三、褒扬纪念工作的历史沿革

（一）革命战争年代的褒扬纪念工作

1931年11月颁布的《红军抚恤条例》，是我党烈士褒扬工作的第一个全面系统的法规。中华苏维埃共和国中央政府设立了红军抚恤处，专门负责红军战士的抚恤优待工作。1933年，《中华苏维埃共和国地方苏维埃暂行组织法》规定，各级苏维埃政府均应成立相应的抚恤优待组织机构。之后，在艰苦卓绝的人民战争中，以伤亡抚恤、褒扬优待为内容的全新烈士褒扬制度初步确立。在这一时期，中华苏维埃中央政府在江西瑞金建起一座“红军烈士纪念塔”，在附近还建有纪念著名烈士黄公略的“公略亭”。随后，在革命战争各个时期，我党都制定了有关褒扬革命烈士、抚恤烈士遗属的行政法规，修建了一些纪念著名烈士和重大战役的建筑物。

（二）新中国成立后的褒扬纪念工作

新中国成立后，烈士褒扬纪念工作成为党和政府的一项经常性工作。1949年9月30日，中国人民政治协商会议第一届全体会议通过了在首都建立人民英雄纪念碑的决议，首次在国家层面明确了“人民英雄”概念。1950年，国家先后颁布了《革命军人牺牲、病故褒恤暂行条例》等五个条例，基本形成了烈士褒扬纪念工作的法律体系。“文化大革命”期间，受“左”的错误思想严重干扰，从中央到地方，随着民政部门的撤销，优抚和烈士褒扬工作在许多方面处于停滞状态。一些著名烈士纪念建筑被损坏，已经建立起来的优抚和褒扬制度遭到破坏，优抚和褒扬工作出现十分混乱的局面。改革开放以来，褒扬纪念工作进入了新的发展阶段。国家先后颁布《革命烈士褒扬条例》《烈士褒扬条例》《军人抚恤优待条例》《英雄烈士保护法》等一系列政策法规，建立了涵盖烈士评定、烈士遗属抚恤优待、烈士纪念设施管理保护、烈士事迹编纂和宣传、英烈名誉保护等工作的较为完整的褒扬纪念工作体系。通过大力宣传英烈事迹、广泛开展缅怀纪念英烈活动、积极倡导网上祭奠英烈等多种形式，弘扬英烈精神、传承红色基因，在全社会营造了崇尚英烈、捍卫英烈、学习英烈、关爱烈属的浓厚氛围。

烈士褒扬工作的主管部门也几经变迁。新中国成立初期，全国烈士褒扬工作由内务部优抚司（1953 年 8 月改称优抚局）负责，优抚司下设烈士褒扬处，具体承办烈士褒扬工作有关事项。“文化大革命”期间，各级民政部门被撤销。1978 年 3 月，民政部恢复设立，优抚司仍是其主要职能部门之一，烈士褒扬处也恢复设立。这个时期，烈士褒扬处的主要工作是负责全国烈士褒扬政策法规制定、烈士纪念设施管理保护、烈士事迹编纂和宣传等工作。烈士评定工作和烈士遗属抚恤优待工作则由抚恤处负责。随着国家改革进程的深入，民政部内设机构、主要业务历经多次调整。1998 年，优抚司与安置司合并成优抚安置局，烈士褒扬处并入优抚处。同年，国务院办公厅印发的《民政部职能配置、内设机构和人员编制规定》规定，民政部烈士褒扬工作的主要任务是：拟定革命烈士、因公伤亡人员褒扬办法，负责全国重点烈士纪念建筑物保护单位的审核报批。2006 年初，为进一步加强烈士褒扬工作，民政部恢复在优抚安置局下设烈士褒扬处和优抚事业单位管理处。2008 年，国务院办公厅印发《民政部主要职责、内设机构和人员编制规定》，进一步明确民政部烈士褒扬工作的主要任务是：拟定烈士褒扬办法；审核拟列入全国重点保护单位的烈士纪念设施名录；承办境外我国烈士和外国在华烈士纪念设施保护事宜。

2018 年，烈士褒扬工作转隶新组建的退役军人事务部，由褒扬纪念司（国际合作司）负责。主要职责是：承担烈士褒扬、纪念设施管理保护工作，审核拟列入全国重点保护单位的烈士纪念设施名录；拟订军人公墓建设规划、管理维护等政策并指导实施；承担中央和国家机关负责的烈士评定和全国烈士备案事项；依法承担英雄烈士保护相关工作，指导开展英雄烈士纪念活动；承担境外我国烈士和外国在华烈士纪念设施及活动的组织管理工作。2020 年，经中央机构编制委员会办公室批准，退役军人事务部成立了烈士纪念设施保护中心（烈士遗骸搜寻鉴定中心），主要承担境内外烈士纪念设施规划设计，烈士遗骸搜寻鉴定，烈士事迹和遗物收集整理，以及开展相关国际交流合作等工作，为褒扬纪念工作领域的烈士纪念设施保护管理、失踪烈士遗骸搜寻发掘以及鉴定分析、烈士事迹编纂、烈士遗物收集整理、宣传教育等工作提供服务性、延伸性、辅助性保障。

四、褒扬纪念工作的相关政策法规

（一）社会主义革命和建设时期

1950年颁布的《革命烈士家属革命军人家属优待暂行条例》《革命军人牺牲、病故褒恤暂行条例》《革命工作人员伤亡褒恤暂行条例》和《民兵民工伤亡抚恤暂行条例》等4部法规条例规定：革命军人因参战或公干牺牲、革命工作人员因对敌斗争或公干牺牲、民兵因参战牺牲的可以批准为烈士，烈士遗属按相关规定享受抚恤和优待。1955年颁布的《兵役法》，特别强调了牺牲病故军人家属应当受国家的抚恤和优待，进一步明确了烈士褒扬工作的法律地位。

（二）改革开放和社会主义现代化建设新时期

1980年6月，国家颁布了第一部专门规范烈士褒扬工作的行政法规《革命烈士褒扬条例》，烈士评定有了全国统一标准。1988年，《军人抚恤优待条例》颁布实施，进一步完善了烈士褒扬和烈士遗属抚恤优待制度。1995年，国家颁布了《革命烈士纪念建筑物管理保护办法》，使烈士纪念建筑物管理保护工作有章可循。2011年8月，国务院颁布了《烈士褒扬条例》，细化规范烈士评定条件、评定部门、评定程序、褒扬要求等，明确烈士评定属于国家行政机关权限。这是我国烈士褒扬工作发展史上的重要里程碑，标志着烈士褒扬政策法规框架体系已基本形成。

（三）中国特色社会主义新时代

党的十八大以来，烈士褒扬工作有了新发展，政策法规不断完善。

2013年7月，中共中央办公厅、国务院办公厅、中央军委办公厅印发《关于进一步加强烈士纪念工作的意见》，从大力弘扬烈士精神、广泛开展纪念烈士活动、坚持用烈士英雄事迹教育青少年、加强烈士纪念设施保护管理、完善烈属抚恤优待政策、认真履行部门职责、强化组织领导等七个方面作出具体部署，进一步加强烈士纪念工作。

2014 年 8 月 31 日，十二届全国人大常委会第十次会议通过《关于烈士纪念日的决定（草案）》，以法律形式将 9 月 30 日设立为烈士纪念日，并规定每年 9 月 30 日国家举行烈士纪念活动。

2018 年 5 月 1 日，颁布实施《英雄烈士保护法》。这是我国首次以立法形式维护和捍卫英雄烈士合法权益。

2019 年 8 月 1 日，国务院修订实施《烈士褒扬条例》，将英雄烈士保护纳入党和国家功勋荣誉表彰制度体系。2019 年 9 月，中共中央办公厅、国务院办公厅、中央军委办公厅印发《烈士纪念设施规划建设修缮管理维护总体工作方案》。这是贯彻落实习近平总书记关于褒扬纪念工作重要指示批示的重要举措，是烈士纪念设施保护管理工作的纲领性文件。

2022 年 3 月，中共中央办公厅、国务院办公厅、中央军委办公厅印发《关于加强新时代烈士褒扬工作的意见》，强调要以习近平新时代中国特色社会主义思想为指导，准确把握新时代党和国家事业发展对烈士褒扬工作的新要求，坚持为经济社会发展服务、为国防和军队建设服务的方针，解决制约烈士褒扬工作创新发展的矛盾问题，大力宣传弘扬英烈事迹和精神，继承革命传统，传承红色基因，深入营造崇尚英烈、缅怀英烈、学习英烈、捍卫英烈、关爱烈属的浓厚氛围。

2022 年 12 月，退役军人事务部公布新修订的《烈士安葬办法》（以下简称《办法》），对烈士安葬程序、仪式环节、服务管理等作出了详细规定。《办法》作为规范烈士安葬工作的专项部门规章，自 2023 年 2 月 1 日起施行。

国家还先后制定了《烈士纪念设施保护管理办法》《烈士公祭办法》等一系列法规。我国与相关国家签署了境外烈士纪念设施修缮保护协议，为加强境外烈士纪念设施保护管理工作提供了可靠保障。这些举措，逐步构建起内容完善、相互衔接、上下配套的烈士褒扬政策法规体系。

第二节　褒扬纪念工作的内容

英雄烈士的英勇形象和光辉事迹，在战争时期是激励无数中华儿女反抗侵略、英勇抗敌的精神动力；在和平时期是中国人民不畏艰辛、不怕困难、为国为民奋斗终生的精神指引。在不同历史时期，褒扬纪念工作主要内容如下：

一、烈士评定

我国的烈士评定工作是逐渐丰富、拓展、完善的。革命战争年代，烈士评定工作主要面向人民军队指战员和革命工作人员。新中国成立后，烈士评定范围是革命军人、革命工作人员、参战民兵民工。1980 年 6 月《革命烈士褒扬条例》颁布后，烈士评定的范围扩大到了全体人民。之后，烈士评定的情形又多次进行了丰富和调整。

（一）新中国成立初期至《革命烈士褒扬条例》实施前（新中国成立至 1980 年 6 月）

新中国成立初期，烈士评定的依据是 1950 年 11 月 25 日政务院批准，12 月 11 日颁布实施的《革命烈士家属革命军人家属优待暂行条例》《革命军人牺牲、病故褒恤暂行条例》《革命工作人员伤亡褒恤暂行条例》《民兵民工伤亡服务暂行条例》。四个条例有关评烈的规定适用于新中国成立至 1980 年 6 月 4 日《革命烈士褒扬条例》实施之前。这一时期，评定烈士的情形有：

1. 革命军人因参战、公干牺牲者（被俘不屈慷慨就义或被特务暗杀等）均得称烈士（革命军人指人民解放军及人民公安部队之一切有军籍的人员；人民公安部队后来改称人民武装警察部队）。

2. 革命工作人员凡对敌斗争或因公光荣牺牲者，给予烈士称号（革命工作人员不包括企业部门职工和事业单位职工）。

3. 民兵民工因参战牺牲者，给予烈士称号（参战是指配合部队作战、配合部队和公安部队剿匪、在前线服担架运输等战勤、在敌后进行武装斗争）。

4. 1965 年以前，有两种评定烈士的特定情形：

一是病故革命军人对革命有特殊功绩或工作历史在 8 年以上因积劳病故者，经其所在机关、部队申请，师以上政治机关批准，可称烈士。

二是病故革命工作人员对革命有特殊功绩或工作历史在 10 年以上确因积劳病故者，经其所在机关申请，省（市）以上人民政府批准，可称烈士。

1965 年 7 月 7 日，内务部下发《关于病故的国家机关工作人员一般不再给予烈士称号的通知》，对以上两种特定情形作出解释："当时所以这样规定，是因为全国刚刚解放，那时具有十年以上革命历史的工作人员病故，多与他们在长期艰苦的革命战争环境中积劳有关。同时，那时对病故工作人员遗属的生活困难问题，还没有一个适当的解决办法，给予烈属称号，就可以按照烈属使他们遗属的生活得到相应的照顾。现在国家机关工作人员，工作历史在十年以上的人数已经很多，工作环境也与解放以前有所不同，如按上述规定执行，实际上就使工作历史满十年以上而积劳病故的工作人员都可以称烈士，这不仅与立法的本意不符，而且也有失烈士称号的严肃性。同时现在对病故工作人员的遗属生活有困难的，已规定由原单位给予适当补助，不必再以给予病故工作人员烈士称号的办法去解决他们遗属的生活问题。"因此，《通知》规定："今后病故的国家机关工作人员，除了对于个别在革命斗争中因战、因公负过重伤或者被俘被捕英勇不屈而遭受过敌人残酷刑讯，以致他们的身体受到严重摧残而又长期带病工作的，可经省、自治区、直辖市人民委员会批准给予烈士称号外，一般不再给予烈士称号。"

（二）《革命烈士褒扬条例》实施阶段（1980 年 6 月—2004 年 10 月）

1980 年 6 月 4 日，国务院发布实施《革命烈士褒扬条例》。之后，民政部根据实际工作需要，先后于 1980 年 9 月 3 日下发《关于贯彻执行〈革命烈士褒扬条例〉若干具体问题的解释》，于 1982 年下发《关于对〈革命烈士褒扬条例〉第三条第（四）项"因执行革命任务遭敌人杀害"的解释》，于 1983 年下发《关于对〈革命烈士褒扬条例〉第三条第（四）项"因执行革命任务遭敌人杀害"的补充解释》，于 1985 年下发《关于对在战备飞行训练或在执行试飞任务中牺牲的部队飞行人员可以追认为革命烈士的通知》，于1989年下发《关于同意追认空军1980—1985年期间因执行战备飞行训练任务而牺牲的飞行人员为革命烈士的函》，对烈士评定情形进行了补充规定。

1988年出台的《军人抚恤优待条例》及《民政部关于贯彻执行〈军人抚恤优待条例〉若干具体问题的解释》，对1980年《革命烈士褒扬条例》实施以来规定的烈士评定情形作了归纳，归纳了12种烈士评定情形：对敌作战牺牲的；对敌作战负伤后因伤死亡，或对敌作战负伤致残医疗终结评残发证后，1年内因伤口复发死亡的；在作战前线担任向导、修筑工事、救护伤员、执行运输等战勤任务牺牲，或者在战区守卫重点目标牺牲的；因执行革命任务遭敌人杀害，或者被敌人俘虏、逮捕后坚贞不屈遭敌人杀害或受折磨致死的；为保卫或抢救人民生命、国家财产或集体财产壮烈牺牲的；因在边防、海防执行巡逻任务被反革命分子、刑事犯罪分子或其他坏人杀害的；因侦查刑事案件，制止现行犯罪或逮捕、追捕、看管反革命分子、刑事犯罪分子，被反革命分子、刑事犯罪分子杀害的；因维护社会治安，同歹徒英勇斗争被杀害的；因执行军事、公安、保卫、检察、审判任务，被犯罪分子杀害或被报复杀害的；因正确执行党的路线、方针、政策，坚持革命原则，维护国家和人民利益，被犯罪分子杀害或被报复杀害的；部队飞行人员在执行战备飞行训练中牺牲或在执行试飞任务中牺牲的；死难情节特别突出，足为后人楷模的。

（三）《军人抚恤优待条例》实施阶段（2004年10月—2011年8月）

2004年8月1日，国务院、中央军委修订《军人抚恤优待条例》（自2004年10月1日起施行），对烈士评定情形进行了新的概括，主要是针对军人及相关人员。规定的烈士评定情形有：对敌作战死亡，或者对敌作战负伤在医疗终结前因伤死亡的；因执行任务遭敌人或者犯罪分子杀害，或者被俘、被捕后不屈遭敌人杀害或者被折磨致死的；为抢救和保护国家财产、人民生命财产或者参加处置突发事件死亡的；因执行军事演习、战备航行飞行、空降和导弹发射训练、试航试飞任务以及参加武器装备科研实验死亡的；其他死难情节特别突出，堪为后人楷模的。现役军人在执行对敌作战、边海防执勤或者抢险救灾任务中失踪，经法定程序宣告死亡的，按照烈士对待。

这些规定有两点新内容：一是增加了参加处置突发事件死亡的情形；二是增加了因执行军事演习、空降和导弹发射训练、参加武器装备科研试验死亡的情形。这两类情形自 2004 年 10 月 1 日起执行，即 2004 年 10 月 1 日后牺牲的符合这两类情形的人员可以评定为烈士。

这一时期，烈士评定的情形适用 1980 年《革命烈士褒扬条例》和《军人抚恤优待条例》的规定。其中，现役军人、因参战伤亡的民兵民工的抚恤，因参加军事演习、军事训练和执行军事勤务伤亡的预备役人员、民兵、民工以及其他人员的评烈工作，按照《军人抚恤优待条例》规定的情形执行，其他公民按照《革命烈士褒扬条例》及其解释的规定执行。

（四）《烈士褒扬条例》实施阶段（2011 年 8 月至今）

2011 年 8 月颁布的《烈士褒扬条例》将 1980 年《革命烈士褒扬条例》及其解释与补充解释、1988 年《军人抚恤优待条例》及其解释、2004 年《军人抚恤优待条例》的内容予以吸收、概括和调整，并新设定了若干评定烈士的条款。共有五种情形：在依法查处违法犯罪行为、执行国家安全工作任务、执行反恐怖任务和处置突发事件中牺牲的；抢险救灾或者其他为了抢救、保护国家财产、集体财产、公民生命财产牺牲的；在执行外交任务或者国家派遣的对外援助、维持国际和平任务中牺牲的；在执行武器装备科研试验任务中牺牲的；其他牺牲情节特别突出，堪为楷模的。同时，还规定“现役军人牺牲，预备役人员、民兵、民工以及其他人员因参战、参加军事演习和军事训练、执行军事勤务牺牲应当评定烈士的，依照《军人抚恤优待条例》的有关规定评定”，实现了两个条例在烈士评定方面的有效衔接。

2020 年，针对新冠肺炎疫情防控新形势，退役军人事务部、中央军委政治工作部联合下发《关于妥善做好新冠肺炎疫情防控牺牲人员烈士褒扬工作的通知》，规定在新冠肺炎疫情防控工作中，对于直接接触待排查病例或确诊病例，承担诊断、治疗、护理、医院感染控制、病例标本采集、病原检测以及执行转运新冠肺炎患者任务等的医务人员和防疫工作者，因履行防控工作职责感染新冠肺炎以身殉职，或者其他牺牲人员，符合烈士评定（批准）条件的，应评定（批准）为烈士。

二、烈士纪念设施的保护管理

目前，全国有名有姓烈士 196 万多名。各类烈士纪念设施 103 万多处，其中烈士墓约 100.16 万座，烈士纪念碑、塔、亭、馆等其他烈士纪念设施约 2.98 万处。烈士纪念设施保护单位和管理单位约 5000 个，其中国家级 277 个、省级 451 个、设区的市级 307 个、县级 3268 个。我国在朝鲜、越南、老挝、俄罗斯等 50 余个国家（地区）有 310 余处境外烈士纪念设施。

（一）从严控制新建改扩建烈士纪念设施

早在红军时期，各革命根据地就修建了一些纪念碑、亭、陵园等纪念设施。如位于江西瑞金的红军烈士纪念塔、位于四川省巴中市的川陕革命根据地烈士陵园。新中国成立后，各地政府结合历史事件、牺牲烈士等情况，大量修建了纪念碑、塔、馆、亭、祠和陵园等各种烈士纪念设施。1963 年 12 月，内务部经报请国务院同意，开始对烈士纪念设施的修建进行控制和规范。特别是改革开放以来，中央多次强调严格控制新建纪念设施的精神。1980 年 7 月 30 日，中共中央下发《关于坚持“少宣传个人”的几个问题的指示》。1988 年，中共中央办公厅、国务院办公厅下发《关于重申严格控制建立纪念设施的通知》。1996 年 2 月 27 日，中共中央办公厅、国务院办公厅联合下发《关于严格执行建立纪念设施有关规定的通知》。这些指示通知，为加强纪念设施的维护和管理提供了重要依据。

1999 年 5 月，中共中央、国务院下发《关于严禁擅自修建已故领导同志纪念设施的通知》，强调要坚持从严从紧控制原则，加强规范管理。2011 年 7 月颁布的《烈士褒扬条例》规定，未经批准，不得新建、改建、扩建或者迁移烈士纪念设施。2013 年 6 月颁布的《烈士纪念设施保护管理办法》规定，改建、扩建烈士纪念设施，应当经原批准等级的人民政府民政部门同意，并纳入建设项目管理；未经批准，不得迁移烈士纪念设施；因重大建设工程确需迁移地方各级烈士纪念设施的，须经原批准等级的人民政府同意，并报上一级人民政府的主管部门备案；迁移国家级烈士纪念设施的，应当由所在地省级人民政府报国务院批准。

政策解读

问：《烈士纪念设施保护管理办法》的修订背景是什么？

答：党的十八大以来，习近平总书记对烈士褒扬工作作出一系列重要指示批示，要求加强烈士纪念设施规划、建设、修缮、管理维护，强调要用心用情用力保护好、管理好、运用好红色资源，为做好新时代烈士纪念设施保护管理工作提供了根本遵循。近年来，烈士褒扬相关法律法规和政策文件不断完善，烈士纪念设施保护管理工作的指导思想、管理体系、内外部环境、任务目标等持续发展，全社会崇尚英烈、缅怀英烈、学习英烈、捍卫英烈的氛围更加浓厚。与此同时，面对烈士纪念设施保护管理的新情况新要求，2013年发布的《烈士纪念设施保护管理办法》（以下简称《办法》）在分级管理、规划建设、队伍培养、宣传教育、组织管理等方面的有关规定，已无法满足新时代烈士褒扬工作高质量发展的实际需要。为进一步加强烈士纪念设施保护管理，更好发挥烈士纪念设施褒扬英烈、教育后人的红色宣教阵地功能，需要对《办法》进行修订。

《烈士纪念设施保护管理办法》

（二）调整烈士陵园开发创收政策

早期的烈士纪念设施由于建设年代久远，老化陈旧，损毁较重。为改善其面貌，自20世纪80年代起，逐步确立了烈士纪念设施管理保护经费分级负担的体制。但是，受当时社会经济发展状况制约，各级财政经费投入严重不足。为缓解经费困难、做好烈士纪念设施保护工作，各烈士纪念设施保护单位也进行了积极的探索。1992年，民政部在南宁市召开现场经验交流会，提出了在坚持“褒扬烈士、教育群众”主体功能的前提下，开展经营创收活动，走以副补园的道路。1993年，民政部发文同意开发革命烈士纪念堂临街门面开展经营创收活动。1994年，民政部在广州召开了烈士纪念设施管理工作改革与发展研讨会，会后下发的参阅文件提出，可以利用烈士陵园荒僻地开办区别于烈士褒扬区的病故人员墓区。自开展“经营创收”活动以来，有的地方取得了比较好的效果，如一些地方利用闲置土地和自身园艺技术优势，发展园艺苗圃等实业，既美化了陵园环境，又筹集了部分陵园修缮资金。但是少数地方也出现过一些问题，在社会上造成了不良影响。对此，1998年，中央发出通知要求：“对与革命旧址、革命纪念建筑物和革命博物馆、纪念馆、陈列馆、展览馆、革命烈士陵园环境气氛不相协调的经营活动和娱乐设施，要坚决进行清理整顿。”1998年，民政部下发了《关于认真落实中办〔1998〕2号文件精神，切实做好革命烈士纪念建筑物工作的通知》。2011年7月，国务院颁布《烈士褒扬条例》，明确规定：“在烈士纪念设施保护范围内不得从事与纪念烈士无关的活动。”2018年5月1日颁布实施的《英雄烈士保护法》规定：“任何组织和个人不得在英雄烈士纪念设施保护范围内从事有损纪念英雄烈士环境和氛围的活动，不得侵占英雄烈士纪念设施保护范围内的土地和设施，不得破坏、污损英烈烈士纪念设施。”

（三）规范烈士纪念设施保护管理

我国烈士纪念设施数量多、范围广、分布散，管理极为不便。为有效进行管理，1986年10月28日，民政部、财政部下发《关于对全国烈士纪念建筑物加强管理保护的通知》，正式确定了烈士纪念设施分级管理体制，规定：对现有和今后新建的烈士纪念建筑物，根据其纪念意义及规模大小，分别确定为全国重点保护单位、省（自治区、直辖市）保护单位和县（市）保护单位。1987

年，民政部下发《关于对全国重点烈士纪念建筑物保护单位设立保护标志的通知》，并制定了标志式样。1995年7月颁布实施的《革命烈士纪念设施建筑物管理保护办法》进一步完善了分级管理体制，在省级和县级保护单位之间增加了自治州、市（地区、盟）级保护单位；同时规定，列为县级以上革命烈士纪念建筑物的保护单位是全额拨款的事业单位，由所在地人民政府的民政部门负责管理。为推动各单位管理工作的发展，民政部于1992年开始在县级以上管理的烈士纪念设施保护单位中开展争创管理工作先进单位活动，先后表彰了一批工作成绩优异的管理单位。30多年来，全国烈士纪念设施保护单位都已建立起比较完备的管理制度和管理规范体系，引进和培养了一批务实高效的管理队伍。

案例选编

海南省文昌市传承光荣革命传统，谱写新时代英烈褒扬工作新篇章

为贯彻习近平总书记关于烈士褒扬纪念工作的重要指示批示精神，海南省文昌市把英烈褒扬工作摆在突出位置，不断加强设施建设保护修缮利用，丰富宣传教育手段，英烈精神不断发扬光大。目前，全市共有烈士纪念设施9处，其中烈士纪念馆2座、烈士纪念园5座、纪念碑2座，南阳人民革命斗争纪念园、冯平纪念馆、符节纪念园等扩建全面完成，已成为全市开展党史教育、爱国主义教育、国防教育、革命传统教育、青少年教育活动的重要场所，对弘扬烈士精神、宣传社会主义核心价值观发挥了积极作用。

（四）强化烈士纪念设施宣教功能

烈士纪念设施是各级党委和政府为褒扬烈士、教育群众而兴建的纪念设施，是对广大人民群众进行爱国主义教育的重要基地，属于政府投入的公益性文化设施。一直以来，烈士纪念设施积极向社会开放，并提供相关服务。

2003年，国务院颁布《公共文化体育设施管理条例》，2004年，文化部、国家发展和改革委员会、教育部、科技部、民政部、财政部、国家文物局、解放军总政治部、全国总工会、共青团中央、全国妇联、中国科协等12个部门联合发布《关于公益性文化设施向未成年人免费开放的实施意见》，各烈士纪念设施保护单位纷纷向社会免费开放，健全安全管理制度，规范管理和服务，加强讲解员队伍建设，不断强化内部管理，提高服务水平。一些烈士纪念设施保护单位还主动走出去，与企业、厂矿、学校等单位结成共建对子，积极开展英烈精神宣传教育，充分发挥了爱国主义教育基地的功能。1996年10月，民政部在南宁市举办了首届全国烈士纪念建筑物保护单位讲解员演讲大赛，并组织获奖人员在全国进行巡回讲演，数万群众在讲演中接受爱国主义教育，在全国引起较大反响。2022年6月20日，退役军人事务部、教育部、共青团中央、全国少工委等4部门联合印发了《关于用好烈士褒扬红色资源　加强青少年爱国主义教育的意见》，强调通过英烈事迹和精神，对青少年加强革命传统和红色文化教育，使红色基因渗进血脉、浸入心扉，引导广大青少年树立正确的世界观、人生观、价值观，始终坚定中国特色社会主义理想信念，努力成为合格的社会主义接班人。近年来，各地紧紧抓住国家大力发展红色旅游的契机，全国有许多烈士纪念设施被列入全国红色旅游经典线路、精品景区，或者被纳入当地红色旅游发展规划，有的还成为红色旅游著名景点。

◀ 抗美援朝老兵倪华俊走进甘肃省酒泉起义纪念馆，为学生讲述红色故事 / 甘肃省退役军人事务厅供图

第三节 褒扬纪念工作取得的主要成绩

近年来，烈士褒扬纪念工作始终坚持在探索中前进、在创新中发展、在实践中完善、在改革中提升，通过大力宣传英烈事迹、广泛开展缅怀纪念英烈活动、全面加强烈士纪念设施保护管理等多种形式，弘扬英烈精神，传承红色基因，在全社会营造了崇尚英烈、捍卫英烈、学习英烈、关爱烈属的浓厚氛围。

一、关爱保护英雄烈士工作不断深化

（一）提升了英雄烈士的政治地位

进入新时代以来，党和国家对英雄烈士加大精神层面的荣誉激励。2014年8月31日，十二届全国人大常委会第十次会议通过了关于设立烈士纪念日的决定，将9月30日设立为烈士纪念日。每年9月30日，国家在首都北京天安门广场人民英雄纪念碑前举行纪念仪式，缅怀英雄烈士，县级以上地方人民政府、军队有关部门也在烈士纪念日举行烈士公祭等纪念活动。

2019年8月1日，国务院公布《关于修订〈烈士褒扬条例〉的决定》，将英雄烈士纳入党和国家功勋荣誉表彰制度体系，规定烈士证书以党和国家功勋荣誉表彰工作委员会办公室名义制发，县级以上人民政府每年在烈士纪念日举行向烈士遗属颁授《烈士光荣证》仪式，向全社会展现党和国家缅怀英烈、传承精神、关爱烈属的良好风尚。“烈士”被确认为国家荣誉性称号，是给予英烈的崇高政治荣誉，是我们党崇尚英雄、尊重英雄的生动体现。

（二）强化了英雄烈士保护

一段时间以来，历史虚无主义沉渣泛起，英烈“污名化”、被戏说等现象时有发生，少数别有用心的组织和个人编造、歪曲英烈事迹，诋毁英烈形象，玷污了烈士英名，误导群众丧失信仰、质疑历史，影响到我们党的执政根基。

英雄不容亵渎，烈士不容诋毁。对于公然诋毁、侮辱英雄烈士的行为，将坚决严惩。

2018 年 5 月，《英雄烈士保护法》颁布实施。这是我国首次以立法形式维护和捍卫英雄烈士合法权益，对维护英烈名誉荣誉、弘扬烈士精神、促进社会正气具有重要意义。

2021 年 3 月 1 日，《刑法修正案（十一）》正式施行，规定：侮辱、诽谤或者以其他方式侵害英雄烈士的名誉、荣誉，损害社会公共利益，情节严重的，处 3 年以下有期徒刑、拘役、管制或者剥夺政治权利。

2021 年 6 月 15 日，退役军人事务部等 13 部门联合印发《关于建立英雄烈士保护部门联动协调制度的意见》，要求建立健全系统完备、畅通有效、协同配合的英雄烈士保护联动制度，加强各地各部门协作，积极引导社会力量参与，促进依法共治，构建联动协调制度高效运行、整体合力持续增强、作用成效不断显现、治理能力显著提升的英雄烈士保护工作新发展格局。

2021 年 9 月，退役军人事务部、最高人民检察院联合发布 9 个烈士纪念设施保护行政公益诉讼典型案例，引导全社会增强红色资源保护意识，更好传承红色基因、赓续红色血脉。

2022 年 1 月 11 日，最高人民法院、最高人民检察院、公安部印发《关于依法惩治侵害英雄烈士名誉、荣誉违法犯罪的意见》，明确了英雄烈士的概念和范围。根据《英雄烈士保护法》第二条的规定，《中华人民共和国刑法》第二百九十九条之一规定的“英雄烈士”，主要是指近代以来，为了争取民族独立和人民解放、实现国家富强和人民幸福、促进世界和平和人类进步而毕生奋斗、英勇献身的英雄烈士。司法适用中，对英雄烈士的认定应当重点注意把握以下几点：其一，英雄烈士的时代范围主要为“近代以来”，重点是中国共产党、人民军队和中华人民共和国历史上的英雄烈士。英雄烈士既包括个人，也包括群体；既包括有名英雄烈士，也包括无名英雄烈士。其二，对经依法评定为烈士的，应当认定为《中华人民共和国刑法》第二百九十九条之一规定的“英雄烈士”；已牺牲、去世，尚未评定为烈士，但其事迹和精神为我国社会普遍公认的英雄模范人物或者群体，可以认定为“英雄烈士”。其三，英雄烈士是指已经牺牲、去世的英雄烈士。对侮辱、诽谤或者以其他方式侵害健在的英雄模范人物或者群体名誉、荣誉，构成犯罪的，适用刑法有关侮辱、诽谤罪等规定追究刑事责任；符合适用公诉程序条件的，由公安机关依法立案侦查，由人民检察院依法提起公诉。但是，被侵害英雄烈士群体中既有已经牺牲的烈士，也有健在的英雄模范人物的，可以统一适用侵害英雄烈士名誉、荣誉罪。

（三）加强了对烈属的抚恤优待

多年来，受相关政策制度制约，烈士牺牲后，一次性抚恤金标准偏低、生前不同身份烈士的遗属享受待遇差距过大等问题和矛盾较为突出。2011 年 7 月，国务院颁布《烈士褒扬条例》，国家建立烈士褒扬金制度，大幅提高一次性抚恤金标准，不仅使烈士抚恤标准得到质的提升，也使生前不同身份烈士的遗属所享受的待遇基本一致，从根本上解决了烈属对相关抚恤待遇的心理失衡问题。此外，国家连续多年持续提高烈士遗属定期抚恤金标准，不断加大对烈士遗属在医疗、住房、入学入伍、就业等方面的优待力度，保障了数十万名享受定期抚恤补助的烈士遗属的基本生活，较好地解决了烈士遗属的后顾之忧。退役军人事务部门成立后，采取为每个烈属家庭悬挂“光荣之家”牌匾、庄重组织《烈士光荣证》颁授仪式、倡导节庆期间开展走访慰问活动、邀请烈属代表参加重大庆典活动、开展“他们为国尽忠，我们替他尽孝”“替烈士看爹娘”关爱活动等多种措施，有力地提升了烈属的荣誉感、获得感。

延伸阅读

江西省扎实开展“替烈士看爹娘、为烈属办实事”活动

江西省大力推进红色基因传承，全省各级领导干部带头上门走访烈士遗属，替烈士看爹娘、尽孝心，为烈属办实事、解难题，2021 年以来，实现了全省 4 万余名烈属走访慰问“全覆盖”，为 143 位烈士寻找到亲属

或安葬地，帮助烈属解决政治待遇等七个方面的实际问题12935个。从2022年3月起，江西省退役军人事务厅组织联勤保障部队908医院和省荣军医院4支医疗队，为全省目前健在的371户490位烈士父母进行全面健康体检，组织1200余名烈士父母等优抚对象赴庐山、大觉山等地疗休养，生动地体现出崇尚英烈、缅怀英烈、学习英烈、捍卫英烈、关爱烈属的国家温度。

二、烈士纪念设施保护管理持续加强

（一）中央和地方财政持续加大投入力度

1986年，国家专门设立维修改造补助经费，中央财政从1987年开始对全国重点烈士纪念建筑物管理及维修改造给予补助。1995年7月，《革命烈士纪念建筑物管理保护办法》规定：革命烈士纪念建筑物由所在地人民政府负责管理保护，所需维修经费由各级财政安排解决；全国重点保护单位的革命烈士纪念建筑物，由中央财政拨给维修补助费；各级革命烈士纪念建筑物维修费，由同级人民政府的民政部门掌握使用；未列为县级以上保护单位的革命烈士纪念建筑物所需维修经费，由建设单位负责筹集。

随着国民经济的发展，中央财政逐步加大对烈士纪念设施修缮保护管理经费的投入力度，分别于2001年、2007年、2009年较大幅度增加了国家级烈士纪念设施保护单位维修改造专项补助经费的数额。为加强和规范优抚安置事业单位专项资金使用管理，提高资金使用效益，财政部、民政部制定《优抚安置事业单位专项补助资金使用管理办法》，规定优抚安置事业单位专项补助资金主要用于国家级烈士纪念设施、光荣院、优抚医院、全国重点军供站等优抚安置事业单位维修改造、设备购置更新、环境整治美化、重点专业科室建设以及陈展宣传等支出。根据《财政部关于下达2017年优抚事业单位补助资金的通知》要求，自2017年起，以后中央财政下达的各省优抚事业单位年度补助资金数额，按照“固定数额补助”办理。2019年7月，中共中央办公厅、国务院办公厅、中央军委办公厅印发的《烈士纪念设施规划建设修缮管理维护总体工作方案》要求，各地要统筹使用中央财政优抚事业单位补助资金和其他渠道资金，做好本地区县级以上烈士纪念设施维修改造及烈士祭扫纪念活动等工作。

在2005年抗日战争胜利60周年、2006年红军长征胜利70周年、2015年抗日战争胜利70周年之际，中央先后安排专项经费1.3亿多元，用于相关纪念设施、遗址的维修改造。特别是2009年，为迎接中华人民共和国成立60周年，全面弘扬英烈精神，国家实施全国重点烈士纪念设施保护改造工程，中央投资5亿元、地方配套1.8亿元，对133处国家级烈士纪念设施进行了重点改造。2018年以来，退役军人事务部积极开展烈士纪念设施信息采集校核工作，实现全国76万座烈士墓的动态信息化管理。此外，各级地方政府也相应增加了烈士纪念设施管理保护经费投入，使烈士纪念设施整体面貌逐步改观，各种设施基本完善。

（二）全面开展烈士纪念设施整修工程

为贯彻落实中央领导同志有关重要指示精神，从2011年3月到2014年年底，国家组织开展零散烈士纪念设施抢救保护工程，共抢救保护散葬烈士墓83.83万座、零散烈士纪念设施1.37万处，中央和地方各级财政累计投入113亿多元，烈士纪念设施整体建设水平得到大幅提升。2019年7月，中央印发《烈士纪念设施规划建设修缮管理维护总体工作方案》，要求“十四五”期间实施烈士纪念设施提质改造工程，利用5年时间，对全国的烈士纪念设施进行必要的升级改造，完善设施设备，优化展陈内容，提升宣传教育功能。为贯彻落实党中央、国务院有关部署要求，统筹推进烈士纪念设施规划、建设、修缮、管理维护工作，国家发展和改革委员会将地级市以上烈士纪念设施建设项目列入“十四五”时期社会服务设施兜底线工程中央预算内投资支持项目。2021年，退役军人事务部、中央宣传部、财政部共同组织实施了“全国县级以下英雄烈士纪念设施整修工程”，按照“应迁尽迁、集中管护”的原则，对全国22万处县级以下烈士纪念设施进行集中整修，实现规范整修和有效管护相统一，从根本上改善了县级以下英雄烈士纪念设施整体面貌。退役军人事务部、最高人民检察院下发《关于开展全国县级以下烈士纪念设施管理保护专项行动的通知》，要求检察机关发挥公益诉讼等检察监督职能，通过检察建议、提起诉讼等方式，加大对烈士纪念设施管护责任的监督力度。

▶ 2021年12月30日，安徽省淮北市将73名在淮海战役鲁楼阻击战中牺牲的无名烈士集中迁葬至相山区烈士陵园／安徽省退役军人事务厅供图

（三）深入推进境外烈士纪念设施修缮保护

1. 建立健全境外烈士纪念设施保护管理法规政策。2019年，印发《〈烈士纪念设施规划建设修缮管理维护总体工作方案〉境外工作贯彻落实措施》，制定《境外烈士纪念设施工程项目管理工作规程（试行）》。2020年2月，出台《境外烈士纪念设施保护管理办法》。

2. 稳步实施推动境外烈士纪念设施修缮维护工程。设立中国驻朝鲜志愿军烈士褒扬代表机构，完成朝鲜桧仓、开城、安州、江东、顺安志愿军烈士陵园，巴基斯坦吉尔吉特烈士陵园，巴布亚新几内亚中国抗战将士陵园，卢旺达鲁林多中国援卢烈士陵园，也门萨那烈士陵园，柬埔寨罗锦春烈士陵园，老挝川圹省中国烈士陵园，埃塞俄比亚梅庚年烈士墓，援苏丹专家陵园，坦赞铁路纪念园等数十处境外烈士陵园的修缮工程；举行“第十三轮中俄军事纪念设施问题磋商”，起草中俄烈士纪念设施保护管理政府间协定中方建议方案；推进哈巴罗夫斯克东北抗联教导旅英雄纪念设施建设工程；完成赞比亚中国烈士陵园设计方案，推动陵园开工建设和纪念馆陈展工作。

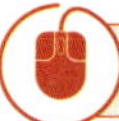

延伸阅读

坦赞铁路纪念园正式竣工开园

2022 年 8 月 10 日，坦赞铁路纪念园项目竣工开园仪式在赞比亚首都卢萨卡隆重举行。赞比亚总统希奇莱马率多名高级别官员出席仪式并讲话，坦桑尼亚驻赞比亚高级专员叶哈亚、中国驻赞比亚大使杜晓晖和退役军人事务部褒扬纪念司（国际合作司）副司长袁英敏出席仪式并致辞。

坦赞铁路是新中国成立以来规模最大的援外成套项目。在援助建设坦赞铁路及技术合作过程中，70 余位中国援建专家和工程技术人员献出了宝贵生命。中赞两国政府 2016 年商定共建坦赞铁路纪念园。纪念园由纪念广场、纪念碑、纪念馆、烈士墓区等组成，共安葬 36 位中国援赞牺牲人员。

（四）注重增强烈士纪念设施宣教功能

为更好地发挥烈士纪念设施褒扬、宣传、教育的功能作用，1986—2016 年，国家先后公布 6 批共 277 处国家级烈士纪念设施，并于 2014 年、2015 年、2020 年公布 3 批 260 处国家级抗战纪念设施、遗址。2014 年 7 月，民政部印发《国家级烈士纪念设施保护单位服务管理指引》（民发〔2014〕138 号），进一步规范了国家级烈士纪念设施保护单位服务内容，提高了管理水平。国家还专门下发通知，明确烈士纪念设施保护单位的文物范畴，对烈士纪念设施保护单位文物普查及文物保护工作提出了具体要求。2016 年 5 月，中央下发文件，对加强革命历史类纪念设施、遗址和全国爱国主义教育示范基地维修保护，提升陈列水平等提出明确要求。

2021 年 11 月，退役军人事务部、中央宣传部、中央党史和文献研究院、民政部、文化和旅游部、国家文物局、最高人民检察院、中央军委政治工作部等8部门联合下发《关于进一步加强烈士纪念设施规范管理的意见》，要求明确管理权责、推进归口管理、夯实基层基础、提升综合效能，用心用情用力保护好、管理好、运用好烈士纪念设施这一重要红色资源，更好发挥烈士纪念设施弘扬英烈精神、赓续红色血脉的红色阵地作用，以英雄事迹和精神激励广大干部群众奋斗新时代、创造新业绩。据统计，每年前往各级烈士纪念设施祭扫纪念的群众达1.5亿多人次，烈士纪念设施已成为开展爱国主义教育的重要阵地。

为深入学习贯彻习近平总书记关于红色资源保护利用重要指示批示精神，充分发挥部际工作合力，切实保护好、管理好、运用好烈士纪念设施和革命文物等红色资源，2022年7月14日，退役军人事务部与国家文物局在香山革命纪念馆签署战略合作协议。根据协议，两部门将在加强政策联动、强化规划衔接、共享信息资源、共抓保护管理、共育专业人才等方面进一步加强合作，建立联合工作机制，形成红色资源保护部际合力，共同推动革命文物和烈士纪念设施保护利用事业高质量发展，充分发挥红色资源在弘扬革命文化、传承红色基因中的重要阵地作用。

三、弘扬英烈精神的社会氛围日益浓厚

（一）开展“祭英烈”主题宣传教育活动

每年清明节，组织开展以祭扫缅怀英烈为主题的宣传教育活动，在全社会激发起强烈的英雄情怀。2019年以来，退役军人事务部先后4次开展“清明祭英烈”主题宣传教育活动。特别是2020年新冠肺炎疫情发生后，各级退役军人工作部门统筹做好疫情防控形势下的烈士祭扫工作，发挥融媒体作用和“云祭扫”平台优势，创新服务方式，网上祭扫成为清明祭奠缅怀英雄烈士的新时尚。

2020年，退役军人事务部、公安部、财政部、交通运输部、文化和旅游部联合下发《关于做好烈士亲属异地祭扫组织服务工作的意见》，就切实做好烈士亲属异地祭扫组织服务工作、保障烈属权益进行了具体规定，对于增强烈

士亲属的荣誉感和获得感，在全社会树立缅怀英烈、尊重烈属的良好风尚起到了良好促进作用。为进一步提升烈士遗属异地祭扫的服务保障工作，还将边境地区烈士陵园维修改造纳入中央补助范围。

（二）打造“红色九月”英烈褒扬主题宣传品牌

国家设立烈士纪念日，公祭烈士上升为国家行为。2014 年 9 月，中共中央办公厅、国务院办公厅、中央军委办公厅印发《关于做好烈士纪念日纪念活动的通知》，要求烈士纪念日期间广泛开展烈士纪念活动。每年 9 月 30 日烈士纪念日，国家在首都北京天安门广场人民英雄纪念碑前庄严组织向人民英雄敬献花篮仪式，习近平等党和国家领导人与首都各界代表一起向人民英雄敬献花篮。全国 2200 多个县级以上人民政府在烈士纪念设施场所隆重举行烈士公祭活动，社会各界代表参加。有新评定烈士的县级以上人民政府举行《烈士光荣证》颁授仪式。朝鲜、越南等多个国家的我驻外使领馆也开展了相关烈士纪念活动。

（三）大力推进烈士遗骸搜寻鉴定工作

善待和厚待为国捐躯、长眠境外的烈士，是一个大国应有的责任。

2014 年，中韩两国政府就在韩志愿军烈士遗骸回国问题达成共识，决定每年共同组织实施在韩志愿军烈士遗骸交接工作。截至 2022 年，已完成 9 批 913 位在韩志愿军烈士遗骸和遗物的交接工作。英魂归来，祖国给予了最高礼遇。当运送志愿军烈士遗骸和遗物的专机进入中国领空后，空军两架战斗机迎接护航，并在沈阳抗美援朝烈士陵园举行了隆重的志愿军烈士遗骸安葬仪式。

为做好在韩志愿军烈士身份鉴定工作，2019 年，退役军人事务部联合多家主流媒体共同发起“寻找英雄”大型活动，通过在在韩志愿军英烈遗骸遗物中发现的 24 枚可辨识印章，为这些英烈寻找亲人，社会各界反响强烈，全网参与量达到几十亿人次。经过对志愿军烈士遗骸 DNA 鉴定比对，确认了 6 名烈士身份并找到其亲属。2021 年，通过在在韩志愿军英烈遗骸遗物中发现的印章及其他线索，又确认了 4 名烈士身份。2021 年烈士纪念日前夕，退役军人事务部在沈阳抗美援朝烈士陵园隆重组织了志愿军烈士认亲仪式。

2021年9月3日，第八批在韩中国人民志愿军烈士遗骸安葬仪式在辽宁省沈阳市沈阳抗美援朝烈士陵园举行 / 辽宁省退役军人事务厅供图

2018年底，国家调集各方力量临时组建数十支湘江战役烈士遗骸搜寻发掘队伍，数百位发掘队员深入农田、洞穴、沟渠、遗址等地，摸排考证红军烈士遗骸散葬地点，最终确定了400个湘江战役红军遗骸散葬点。2019年9月12日，退役军人事务部会同中央军委政治工作部、广西壮族自治区隆重举办湘江战役红军烈士遗骸安葬仪式，弘扬了红军英烈精神，激发了群众爱国热情。

2020年，退役军人事务部烈士纪念设施保护中心（烈士遗骸搜寻鉴定中心）的成立，标志着我国烈士遗骸搜寻鉴定工作步入了正规化发展的新阶段。2022年7月20日，退役军人事务部成立了国家烈士遗骸搜寻队及国家烈士遗骸DNA鉴定实验室，标志着我国烈士遗骸搜寻鉴定工作体系建设取得了阶段性成效。

（四）深入开展境外烈士祭扫活动

从2013年起，党和政府多次组织志愿军老战士和烈士家属赴朝祭扫志愿军烈士；在抗日战争胜利70周年之际，首次以国家名义赴马来西亚、菲律宾、巴布亚新几内亚祭扫抗日战争中的华侨英烈；中朝双方隆重举行开城、安州志愿军烈士陵园竣工仪式；中国和老挝共同举行在老中国烈士陵园修缮工程竣工仪式；2018年，在中国人民志愿军入朝作战68周年之际，举办江东、顺安志愿军烈士陵园竣工仪式，组织中央国家机关和解放军青年干部代表团赴朝开展祭扫交流活动；2019 年 10 月 25 日，中国和朝鲜有关部门在平壤市兄弟山中国人民志愿军烈士陵园举行修缮工程开工仪式。这些境外祭扫纪念活动，彰显了国家尊重烈士的良好形象。

（五）大力宣传弘扬英烈事迹

2000 年，国家组织编撰出版《中华著名烈士》，收录自辛亥革命以来牺牲的 3000 余名著名烈士事迹。2008 年，全面弘扬烈士精神的 110 集大型理论文献电视片《华夏丰碑》在中央电视台等主流媒体陆续播放。2013 年，开通“中华英烈网”，集中载录 196 万名烈士和 4000 多处烈士纪念设施信息。为纪念中国人民抗日战争胜利，国家先后遴选公布了三批共 1085 名著名抗日英烈和英雄群体名录。2015 年，进一步核实公布了 197653 名抗美援朝烈士名录。从 2016 年起，启动实施抗日英烈名录数据库建设。

2019 年，配合庆祝中华人民共和国成立 70 周年，精心策划“丰碑永铸·颂英烈”系列宣传活动，组织全国英烈讲解员大赛、英烈书画展。退役军人事务部会同中央宣传部在中央电视台《新闻联播》栏目、《人民日报》持续开展“为了民族复兴·英雄烈士谱”专题宣传活动，已宣传著名英烈 500 余人次，烈士精神的时代凝聚力和感召力进一步彰显。

◀ 陕西省英烈事迹宣讲活动进校园 / 陕西省退役军人事务厅供图

2020 年，退役军人事务部联合宣传、网信、文物、档案管理等部门组织

“追寻先烈足迹”短视频征集展示活动。烈士陵园等200余家单位及广大网民积极报送作品1.4万余件。截至活动结束时，微博话题阅读总量达3.6亿次，在全社会营造了致敬英烈、关爱烈属的浓厚氛围。

第四节　褒扬纪念工作的创新发展

近年来，褒扬纪念工作虽然取得了一定成绩，但距离党中央要求和人民群众期盼还有差距，还存在一些短板和薄弱环节。推进英烈褒扬纪念工作创新发展，对大力弘扬英烈精神和事迹、传承红色基因和文化、培育和弘扬社会主义核心价值观、增强中国特色社会主义事业凝聚力和感召力具有重要作用。

一、褒扬纪念工作面临的新形势

当今世界正经历百年未有之大变局，和平与发展仍然是时代主题，但国际环境日趋复杂，不稳定性、不确定性明显增强，西方敌对势力加紧对我国战略围堵，周边地缘政治风险上升，维护国家战略安全任务现实而紧迫。我国正处于经济体制深刻变革、社会结构深刻变动、利益格局深刻调整的发展机遇期和矛盾凸显期，机遇和挑战都有新的发展变化，人们的思想意识、价值取向、道德观念呈现出多元、多样、多变的特征，社会上不同程度存在着理想信念淡化、乐于安逸享受、疏于牺牲奉献的现象。少数别有用心的人甚至公开丑化、诋毁、贬损、质疑、否定英雄烈士，歪曲历史，造成不良社会影响。

实际工作中，褒扬纪念工作也存在一些重点难点问题。如，部分政策刚性不足，相关机制不够完善；挖掘弘扬英烈事迹和精神的手段不够丰富，公众参与度有待提高；烈士纪念设施规划建设修缮管理维护工作力度有待加强，境外烈士褒扬工作尚处于起步阶段；烈属优惠优待内容还不够丰富，烈属荣誉感、获得感亟须通过制度设计增强。

二、新时代褒扬纪念工作的发展方向

当前和今后一个时期，褒扬纪念工作要坚持以习近平新时代中国特色社会主义思想为指导，以加强英烈保护、弘扬英烈精神、关心关爱烈属为重点，深入贯彻落实《英雄烈士保护法》《退役军人保障法》，广泛宣传弘扬红色传统，赓续传承红色血脉，推动新时代褒扬纪念工作创新发展，为实现第二个百年奋斗目标和中华民族伟大复兴的中国梦凝神聚力。

（一）加强制度引导，高位推动褒扬纪念工作健康发展

深入贯彻实施《英雄烈士保护法》，坚持目标引领和问题导向，制定加强新时代烈士褒扬工作的指导意见，推进《烈士褒扬条例》等相关法规政策制度的落地执行，打通“堵点”和“难点”，填补政策空白点，强化和提升烈士称号的政治属性和社会地位，以理论创新推动政策制度不断完善，推动褒扬纪念工作持续健康发展。

（二）加大烈士纪念设施管理保护，切实发挥爱国主义教育主阵地作用

以贯彻落实《烈士纪念设施规划建设修缮管理维护总体工作方案》为切入点，加强统筹谋划和顶层设计，推动烈士纪念设施管理维护标准化、制度化和规范化建设。深入开展境外烈士纪念设施保护管理工作，建立健全烈士遗骸搜寻保护工作机制，扎实开展境外战史档案资料搜集研究以及境外烈士纪念设施调查核实工作，组织开展境外祭扫交流，巩固深化传统友谊。

（三）建立健全英烈保护联动机制，营造铭记英烈功勋、传承英烈精神的浓厚氛围

依法保护英雄烈士姓名、肖像、名誉和荣誉，坚决打击歪曲、丑化、亵渎和否定英烈事迹的言行。丰富烈士纪念日内涵，继续打造“红色九月”褒扬纪念品牌。强化英烈保护，挖掘英烈事迹，讲好英烈故事，利用“互联网 +”传播优势，以人民群众喜闻乐见的形式创作一批符合时代特征的英烈宣传作品。在清明节和重要纪念日组织开展内容丰富、形式多样的褒扬纪念活动，吸引社会各界特别是青少年自觉参加祭扫纪念。

▶ 浙江省宁波市“甬尚老兵”退役军人志愿者携子女到宁波樟村四明山革命烈士陵园开展缅怀纪念活动 / 浙江省退役军人事务厅供图

（四）大力推进军人公墓规划建设，以开拓创新精神破解全新时代课题

规划建设军人公墓是一个全新课题，必须解放思想、改革创新、科学谋划、加快推进。牢固树立全国一盘棋思想，将规划好、建设好、管理好、维护好军人公墓作为加强退役军人服务保障体系建设的重要环节，作为服务国防和军队现代化建设、维护军人合法权益的重要载体，按照“国家统一规划、属地建设管理”原则，结合我国纪念设施和殡葬业务发展统筹推进。

案例选编

黑龙江省努力培育践行捍卫英烈的鲜明价值导向

黑龙江省委省政府从实际出发，扎实开展烈属服务保障、烈士纪念设施保护等工作，烈士褒扬工作取得长足进展。实践中，坚持高位拉动、建立健全工作机制、完善烈士褒扬政策法规、持续优化烈属服务保障等工作，确保了烈士褒扬工作落到实处；针对烈士纪念设施建设早功能落后、高寒地区基础设施维修周期短的实际，统筹规划建设，加强修缮管理，烈士纪念设施保护更加给力；做好英烈精神宣传发掘，有序开展纪念活动，开展“为烈士寻亲”品牌活动，关爱烈属常态化，营造了浓厚的崇尚捍卫英烈氛围。

/ 第十一章 /

退役军人服务体系建设

要论摘编

成立退役军人事务机构，就是要加强退役军人管理保障工作，让军人成为全社会尊崇的职业。各级党委和政府要高度重视，切实把广大退役军人合法权益维护好，把他们的工作和生活保障好。

——习近平:《在京津冀三省市考察时的讲话》(2019 年 1 月 16—18 日)

建立健全退役军人服务体系，是落实党中央决策部署的重要政治任务，是推进退役军人事务系统治理体系和治理能力现代化的具体抓手，是推动政策落实、打通服务保障“最后一公里”的坚实支撑，对于实现退役军人工作高质量发展具有重要的现实意义和深远的历史意义。

第一节　退役军人服务体系概述

党的十八大以来，以习近平同志为核心的党中央高度重视退役军人服务保障工作，作出“组建退役军人管理保障机构、建立健全退役军人服务保障体系”的战略部署，特别是在深化机构改革、大力精简整编的情况下，全面组建纵贯到底、覆盖全国的六级服务中心（站），持续加强服务机构建设，为退役军人服务保障工作提供了重要力量支撑。

一、退役军人服务体系的构成

退役军人服务保障机构包括县级以上人民政府设立的退役军人服务中心，乡镇、街道、农村和城市社区设立的退役军人服务站点，主要承担退役军人就业创业扶持、优抚帮扶、走访慰问、信访接待、权益保障等事务性工作，是退役军人服务体系的重要组成部分。目前，全国已实现“四中心两站”建设全覆盖，基层服务保障退役军人的水平得到全面提升。

二、退役军人服务机构的创建历程

党的十八大以来，以习近平同志为核心的党中央高度重视退役军人服务保障工作，谋划推进退役军人政策完善、制度建设和管理保障改革。

（一）服务中心（站）的初创阶段

2015 年 11 月，在中央军委改革工作会议上，习近平总书记深刻指出，要在国家层面加强对退役军人管理保障工作的组织领导，健全服务保障体系和相关政策制度。各地认真贯彻落实习近平总书记重要指示批示精神，积极探索实践，初步形成了一些行之有效的服务管理经验和做法。2016 年 5 月，湖南省醴陵市批准市民政局设立退役军人服务中心，12 月 31 日正式挂牌；2017 年，天津市建立了区、街（乡、镇）、社区三级退役军人联络服务站，后升级为覆盖全市的退役军人服务“两中心两站”；2017 年 6 月，河南省南阳市南召县成立县一级退役军人服务中心；2018 年 1 月 28 日，河北省退役军人管理服务中心正式揭牌，这是全国首个省级退役军人管理服务机构。

（二）服务保障机构建设实现全覆盖

习近平总书记强调，各级党委和政府要高度重视建立健全退役军人服务保障体系，尽快推进这项工作，努力做到全覆盖，实现有机构、有编制、有人员、有经费、有保障。习近平总书记的重要指示批示，为加快推进退役军人服务保障体系建设指明了前进方向、提供了根本遵循。

按照中共中央办公厅、国务院办公厅有关文件精神，2019 年 2 月 26 日，国家退役军人服务中心在北京正式挂牌成立，标志着我国退役军人服务体系建设驶入快车道、迈上新台阶。从广义上讲，我国退役军人服务体系主要包括政府机构、事业单位和社会力量三个方面，称之为“三驾马车”。作为“三驾马车”的重要组成部分，国家退役军人服务中心的正式运转，开启了我国退役军人服务体系建设的新篇章。

国家退役军人服务中心成立后，各地党委和政府按照中央决策部署，认真谋划，强力推动，压茬推进。截至 2022 年 12 月，全国建立各级退役军人服务中心（站）61.79 万个，实现了“四中心两站”建设全覆盖。

上海市黄浦区老西门街道退役军人服务站 / 上海市退役军人事务局供图

三、建立退役军人服务体系的重要意义

建立健全六级退役军人服务体系，有助于切实落实习近平总书记重要指示和党中央决策部署，有助于密切联系退役军人、凝聚强国强军磅礴力量，有助于矛盾问题妥善化解、促进军队稳定和社会大局稳定。同时，这也是推动新时代退役军人工作高质量发展、维护退役军人合法权益的现实需要，是打消部队官兵后顾之忧、稳定军心士气、实现强军目标的重要举措，对吸引更多优秀青年参军入伍、激励更多高素质人才投身国防和军队建设具有重要的导向作用。

第二节　退役军人服务体系的功能作用

退役军人服务体系承担着全面做好就业创业扶持、走访慰问、帮扶解困、信访接待、权益保障等退役军人事务领域服务性、事务性、延伸性工作的任务，担负着服务保障最末端、最基础、最细致的工作。按照“五有”“全覆盖”要求，全国退役军人服务保障机构坚持建立机构与发挥作用齐抓共进、夯实基础与谋划长远同向发力，服务机构建设蹄疾步稳、扎实推进。各级退役军人服务保障机构从无到有、从有向优，自迈出第一步起，就勇立改革潮头，充分发挥了功能作用。

一、就业创业扶持

通过搭建就业创业平台，掌握退役军人就业需求和就业底数，挖掘就业资源、就业信息和就业岗位，提供就业创业服务；提供政策咨询、就业创业指导和帮扶；开发培训教材，开展就业创业培训，提高就业创业能力；组织召开专场招聘会、推介会、就业论坛等，促进退役军人就业创业。

◀ 在2019年海峡西岸地区（福建）退役军人专场招聘会上，福建省退役军人事务厅与就业合作企业签约，共同促进退役军人就业／福建省退役军人事务厅供图

二、走访慰问

做好退役军人走访慰问工作是做好服务保障工作的基础环节，可以全面、准确、详细了解退役军人生活情况和所思所盼，及时把退役军人政策宣传好、解读好，让广大退役军人感受到党和政府的关心关爱。

（一）走进家门，拉近距离

县级以上服务中心注重做好八一建军节、春节等节日期间走访慰问，其他时间可结合党建活动、结亲连心、志愿服务等进行走访慰问。基层服务站做好常态化联系退役军人工作，经常上门、定期联系、嘘寒问暖，当好退役军人的家人、亲人。按照每年不少于1次座谈会的要求，组织退役军人欢聚一堂，向他们介绍退役军人工作开展情况，与他们畅谈军旅生涯和家乡发展变化，引导他们永葆本色、再建新功。

（二）访到心坎，了解实情

落实好“六必访”要求，即退役返乡必访、立功受奖必访、英模典型必访、重要节日必访、遇到困难必访、重大变故必访，让他们感受到服务的温度。充分认清退役军人和其他优抚对象情况不同，需求也各不相同，在实地走访过程中，帮助他们找准问题根源，了解他们最迫切的“真需要”，既做到“雪中送炭”，又做到“锦上添花”。比如，对于生活困难退役军人，及时送去米面粮油、衣物棉被等生活必需品；对于有心有力、无技傍身的就业困难退役军人，联合有关部门开展“送政策、送培训、送信息、送技能、送岗位”援助活动；对于创新创业的退役军人，“扶上马”再“送一程”。拿出“钱物花在刀刃上”的精准举措，让退役军人感受到满满的深情厚谊。

（三）慰出情怀，增强信赖

增强退役军人的获得感、幸福感、荣誉感，不是一蹴而就的事，要有真情为兵的耐心、举措，更要有融入思想工作的方法、技巧。比如：谈荣誉历史，多问一些从军经历、取得荣誉，以近期先进典型的共同点，让其感受到军旅生涯的宝贵，感受到当兵的人就是不一样，进而鼓励、引导他们掏开心窝子、打开话匣子。抓情绪变化，从家长里短的“牢骚话”中读懂他们的真切感受，在“吐槽”“倒苦水”中找到难点痛点。重教育引导，对于退役军人出现的盲目攀比、听信“小道消息”现象，要及时制止；对于退役军人积极进取的态度，要给予充分肯定；对退役军人的迷茫、焦虑和困惑，要帮助梳理研判、分析原因、给出思路和建议，鼓舞其斗志、坚定其信心。

（四）问清诉求，建立台账

“问”是把退役军人当主角，工作人员是听众、是配角。要善于俯下身子、侧耳倾听、答疑解惑，问清实际困难和真实诉求。当场能解决的“马上就办、办就办好”，不能现场解决的“带回去研究”、多途径合力解决，确实无法解决的也要做好解释说明，确保件件有着落、事事有回音。要从退役军人反映的诉求期盼、意见建议中，查摆工作的不足和弱项，并将其作为出发点和落脚点，盯紧薄弱环节，固底板、补短板同向发力，做好走访慰问的“后半篇”文章。

三、帮扶解困

退役军人和其他优抚对象在服役期间，为党和国家的事业作出了奉献。退役后，有的面对新的岗位，需要“扶上马、送一程”；有的面对现实难题，需要鼓鼓劲、打打气；有的在困难之中，需要拉一把、搭把手。这都需要各级服务保障机构分类施策、精准施策，让他们退役有家、创业有路，困难时有帮助、需要时有关爱。2018 年以来，退役军人事务部指导各地建立困难退役军人帮扶援助工作体系，摸清全国困难退役军人底数，开通运行帮扶援助服务系统，实施动态管理、精准帮扶。每年利用重要时间节点，普遍开展退役军人走访关爱活动，近年来共投入资金 65 亿元，走访帮扶 3100 余万人次。

（一）帮助成长成才

退役军人离开部队，首先是回归家庭、回归社会、回归乡里。要帮助他们加快转变、调整角色，具备适应地方和社会的能力。各级服务中心（站）要从退役返乡时的迎接仪式、开展谈心、宣讲政策、推介岗位、高效办事“五关爱”入手，给退役军人送上“一站式”“全流程”服务。基层服务站要主动了解退役军人特长、技能、就业愿望等情况，帮助他们制定好发展规划。要抓好适应性培训有利窗口，邀请老班长、就业标兵、创业之星等登台授课、传授经验，让退役军人尽快转变角色、适应节奏，迈出新步伐、开启新征程。

（二）扶持建功立业

退役军人具有拼搏进取的热情、勇攀高峰的斗志、攻坚克难的作风，需要加强引导、精准帮扶，让他们在更宽广的舞台展现价值。比如：基层服务站要及时发现有潜质、能力强的退役军人党员，积极推荐他们担任基层党组织书记，进一步培树“兵支书”队伍；在他们创业的起步、发展阶段，要精心呵护、积极培育，帮助他们早出成绩。

（三）解决实际困难

依托退役军人和其他优抚对象信息台账和优抚帮扶目录清单，在文化、交通、住房、医疗、家属随迁安置、子女教育、养老等方面给予优惠和多元化、多层次保障服务。县级以上服务中心要积极对接政府部门、事业单位、社会力量资源，丰富惠军惠兵新举措，给退役军人送上实实在在的关心关爱。精准开展信息数据采集，精准识别困难退役军人及其家庭，让他们在政策性兜底的基础上享有更基本、更优厚的帮扶救助。

（四）提供救助措施

开展困难退役军人救助是帮扶的有效措施，是解决实际困难的管用招数。截至2022年12月，全国已有20个省份成立了关爱基金（会），筹集资金总额达90亿元，用于退役军人创业扶持和困难帮扶。各级服务中心（站）负责受理经办，村级申报、乡级审核、县级审批，优化帮扶援助流程，实行一次告知、一表申请、一办到底，确保精准高效、帮扶到人、救助到点。下一步，需要扩大基金规模，精心帮扶困难退役军人，使其成为退役军人服务体系关爱退役军人的一个重要支点。

四、信访接待

退役军人信访，反映的是诉求，体现的是信任。接待来访是“送上门的群众工作”。退役军人服务体系要从维护国家政治安全和社会稳定、服务国防和军队建设的高度，深刻认识做好退役军人信访工作的特殊重要性，不断提升退役军人信访工作制度化、规范化、专业化、信息化水平，依法依规、随时就地解决退役军人信访诉求，切实维护退役军人合法权益。

（一）体现服务理念

坚持全心全意为人民服务的宗旨，把退役军人对美好生活的向往作为出发点和落脚点，筑牢服务根基、优化服务模式、改进服务作风。坚持把责任和感情贯穿始终，把退役军人当家人、把退役军人难事当家事，真诚倾听诉求、真诚纾解心结、真心维护退役军人合法权益。县级以上服务中心要坚持以服务军人为中心，安排人员到信访接待中心、窗口柜台值班，做好接待引导、系统录入等工作，坚持“店小二”“服务员”工作理念，零距离、面对面、亲情化服务，做到“一张笑脸、一声问候、一杯温水、一把椅子、一站服务”，积极营造尊崇氛围，切实让退役军人感受到党和政府的关心。

（二）办事便捷高效

按照“件件有着落、事事有回音”的工作要求，落实首办责任，严谨细致、高标准地接待每一位来访人员，办理每一封来信，处理每一件网上信访，接听每一个信访电话，做到有访必接、有诉即办、一办到底，扎实做好信访事项的转送、交办、督办，推动合理诉求及时得到解决。改进信访接待服务，加强下访问需调处，畅通诉求反映渠道，建立快速回应机制，推动诉求合理的解决到位、诉求无理的思想教育到位、生活困难的帮扶救助到位。做好信访信息整理、收集和研判，及时向机关职能部门提供有益信息和合理化建议。

（三）建设过硬队伍

充分发挥服务中心（站）身处基层“接地气”、服务老兵“零距离”的优势，高度重视退役军人信访工作干部队伍建设，选派熟悉相关政策法规、有丰富群众工作经验的业务骨干从事信访工作。依托“再启航”退役军人在线学习平台开展基层退役军人服务中心（站）工作人员业务水平能力测试，不断提升他们的业务能力。定期开展业务培训，切实提升信访干部宣传解释政策、做好思想政治工作和处理突发问题的能力，坚持推动新时代“枫桥经验”在退役军人事务领域的实践运用，实现“小事不出村，大事不出镇，矛盾不上交”。

浙江省诸暨市枫桥镇退役军人金牌调解员杨光照正在调解涉退役军人矛盾纠纷 / 浙江省退役军人事务厅供图

五、权益保障

解决好退役军人急难愁盼、做实做细权益保障，是一项具有长期性、基础性的重要工作，需要服务体系加大探索力度，不断拿出实招硬招。

（一）凝聚强大合力

从近年来退役军人权益保障案例来看，有的涉及多个部门，有的横跨军地单位，权益保障需要多方共同发力。退役军人服务体系作为直接服务窗口，要注重加强与军地相关部门的横向联动，保持体系内的纵向联动，广泛动员全社会力量参与。要发挥好志愿者作用，通过强有力的思想引领，弘扬正能量、唱响主旋律，引导退役军人珍惜荣誉、保持本色。

（二）强化法治思维

深入贯彻《退役军人保障法》等法律法规，组织全体工作人员认真学习、深刻理解、掌握精髓，不仅了解现行政策，也要掌握政策脉络，熟悉政策变迁和时代背景，真正把法治融入工作中。要善于从法的角度做好权益维护，认真规范移交安置、抚恤优待、创业就业等工作，促进服务保障规范化水平。要加强法律法规的宣传解读，引导退役军人尊法学法守法用法，善于用法律武器维护合法权益。

（三）健全援助机制

加强与司法、法律援助机构的联系，在退役军人服务中心（站）设立法律援助站，开展法律维权服务试点，梳理出服务对象最常用、最实用的保障政策，采取值班律师现场解答、电话联系等方式，帮助退役军人解决好涉法涉诉问题。各级服务中心（站）要进一步树牢服务意识，主动作为、因人施策，切实做到应帮尽帮、应援尽援、救援及时。

总之，各级退役军人服务机构要当好党和政府的“眼睛、耳朵、手和脚”，当好政策落实的桥头堡、沟通联系的连心桥、走访慰问的服务队、帮扶解困的加油站、疏导心结的温馨屋，成为退役军人工作高质量发展的发力点。坚持“硬件有差异，但功能齐全、服务优质”的建设理念，因地制宜推进建设发展。按照“顶层设计、基层探索、示范带动、全面推进”的工作思路，着力补短板、强弱项、抓提升，推动硬件齐全、功能完善、服务完备，实现组建—规范—用好逐级梯次提升。坚持重心下移，把更多的人力、财力、物力资源下倾到服务站点，充分调动服务机构的积极性和创造性，注重总结、固化经验做法，增强基层实力、激发基层活力、提升基层战斗力，促进基层建设过硬、基础工作过硬、基本能力过硬。

第三节　退役军人服务体系建设的基本原则和目标要求

全国现有几千万名退役军人，其数量每年还在持续增长。退役军人分布在各条战线、各个领域，服务和保障好他们的所思、所盼、所急、所难，是服务体系开展工作的出发点和落脚点。

一、基本原则

（一）坚持党的领导

加强党对退役军人服务保障工作的全面领导，确保党的路线方针政策贯彻落实到各项工作中，使党的主张转化为广大退役军人的思想自觉和行动自觉，引导他们始终听党话、坚定跟党走。

（二）坚持服务宗旨

把退役军人和其他优抚对象对美好生活的向往作为工作目标，以全心全意服务退役军人的宗旨意识，解决好他们最关心、最直接、最现实的利益问题，切实维护好他们的合法权益。

（三）坚持改革创新

按照全面深化改革的要求，深入推进退役军人服务保障工作制度创新，构建政府主导、多方参与的体系，完善部门协调机制，统筹做好与其他服务保障机构的职能衔接。

（四）坚持军的特色

弘扬参军光荣、崇尚英雄的价值观，彰显退役军人为党、国家和人民牺牲奉献的精神风范和价值导向，增强退役军人的归属感、荣誉感、获得感。

二、总体目标要求

退役军人服务体系建设是一项具有长期性的重要工作任务。要从创建之初，就从坚持一流服务标准、构建一流服务文化、打造一流服务品牌等质量效益层面出发，尽好服务职责、强化服务功能。

（一）适应多元化的需要

退役军人群体多样、需求多元。比如，年富力强的想干事创业，学历较低的想继续深造，生活困难的想得到帮扶，年事已高的想颐养天年，羸弱多病的想特殊照顾。服务保障体系就是要把数千万退役军人和其他优抚对象对美好生活的向往作为奋斗目标，通过扎实有效的工作，推动退役军人工作走深走实，实现党和国家的重视关心、退役军人的迫切需求与我们的感情责任全方位对接融合。

▶ 江苏省徐州市泉山区奎山街道退役军人服务站通过推出“小奎帮代办，等您来召唤”贴心服务举措，努力做到退役军人工作“小事不出网格、大事不出社区、难事不出街道”/江苏省退役军人事务厅供图

（二）发挥持续性激励导向

国防和军队建设需要优质兵源，经济社会发展也需要新鲜血液。退役军人从社会中来，又回到社会中，在部队奉献了青春年华，回地方还要干事创业，需要服务保障体系发挥作用，帮助退役军人迈好人生转身、工作转轨、事业转型的“关键一步”，引导他们持续在各自岗位上发光发热。鼓励、支持、服务退役军人发挥作用、就业创业、建功立业，是服务保障体系的重要职责，应从注重“授人以鱼”向“授人以渔”转变，搭建平台、创造条件，让退役军人在不同行业、不同领域文有所施、武有所用，聚是一团火、散是满天星。

（三）做好精准化服务

服务体系是服务退役军人的前沿窗口，在退役军人思想、工作、生活等方面都需要提供优质服务。要在用好用足政策的基础上，积极对接各类服务资源，做到退役军人需求在哪里，服务保障就跟进到哪里，退役军人需求是什么，就能有效提供什么服务，实现感情上“真”、摸底上“准”、措施上“严”、效果上“实”、大局上“稳”，体现出“退役军人之家”的温馨和贴心。

三、发展方向

退役军人服务保障体系建设要坚持以问题为导向，着力补短板、强弱项、抓提升，努力实现体系化、信息化、专业化、规范化、多元化、亲情化的“六化”目标。

（一）服务机构体系化

立足满足退役军人美好生活需要，坚持一体集成、整体推进退役军人服务保障机构建设，按照集中领导、分级负责、各方参与、合力共为的原则，加强军地之间、部门之间、央地之间协同，建立健全服务保障组织管理体系、制度标准体系、工作运行体系，形成纵向到底、横向到边、衔接顺畅、高效运作的退役军人服务保障工作格局。

服务体系建设要坚持各级书记抓，部门协同、军地合力。注重发挥各级退役军人事务工作领导机构的统筹协调作用，着眼于机构建设到位、职责界定到位、工作落实到位，围绕落实“五有”“全覆盖”要求，加强指导督导，压实层级责任，突出问题导向，查找薄弱环节，补齐工作短板，按规定做好经费保障，强化运行保障措施。深入推进服务机构建设规范化、标准化，及时总结推广全国各地建设经验，推动建设有标准、运行有规范、服务有标尺、评价有依据。重点提升基层服务中心（站）管理保障效能，配齐配强力量，保障基层专兼职工作人员待遇，建立激励机制，激发基层干事创业的信心和决心。

案例选编

山东省青岛市组织“局长直通车”活动，向退役军人问计问需

2022 年 4 月，山东省青岛市退役军人事务局启动“局长直通车”活动，组织辖区内多个区（市）退役军人事务局局长，通过全市退役军人服务调度平台，面向基层服务站工作人员和退役军人等服务对象，采取现场随机抽取、直接视频（电话）连线、实时对话交流的方式，问计问需退役军人和基层工作者，举行以“现场打分排名”为主要形式的“擂台赛”，找准退役军人服务保障工作的短板弱项。“局长直通车”活动结果将作为各区（市）季度考核的重要组成部分，强化结果运用，有利于倒逼全市各级退役军人事务部门提升能力、改进工作。

（二）服务手段信息化

充分发挥信息化在推进退役军人服务体系建设中的支撑作用，着眼于服务智慧型、管理智能型要求，依托互联网、物联网、大数据、云计算等现代科技手段，按照统一规划、互联互通、要素齐全、精准及时的原则，建立起反应敏捷、优质高效的服务网络体系，实现需求适时掌控、数据分析精准、有力服务决策，让“数据多跑路、服务对象少跑腿”。将退役军人服务中心（站）地址数据推送到网络地图，更好地保障退役军人和其他优抚对象就近就便、快速准确找到“家”的方向，感受“家”的温暖。

（三）服务队伍专业化

按照新时代好干部标准，着眼于信念过硬、政治过硬、责任过硬、能力过硬、作风过硬，坚持夯实基本能力、提升专业素养、一线磨砺锤炼，组织实施退役军人服务中心（站）能力提升三年行动计划，开展大学习、大培训、大练兵、大比武，大力培养懂政策、精业务、敢担当、会保障、善服务的行家里手，努力建设一支政治型、专业型、服务型、实干型的高素质退役军人服务保障队伍。以推进提升退役军人服务体系精准服务水平和治理能力为目标，深化服务体系工作人员对服务保障工作地位作用、目标方向、重点任务、方法路径、体系架构等的深入理解和把握。以提高政策业务水平为着力点，加强业务知识培训。国家、省、市退役军人服务中心要以多种方式，抓好本级和下一级服务中心负责人培训，下沉两级抓好服务中心（站）业务骨干培训，实现全员培训，熟练掌握基本政策法规和基础业务理论，提高专业能力。以培养复合型人才为抓手，结合实际开展形势任务教育、法律法规和新知识、新技能学习培训，提高分析问题、把握规律、攻坚克难的能力。

◀ 天津市2022年全市退役军人服务保障业务技能比武培训演练测评活动现场 / 天津市退役军人事务局供图

（四）服务管理规范化

大力推进退役军人服务保障机构规范化、标准化建设，坚持制度规范、机制保证，分层建立服务规范国家标准、地方标准，分类配套设施齐全的服务场所，分级组织开展服务机构示范创建达标，辐射带动基层退役军人管理保障能力提质增效。健全完善服务保障管理制度、工作流程、运行机制、职责清单，着力构建标准统一、职责明晰、制度健全、监督到位、评估科学的退役军人服务保障制度机制。

（五）服务模式多元化

着眼于构建政府强力主导、服务体系积极作为、社会力量广泛参与的退役军人工作新格局，坚持积极鼓励、科学引导、共同参与，充分动员社会各界力量，创新多元服务模式，汇聚强大服务合力，实现退役军人服务资源、服务项目、服务效能最大化，形成全社会关心关爱退役军人、支持参与退役军人服务工作的良好局面。

（六）服务保障亲情化

始终牢记“全心全意为退役军人服务”的使命宗旨，坚持正确政治导向，汇聚正向能量，激励引导退役军人退役不退志、退伍不褪色，带着感情、带着温度为退役军人服务，着力解决退役军人的操心事、烦心事、揪心事，努力在全社会营造崇军尚武的浓厚氛围，不断增强退役军人的认同感、归属感和荣誉感。

▶ 西藏自治区退役军人服务中心联合墨竹工卡县退役军人事务局以党建促进业务为契机，开展“情暖老兵　共庆生日”活动 / 西藏自治区退役军人事务厅供图

第四节　退役军人服务体系建设的创新发展

面对全新体制、全新机构、全新职能，面对服务工作的复杂性、建设任务的艰巨性，各级退役军人服务机构要深入分析面临的矛盾与制约因素，准确把握工作特点和规律，切实理顺理清上下之间、左右之间、军地之间等各个方面的关系，充分发挥服务机构的功能作用，全面提升退役军人服务水平。

一、面临的矛盾与制约因素

由于受历史遗留问题和现实困难制约，退役军人服务保障工作现状与广大退役军人的热切期待还有差距，加之各级服务机构成立不久，各项服务工作刚刚开局起步，建设运行中还存在一些矛盾和问题。概括起来，主要有八个不相适应。

（一）思想认识与时代要求不相适应

个别地方站在全局、大局、长远上推进服务体系建设的认识不够深刻，对体系建设中遇到的体制性、结构性、机制性矛盾困难思考不深、研究不够，缺乏全面、系统、深入的探索谋划，与新时代服务工作形势任务需要还有差距。

（二）机构落地与高严标准不相适应

个别地方工作基础条件不够完备，建设标准质量不够高。特别是一些经济欠发达地区，机构虽然建立了，但编制、人员、经费、场所落实不够到位，个别还存在只挂牌不给编或合并挂牌等现象，一定程度上影响了服务体系建设的均衡发展。

（三）能力素质与岗位职责不相适应

有的地方工作人员队伍成分相对较新，相当部分人员是跨行业、跨专业、跨领域调入，正处在适应新岗位、熟悉新环境的过渡期，各类业务培训、能力建设还没有跟上，人员队伍整体业务素养参差不齐，亟须大力开发和用好培训教材，推进全员培训。

（四）服务手段与技术进步不相适应

服务模式还比较传统单一，运用互联网、大数据、移动通信等现代化技术手段开展服务工作探索不够，满足于沿用传统手段和惯性思维解决退役军人服务新情况、新问题、新矛盾，信息化管理、便捷化服务、精细化保障水平有待提升。

（五）规范建设与法治要求不相适应

体制机制、制度措施等尚未健全完善，与退役军人服务工作配套、衔接不够，有的甚至还处于空白地带，各地在开展服务工作时对标准、质量把握不够准确统一，服务工作的规范化、精细化等还有待提升。

（六）服务水平与对象期望不相适应

有的地方服务能力建设还有欠缺，服务内容不够丰富；有的对待服务对象不够热情，与退役军人之间还存在心理距离，与满足多元化需求有差距。

（七）服务效能与作风建设不相适应

在面对服务对象需求、办理服务事项，特别是办理权益维护事项时，还不同程度存在机关化、行政化倾向，存在被动应付、拖沓冗长、无所适从等问题，缺乏敢于担当、主动作为、攻坚破难、精细高效的精神品质和作风素养。

（八）基础建设与长远发展不相适应

服务体系建设还处在打桩夯基、起步开局阶段，一些工作缺乏基础数据、平台载体、技术支撑和制度保证，不同程度地影响了机构运行和长远建设发展。

二、服务体系建设展望

加强退役军人服务体系建设是一项具有长期性的重要任务。经过前期的发展，服务体系建设白手起家、平地起楼，平稳起步、全面起势，呈现崭新局面，积累了一定发展基础，但在创新理念、精细建设、精准服务等高质量发展方面还有很长的路要走，规范化、标准化建设还需要提升，机构和队伍稳定性还需要加强，工作队伍政策水平、业务水平、服务水平还需要适应新形势、新任务和新要求，有的服务中心（站）环境建设得不错，但功能发挥不够充分、服务不够到位，学习运用新时代“枫桥经验”不够深入。服务体系要拓展服务领域、延伸服务触角、承担更多责任、展现更大作为，必须全面贯彻党的二十大精神，深入学习贯彻习近平总书记关于退役军人工作的重要论述，主动适应国家治理体系和治理能力现代化的需要，聚焦退役军人所需、所盼，加快推进服务体系建设从“有”向“优”高质量发展，促进服务保障工作提质增效，全面提升广大退役军人的认可度、信赖值和满意率。

（一）着眼于党建引领，坚定正确的建设发展方向

党的领导是打造“退役军人之家”的根本保证和最大优势。服务机构应建立健全党的组织，推动党建工作与业务工作深度融合，充分发挥党对服务保障工作把方向、管全局、抓落实的核心领导作用。把服务体系建设同各地思想

政治教育基地、精神文明建设基地、国防教育基地、干部教育培训基地等紧密融合，突出“军”的内涵、“红”的特色，铸就内涵丰富、底蕴厚重、特色鲜明的文化基因，培育奋发有为、求真务实、清正廉洁、风清气正的良好风气，为服务体系高质量发展注入持久动力。在规范化、标准化建设中，以提升组织力为重点，突出政治功能，切实把服务机构建设成为宣传党的主张、贯彻党的决定、助力基层治理、促进乡村振兴、团结动员群众、推动改革发展的坚强战斗堡垒。

案例选编

湖北省恩施州着力打造“张富清老班长工作室”

湖北省恩施土家族苗族自治州不断拓展思想政治教育的功能，以各领域优秀退役军人为主体，在全州退役军人服务中心（站）组建“张富清老班长工作室”。建立工作室轮值制度，固定顾问团坐班服务日，同时对辖区退役军人进行全域“巡诊”入户走访；顾问团通过电话或微信“点对点”加强思想沟通，当好联系退役军人的贴心人；组织顾问团进行岗前培训，强化“首站有我”的服务意识，在重要时间点积极参与“四尊崇五关爱六必访”工作。做到身份、品牌、成绩亮，形成长效机制。

（二）着眼于长远发展，科学编制体系建设规划

处理好当前与长远发展的关系，精准对接改革发展要求、对标上级部署要求和服务对象实际需求，按照厘清工作思路、把握编制方向、科学编制规划的原则，科学、高质量编制服务体系五年建设规划，推动纳入建设项目“大盘子”，精细布局服务体系，增强事业发展后劲，做到每一个规划项目内容精准、主题明确、措施具体、可操作性强，努力打造功能齐全、服务优质、规范有序、运转高效、环境温馨、普遍点赞的“退役军人之家”。

（三）着眼于建优建强，实施体系建设提标工程

深入贯彻《退役军人保障法》，推动相关条款落地落细落实。严格落实退役军人服务中心（站）建设规范和工作指南，按照《各级服务中心（站）建设管理指导标准（试行）》要求，实施服务保障体系标准化建设提升行动，健全评价指标，制定服务规范，细化标准要求，全面提升保障能力。重点推动服务机构、信息系统、工作机制、服务流程标准化，全面完善“退役军人之家”的功能，指导各地建设与当地经济社会发展水平相适应的服务体系，聚力推动体系从“建起来”到“用起来”再到“规范起来”的跨越式发展。

（四）着眼于高效运转，构建信息服务手段支撑

随着信息技术的迅猛发展，社会保障模式发生深刻变化，退役军人群体不能置身于信息社会之外，没有信息化支撑的服务机构称不上符合标准的服务机构。要坚持“以平台建设铺路，助力服务保障提速”，主动转变思想观念、更新服务理念，摒弃传统思维定式和旧有工作套路，大胆尝试互联网、物联网、大数据、区块链和5G等先进科学技术手段，不断探索为退役军人提供点对点、键对键、方便快捷的服务，加快从传统型向创新型转变、从人力化向信息化转变的步伐。加快推进电子政务内外网建设，提高系统内部协同办公能力，完成部门之间数据互联互通，实现退役军人服务事项“一网通办”，用信息化推动退役军人工作现代化、科学化。

（五）着眼于精准精细，提升末端落实服务能力

退役军人服务工作的大头在基层，根基在基层，难题也在基层。基层基础工作最需要重视和创新推进，必须用发展的眼光看待问题，把握新的特点规律，完善推进机制，激励各级创新开拓，让创新办法产生在基层、工作落实在末端。坚持分层分类指导、因地制宜，建设不搞千篇一律，服务不搞一个模式，适应多元化、个性化需求。大力推广“一件事办理”“一站式服务”“一窗受理、一次办好”，推动形成“服务对象全覆盖、服务内容全方位、服务过程全周期”的服务格局，增强精准服务供给能力。推动帮扶援助制度化、常态

化，推动实现分类精准帮扶保障，探索司法救助、法律援助、社会救助等多种多样、社会化的帮扶模式，推动帮扶援助取得更大实效。

（六）着眼于合力共为，推动部门协同、军地联动

广泛动员企事业单位、服务机构、慈善机构、群团组织等社会力量参与退役军人服务体系建设，推动形成“党委政府强力领导、机关部门大力支持、服务机构全力落实、社会力量有力参与、退役军人群策群力”的工作格局。贯彻落实中央文明办、民政部、退役军人事务部联合印发的《关于加强退役军人志愿服务工作的指导意见》，建立退役军人志愿服务长效机制，明确各级组织管理志愿服务职能，省级统筹各地志愿力量发展、打造志愿服务品牌，市级负责培育行业性、专业性志愿队伍，县级负责区域性综合志愿服务队伍建设，乡村两级结合实际发展志愿力量、开展日常化志愿服务。积极搭建平台、创造条件，让退役军人在不同行业、不同领域“文有所施、武有所用”，为退役军人成长进步、发挥作用拓展广阔舞台。

2022年8月29日，宁夏回族自治区举行老兵志愿服务队授旗暨志愿服务活动启动仪式／宁夏回族自治区退役军人事务厅供图

（七）着眼于情感责任，打造专业过硬的服务队伍

全国退役军人服务体系拥有90多万人的专兼职工作队伍。要培养过硬带头人队伍，把旗帜鲜明讲政治作为根本要求，把提升能力素质作为紧迫任务，把锤炼过硬作风作为重要保证，提升政治力、组织力、执行力、服务力，培养

带头抓好工作、解决问题、推动发展的能力。着力提升基层工作人员能力素质，坚持把加强能力建设作为基础工程，积极推进全员培训，积极推进退役军人事务员、国防教育辅导员等新职业资格考试，培养“政策通、活地图、一口清”，锻造专业化、有精气神、有战斗力的服务铁军。要引导服务保障工作者满腔热忱服务退役军人，在主动做好具体服务事项中，当好“嘴巴”，宣传好政策；当好“眼睛和耳朵”，用心用情倾听退役军人的心声和诉求；当好“手和脚”，走到退役军人中间精准服务。坚持同退役军人坐在一条板凳上，注重情感慰藉、增进情感认同，带着泥泞、带着希望，把服务和保障像春风化雨一样，润物无声地做到退役军人心坎上。

延伸阅读

“退役军人事务员”正式成为新职业

随着基层一线从事退役军人政策咨询、信访接待、权益保障、安置服务、就业创业扶持等事务人员的增多，为传递党和政府关心关爱、打通政策落实“最后一公里”，推进基层工作人员职业化建设，退役军人事务部相关司局组织申报了“退役军人事务员”新职业。2022 年 7 月，人力资源和社会保障部正式向社会发布退役军人事务员等 18 个新职业信息。

/ 第十二章 /

退役军人事务信息化工作

 要论摘编

没有网络安全就没有国家安全，就没有经济社会稳定运行，广大人民群众利益也难以得到保障。

——习近平：《在全国网络安全和信息化工作会议上的讲话》（2018年4月20—21日）

当今世界，信息技术日新月异。在国家网络安全和信息化事业全面迈入新时代的形势下，退役军人事务信息化建设迎来重大发展机遇。面对新时代、新机遇，退役军人工作创新发展需要与信息化建设客观规律结合起来，乘势而上、顺势而为，抢抓机遇、迎接挑战，以信息化推动退役军人事务工作现代化。

第一节 退役军人事务信息化工作概述

推进网络安全和信息化是实现国家治理体系和治理能力现代化的重要途径。中央对信息化工作提出了明确要求，《退役军人保障法》也对退役军人事务信息化提出了总的目标任务。认真落实好这些要求，必将对退役军人事务领

域治理体系和治理能力现代化起到重要的促进作用。

一、退役军人事务信息化的概念

退役军人事务信息化，是指把信息技术的创新成果与退役军人事务深度融合，运用信息技术推动精准服务和高效管理，形成以信息化为基础的退役军人事务领域新发展的技术活动。退役军人事务信息化工作主要包括：顶层设计，即规划全国退役军人系统整体发展蓝图；信息系统，重点是各业务系统和电子政务系统的建设和运维；重大项目和基础环境，即组织申报、实施信息化重大工程，保障好信息化基础环境；信息资源，即统筹开展数据库和大数据建设管理应用工作；网络安全，即承担信息安全技术防范、应急处置和日常监测等工作；门户网站和政务服务，即打造“互联网 + 退役军人服务”体系；关键技术，即退役军人工作领域核心关键技术的开发、咨询、培训、推广等工作。

二、退役军人事务信息化工作的重要意义

（一）从形势看，中央对信息化提出新要求

党的十八大以来，以习近平同志为核心的党中央高度重视网络安全和信息化工作。2014 年 2 月，中央网络安全和信息化领导小组成立，习近平总书记亲自担任组长。2018 年 3 月，中央网络安全和信息化领导小组改为中央网络安全和信息化委员会，强化集中统一领导，更好发挥决策和统筹职责。近年来，习近平总书记发表了一系列重要讲话，作出“信息化为中华民族带来了千载难逢的机遇”“没有网络安全就没有国家安全，没有信息化就没有现代化”等重大论断，系统阐述了网络强国战略思想，深刻回答了事关网信事业发展的一系列重大理论和实践问题，为退役军人网信工作指明了前进方向、提供了根本遵循。

（二）从趋势看，国家治理赋予信息化新使命

推进网络安全和信息化，是我国实现国家治理体系和治理能力现代化的

重要途径，是坚持以人民为中心发展思想的重要任务，是顺应经济社会发展的客观要求。党的十九大和二十大均就建设网络强国、数字中国作出战略部署。习近平总书记强调，建设网络强国的战略部署要与“两个一百年”奋斗目标同步推进。中共中央办公厅、国务院办公厅印发《国家信息化发展战略纲要》《“十四五”国家信息化规划》等纲领性文件。退役军人事务部门应该准确把握党中央、国务院关于网信工作的各项决策部署，以“五位一体”总体布局、“四个全面”战略布局和新发展理念为指引，定好位、开好局，抓住信息化带来的发展机遇，加大步伐、迎头追赶，在退役军人事务信息化发展方面取得积极进展。

（三）从需求看，退役军人事务急需信息化新引擎

退役军人事务部门成立时间短、整体底子薄，退役军人工作条块分割、政策“碎片化”问题比较突出。通过退役军人事务信息化建设，统筹党政军民数据资源，建设面向退役军人、面向政府部门的信息平台，有利于夯实退役军人工作基础、协调各方力量、协同推动退役军人工作；有利于摸清底数、掌握实情，为各级退役军人事务部门科学决策提供依据；有利于创新退役军人保障服务工作机制和工作方法，为依法科学管理提供支撑。要充分利用信息化手段，深入开发和广泛利用信息资源，探索退役军人事务管理的新模式、新路径；紧跟信息技术发展趋势，加强新技术的创新应用，全面提升退役军人工作效能和水平；深刻认识退役军人网信工作的重要意义和使命，切实增强做好新时代退役军人事务信息化的责任感、使命感。

三、退役军人事务信息化面临的形势和挑战

（一）网络安全形势日益严峻

当前，网络安全问题复杂多变，互联网作为重要的信息载体和全新的信息传播工具，已成为正确思想与错误思想交锋的比武擂台，成为意识形态领域渗透与反渗透的新战场。对退役军人事务部门户网站、重要信息系统的违法攻击日趋频繁，网络平台和重要数据安全面临的风险日益严峻。在抵御和防范网

络攻击、情报窃取、舆论煽动等网络安全问题上，还须久久为功。

（二）信息化管理服务手段亟须提升

目前，退役军人服务保障手段落后，动态信息掌握不及时，服务退役军人的“最后一公里”问题尚未解决，退役军人网上办事率不高，还存在数据不能共享、流程无法协同等问题，办事难、办事慢、办事繁等问题依然存在。要加快运用信息化手段，全面提升退役军人管理服务能力和水平，让更多退役军人享受互联网和信息化发展成果。

（三）数据分析利用能力有待加强

数据是退役军人工作的基础，抓好数据建设、提升大数据决策能力十分重要。退役军人工作政策性强，历史情况复杂，应该依靠丰富的数据掌握实情、运用大数据分析研究论证，为高效管理提供支撑、为科学决策提供依据。目前存在数据不精准、不全面，数据不愿共享、不敢共享等问题，导致数据分析利用的水平不高、需求量不足，数据的价值没有得到充分发挥。

《“十四五”退役军人事务信息化规划》（以下简称《规划》）明确，要主动适应数字化发展的客观要求，全力推进退役军人工作数字化转型；打造网上“退役军人之家”，建立退役军人思想政治引领阵地；加强军地协调联动，建立健全退役军人电子档案，支撑全流程“阳光安置”；开办退役军人网络学院，开通就业创业线上服务，促进供需有效对接；推进专属待遇保障精准化、智慧化，提升管理保障能力和水平；发放电子优待证，提供高效、便捷的国家优待和社会机构优惠服务，让退役军人获得感成色更足；创新褒扬纪念数字展现形式，构建跨部门英雄烈士保护联动网络，加大英烈精神弘扬力度。

《规划》强调，各级退役军人事务部门要进一步提高思想认识，将信息化建设纳入当地党委退役军人事务领导机构议事日程，加强总体布局、统筹协调和督促指导，强化机构队伍，加大资金投入，规范社会合作，完善考核评估，确保规划落地落实。

政策解读

问：《“十四五”退役军人事务信息化规划》对“十四五”时期退役军人事务系统信息化建设提出了哪些要求？

答：2022年1月，退役军人事务部印发《“十四五”退役军人事务信息化规划》(以下简称《规划》)，对“十四五”时期退役军人事务系统信息化建设作出全面部署安排。

《规划》指出，要坚持以习近平新时代中国特色社会主义思想为指导，深入贯彻落实习近平总书记关于网络强国的重要思想和习近平总书记关于退役军人工作重要论述，坚持为经济社会发展和国防军队建设服务的方针，以贯彻新发展理念为牵引，以促进退役军人工作高质量发展为主线，着力推进信息技术与退役军人工作深度融合，着力增强大数据分析决策能力，着力丰富智慧化服务供给，以信息化推进退役军人工作高质量发展。

《规划》要求，坚持统筹布局、服务导向、效益优先、融合创新、数据赋能、安全发展，建设全国退役军人综合信息数据库，打造退役军人工作统一管理平台，推广“互联网＋退役军人服务”，优化信息化基础运行环境，强化网络和数据安全防护。加快构建“统一、智慧、融合、便捷、可靠”的信息化体系，实现“一库同享、一台统管、一网通办、一云共用、一链并防”的发展目标，以数字化、网络化、智能化推动决策科学化、治理精准化、服务高效化。

第二节　退役军人事务信息化工作的目标、原则、任务及内容

退役军人事务信息化工作坚持以习近平新时代中国特色社会主义思想为

指导，全面贯彻党的二十大精神，以“维护军人军属合法权益，让军人成为全社会尊崇的职业”为出发点和落脚点，主动适应信息化“大平台、大系统、大数据”发展趋势，不断提升退役军人服务保障能力现代化水平。

一、退役军人事务信息化工作的目标和原则

（一）总体目标

紧紧围绕国家信息化发展战略，围绕退役军人工作职责履行，整合退役军人工作数据资源，加快信息技术融合应用，建设“统一、智慧、融合、便捷、可靠”的退役军人事务信息化体系，为全国退役军人事务工作部门提供上下协同的信息化支撑，为退役军人政策制定和科学管理提供高效便捷的信息化保障，为退役军人提供精细精准专属的信息化服务，以信息化大幅提升退役军人管理服务保障能力现代化水平，更好地服务经济社会发展、国防和军队建设。

（二）基本原则

1. 坚持服务导向。以服务退役军人、服务科学管理为根本，建设基于互联网、电子政务外网的数据平台，为政府部门科学决策、退役军人权益保障、社会公众认知拥护打造政策法规、信息咨询、政务办理一站式、立体式综合服务平台。

2. 坚持统筹规划。提高政治站位、坚持国家立场，按照统一规划、统一标准、统一管理的思路，强化顶层设计、整体谋划、系统推进，推行中央、省、市、县、乡五级应用，形成互联互通、共建共享、整体协同的信息化体系。

3. 坚持融合创新。注重适用性、通用性和先进性、前瞻性技术整合，在利用成熟、可靠信息技术基础上，充分应用移动互联网、大数据、人工智能和区块链等新一代信息技术，推进信息化技术手段创新应用。

4. 坚持安全可控。建立健全信息安全制度规范，制订应急预案，完善管理措施。加强安全技术系统建设，增强技术防范能力。强化关键信息基础

设施和重要信息系统安全防护，确保网络、数据、平台安全，确保载体平稳运行。

二、退役军人事务信息化工作的主要任务

全国退役军人事务信息化建设的主要任务是打造“一库、两平台、一支撑”。“一库”即全国退役军人综合信息数据库，“两平台”即退役军人服务平台、管理平台，“一支撑”即基础环境支撑。

（一）构建退役军人综合信息数据库，强化数据服务和数据支撑

加强退役军人数据库建设，夯实数据基础，拓展利用手段，释放数据红利。深化大数据在退役军人管理中的创新应用，提升退役军人管理服务能力。以退役军人和其他优抚对象信息采集数据为底数，接收中央军委有关部门年度退役军人数据增量，汇集国务院有关部门与退役军人切实相关的各类信息，补充获取退役军人相关社会化数据，建设退役军人和其他优抚对象实名数据库，实现退役军人信息资源的大集中和动态更新，全面、准确、实时反映全国每位退役军人的真实情况。在此基础上，建设大数据管理平台，夯实数据基础；建设分析利用平台，辅助领导决策；建设交换共享平台，打通数据通道；建设专题研判平台，开展精准帮扶。在数据库建设部署模式方面，退役军人事务部建立全国统一集中的退役军人和其他优抚对象数据库，各地方在应用此数据库的基础上建立本地化特色应用，同时与国家共享交换平台实现对接，实现退役军人数据的共享利用。

（二）推进“互联网＋退役军人服务”，提升退役军人服务满意度

构筑“互联网＋退役军人服务”平台，为退役军人提供生活、就业、创业、居住等全面、立体、综合化服务。通过建档立卡，推行一人一号、一号畅行，为广大退役军人提供专享化、便捷化服务。协同有关部门，打造面向全国退役军人的一体化网上服务平台和专属手机移动服务平台等，充分做好与全国一体化在线政务服务平台的对接工作。联同住房建设、教育等相关部门，为退役军人提供住房保障、子女入学等服务，实现退役军人各类事项的“一网通

办”。加快开通移动终端服务，积极将覆盖范围广、应用频率高的退役军人服务延伸至移动终端，推动政策宣传、咨询投诉、身份认证、待遇查阅、档案借阅等更多服务的指尖办理。智能推送符合退役军人身份的安置政策、岗位招聘、创业指导等信息，实现无论退役军人身在何方，只需轻点手机移动服务平台，就可享受就业、创业、医疗、住房保障、养老、金融、优抚、培训、网上信访等本地化信息服务。

▶ 湖北省咸宁市退役军人事务局推出“崇军汇”平台，推动“互联网＋退役军人服务”工作／湖北省退役军人事务厅供图

（三）搭建退役军人事务综合管理平台，为退役军人管理提供支撑

在理顺退役军人事务部管理服务机制的基础上，结合各司的管理职能，依托电子政务外网，按照等保三级要求，建设退役军人综合管理平台，在权益维护管理、退役安置管理、军休安置管理、抚恤优待管理、就业创业管理、教育培训管理、褒扬纪念管理、统一政务管理等方面提供全方位的信息化支持，最终实现退役军人业务全覆盖，中央与省、市、县多级联动，为提升业务管理水平、提高办公效率提供有力支撑。

（四）建设集约高效安全的基础运行和支撑环境，服务保障退役军人事务信息化建设

1. 建立互联网基础运行环境，全面支撑退役军人服务保障。充分利用社会资源，采用租赁社会公共基础设施的方式，建立互联网基础运行环境，保障“互联网＋退役军人服务”平台以及互联网业务应用的稳定运行，为精准服务退役军人提供有力保障。

2. 加快建设电子政务外网基础运行环境，保障退役军人综合管理。充分利用已有资源，借助可信的“政务云”平台，依托国家电子政务外网，全力推动和完善中央、省、市、县、乡五级退役军人事务工作部门网络的互联互通，加快建设电子政务外网基础运行环境，加大对服务器、存储、网络、安全等设施设备的投入力度，为电子政务外网业务系统提供有力支撑，保障全国退役军人事务的管理工作。

3. 构建统一的应用支撑体系。建设应用支撑平台，为各业务应用系统提供统一的权限管理、统一的访问入口、统一的开发标准等支撑服务，实现各应用系统的资源共享、信息交换、业务访问、业务集成。

三、退役军人事务信息化建设的主要内容

退役军人事务信息化建设分为数据资源体系、业务管理体系、“互联网+退役军人服务”体系、应用支撑体系、基础网络体系、标准规范体系、安全保障体系和综合运维体系。

（一）数据资源体系

以采集、处理、存储、管理退役军人数据为基础，实现退役军人信息资源的统一集中和动态管理，形成退役军人和其他优抚对象基础库、军转干部专题库、军休干部专题库、退役士兵专题库、舆情专题库等系列信息资源库。通过全面规划、开发、共享、利用相关数据资源，提升数据质量，提高退役军人大数据管理和分析利用水平。

（二）业务管理体系

在明确退役军人事务工作各部门管理职能、理顺退役军人事务管理服务机制基础上，对各项事务管理、政务办公、监察等业务进行优化和重塑，通过集约化建设打破业务系统之间的条块分割现状，提升部门之间业务协同能力，增强业务应用规范化、高效化和一体化水平，开创标准统一、五级联动、廉洁高效、稳定安全的退役军人管理新局面，全面提升退役军人管理水平，维护退役军人合法权益。

案例选编

湖南省永州市一个系统
打通退役军人服务保障“最后一公里”

2020年新冠肺炎疫情暴发后，为加强退役军人服务站管理，减少人员聚集，提高办事效率，更好地服务军人军属、退役军人和其他优抚对象，永州市江永县退役军人事务局党组迅速研究决定开发一套便捷有效的网上办公系统，依托微信公众号平台，打造了“退役军人大家庭”县、乡、村一体化信息服务管理系统。该套系统将着力解决服务保障“最后一公里”问题，基层服务中心（站）通过建立移动数据终端，实现数据采集实时更新、远程维权和服务点对点沟通，为精准管理、科学决策提供有力支撑。

（三）“互联网＋退役军人服务”体系

依托“互联网＋退役军人服务”平台，通过退役军人事务部政务服务平台、退役军人移动服务平台等渠道，实现退役军人和其他优抚对象“一人一号、一号畅行”，随时随地获取网上信访、培训、就业、创业、优待、医疗、金融、住房保障等专享化、便捷化信息服务和退役军人安置政策、岗位招聘、创业指导等资讯。

（四）应用支撑体系

应用支撑体系是服务体系和应用体系实现的具体手段。通过信息化基础设施的集约建设、数据共享和应用整合等途径，为不同层级数据共享、内部不同部门工作协同、外部部门不同平台对接提供坚实保障。建立涵盖总体、管理、数据、技术、应用、安全等方面标准规范，指导和保障信息化建设的相关工程及环节，为各项信息化建设更加科学、规范、有序提供标准支撑。

（五）网络安全体系

依托电子政务外网和互联网，集约化建设机房、主机、网络、存储、安全、云平台等信息化运行环境，保障“互联网+退役军人服务”平台、综合管理平台的稳定运行，为大数据分析、决策支持等服务提供有力支撑。健全退役军人信息安全规章制度，加强关键信息基础设施和信息系统安全防护，实现全方位安全防护，确保基础设施、网络、数据、应用等安全、可靠运行。

（六）综合运维体系

按照系统管理的思想和方法，有效整合管理资源和管理对象，形成规章制度有效、岗位职责清晰、信息传递顺畅、绩效评价规范的管理新格局。通过引入先进成熟的运维管理平台，充分借助外部专业运维团队力量，确保退役军人基础设施、网络、数据、应用等各项资源的稳定、高效运行，全面提高退役军人信息工作管理和运维质量。

第三节　退役军人事务信息化工作取得的主要成绩

退役军人事务信息化工作深入贯彻落实习近平总书记和党中央的决策部署，聚焦退役军人工作重点难点，紧抓“一库、两平台、一支撑”主要任务，探索形成了一条布局合理、基础牢固、融合创新、安全可靠的发展路径，进一步夯实了退役军人工作的发展根基。

一、科学规划，明确发展路径

2019 年 3 月，退役军人事务部网络安全和信息化领导小组成立，制定网络安全和信息化工作规则，明确了退役军人事务信息化的组织领导。陆续印发了指导文件，明确部省信息化任务分工、对接方式和任务要求，规范全系统信息化建设，加强对各地信息化建设的指导，为退役军人事务信息化作出顶层设计。2020 年 10 月，退役军人事务部组织召开首届全国退役军人事务系统信息化工作会议，指导全国退役军人事务系统有序开展信息化建设，为实现全国

“一盘棋”提供工作指引，进一步落实统一规划、统一标准等要求，坚持力量向区域一线下沉、资源向基层地方聚拢，为“一库、两平台、一支撑”建设工作提供强大动能。

2022 年 1 月，退役军人事务部印发《“十四五”退役军人事务信息化规划》，对“十四五”时期退役军人事务系统信息化建设作出全面部署安排。

二、夯基固本，筑牢数据基础

大数据是推进国家治理现代化的重要载体。退役军人事务部成立以来，以退役军人大数据融合实现多部门线上线下串联协同，形成数据服务规模效应，推动退役军人服务全要素与信息化建设深度融合、互为支撑。以退役军人和其他优抚对象信息采集数据为底数，大力整合优抚、军休、自主择业、军转安置等业务系统数据，积极对接公安部、民政部、国家市场监督管理总局、国家乡村振兴局等部门的数据。对多源头数据存在的问题，指导各级退役军人事务部门统筹开展数据修正工作。通过数据治理，数据质量显著提升，初步形成了退役军人“一套数”，实现了退役军人数据的集中管理和动态更新。依托优待证制发等工作，全面开展退役军人、其他优抚对象建档立卡工作，推动实现数据动态更新。积极开展大数据分析应用，为各级退役军人事务部门提供身份认证服务，建立数据平台，为业务部门管数据、用数据、查数据提供了支撑，充分借助大数据“最大能量”实现退役军人工作“最大增效”。

三、实处求效，搭建管理平台

依托电子政务外网，建设了退役军人综合管理平台，实现了权益维护、退役安置、军休安置、抚恤优待、就业创业、教育培训、褒扬纪念等政务管理统一平台。陆续完成了军休安置管理等原有系统的迁移和改造，完成了社保接续、信访、移交安置、就业创业系统的开发上线，基本实现了退役军人业务全覆盖，部与省、市、县多级联动，提升了业务管理水平，提高了办公效率。建立综合办公平台，集成整合了公文管理、会议管理、人事管理、财务系统、知识库等多个业务应用，为部内工作人员提供了高效便捷的办公平台。

四、试点先行，推进互联网服务

探索建设“互联网 + 退役军人服务”平台，与全国一体化在线政务服务平台对接，为退役军人提供权益维护、移交安置、就业创业、教育培训、军休服务、拥军优待、褒扬纪念等信息化服务，实现了退役军人各类事项的网上办理。陆续接入信访、自主择业、社保补缴、就业创业等业务系统，有力促进了退役军人网上办事。“军休所”网络平台试运行，提供军休资讯、军休党建、军休生活、社会服务四大模块全流程服务，构建了“开门办所、融入社会、购买服务、资源共享”的服务管理新模式。

五、资源整合，做好应用支撑

构建全国统一的退役军人事务应用支撑平台，全面提升业务整合共享能力与服务保障水平。从整体战略、业务支撑、连接服务对象和业务创新等方面进行统筹规划，实现了业务、技术和数据的融合，为各应用系统提供了统一的用户服务、消息服务、开发服务、流程服务、运维监控、服务管理等基础服务，逐步实现了退役军人事务部应用系统的统一管理，提高了复用率，降低了试错成本，缩短了业务系统开发周期，提升了各业务协同共享水平。制定退役军人事务部应用支撑平台有关管理规范，对各省应用支撑平台系统管理员进行实操培训，统筹保障了退役军人工作信息化建设的快速、稳定、高效发展。

六、多措并举，确保安全可控

深入贯彻落实国家总体安全观，结合退役军人工作信息化总体要求，统筹开展安全可控信息基础设施体系建设。基于国家电子政务外网，建成了全系统贯通的非涉密网络，省、市、县级部门接入率均达到100%。初步建立了安全保障联动体系，初步形成了信息安全闭环，推动退役军人事务信息化进入数据智能与安全可控新时期。

第四节　退役军人事务信息化工作的创新发展

“十四五”时期是信息化引领全面创新、构筑国家竞争新优势的重要战略机遇期，是我国从网络大国迈向网络强国、成长为全球互联网引领者的关键窗口期，也是信息化与经济社会深度融合、信息技术变革实现新突破、数字红利充分释放的迸发期。必须认清形势，树立全局意识，增强忧患意识，加强统筹谋划，着力补齐短板，大力推进退役军人工作网络安全和信息化发展。

一、退役军人事务信息化的发展思路

当前和今后一个时期，退役军人事务信息化要坚持以习近平新时代中国特色社会主义思想为指导，紧紧围绕“五位一体”总体布局和“四个全面”战略布局，牢固树立“维护军人军属合法权益、让军人成为全社会尊崇的职业”的工作理念，认真落实《国家信息化发展战略纲要》和国家信息化规划部署，主动适应信息化“大平台、大系统、大数据”发展趋势，按照“统一、智慧、融合、便捷、可靠”的总体思路，着力增强大数据分析决策能力，着力发展“互联网＋退役军人服务”，着力提升政务服务供给精细化、精准化水平，为全国退役军人事务工作部门提供上下协同的信息化支撑，为退役军人政策制定和科学管理提供高效便捷的信息化保障，为退役军人提供精细精准专属的信息化服务，以信息化大幅提升退役军人管理服务保障能力现代化水平，更好服务经济社会发展、国防和军队建设。

（一）以协作思维统筹退役军人事务信息化力量

协作是互联网时代的基本特征，退役军人工作信息化必须统筹各方力

量，按照“共建共享、互联互通”的原则，加强协作、众包众筹、共同推进。一是行业协作。加强信息化部门与业务部门之间、上级部门与下级部门之间、不同区域之间的协作，充分发挥各方面积极性，共同推进退役军人工作信息化发展壮大。二是专业协作。优化退役军人事务部门信息化队伍的人才结构，做到IT专业人才、业务人才和其他人才团结协作，促进不同专长人才间的协作。三是领域协作。加强与高校、科研院所、其他政府部门之间的交流协作，充分利用行业内外优势资源，借力用力、互利共赢，开创广泛协作新局面。

（二）以融合思维加快退役军人事务信息化进程

融合是信息时代的大趋势，是事业发展的内在要求和迫切需要。必须密切关注信息化发展趋势和退役军人需求，以融合思维加快退役军人事务信息化进程。一是信息融合。围绕核心业务规范业务管理、统一业务标准，促进信息资源共建共享，避免出现业务数据不相容的问题。二是技术融合。深化信息技术在退役军人业务工作中的应用，提高信息化管理服务水平，推动服务模式和工作方式转型升级。三是管理融合。实行退役军人工作信息化建设的统一管理，做到集中决策、统一部署、分工负责，优化资源配置。

（三）以创新思维引领退役军人事务信息化发展

退役军人事务信息化工作必须着力培育创新精神、培植创新土壤、培养创新人才。一是理念创新。创新源于认识和理念，要善于运用问题意识、需求意识、市场意识、求新意识、求变意识、竞争意识等思考问题，创造性地谋划发展思路。二是应用创新。深入分析退役军人服务管理需求，推动人工智能、区块链、大数据等新一代信息技术在退役军人事务领域广泛应用，创造新的应用形式和应用方法。三是技术创新。紧跟世界信息化发展趋势，持续深入开展信息技术研究，加快信息技术自主创新。四是管理创新。要从体制和机制入手，推动退役军人事务信息化管理创新，健全退役军人事务信息化组织机构，创新目标管理、考评激励、安全保障、技术培训等管理机制，完善相应制度，以制度促管理，以管理促发展。

（四）以用户思维强化退役军人事务信息化服务

服务是信息化工作的核心内容。退役军人事务信息化服务的用户是各级退役军人事务部门工作人员、退役军人和其他优抚对象。做好服务工作必须围绕用户做文章。一是用户第一。要树立用户至上的服务理念，强化用户意识，坚持以用户为中心，明确用户需求，提供用心服务。二是明确对象。根据服务对象的特点，提供有针对性的服务：为领导提供决策信息支持服务，为司局提供核心业务技术支持服务，为基层提供政策与应用支持服务，为退役军人提供切身细致的信息服务。三是用户参与。针对用户的特定需求打造特定服务产品，同时加强用户沟通、注重用户体验、鼓励用户参与，提升服务质量。

（五）以平台思维实现退役军人事务信息化共赢

借鉴互联网平台思维，建立统一、完善的退役军人事务信息化制度体系、技术平台，规范管理、降低成本、提高效率，增强行业竞争力。一是共建平台。按照平台上移、服务下移、促进信息共享、提高服务能力的思路，加快推进退役军人“两平台”建设，形成完善的退役军人服务体系和管理体系。二是完善机制。制定完善的退役军人事务信息化规划、制度和标准，建设统一的管理平台，为建设应用平台提供保障。三是资源共享。发挥平台优势，充分整合数据、软件、硬件等服务资源，促进行业内外共用共享，达到应用效率最大化。四是互惠共赢。以信息化平台为核心，满足各方需求，建立研发、应用、服务一体的退役军人工作信息化生态圈，达到互惠共赢。

二、开展退役军人事务信息化专项行动

（一）推行建档立卡，强化大数据集中管理和应用分析

1. 建立健全建档立卡信息化支撑体系。规范退役军人基础电子档案信息有关标准，制定配套管理制度办法，建立形成建档立卡信息化支撑体系。大力开展建档立卡信息化全国推广应用，带动各级退役军人事务部门做好退役军人电子档案管理工作，通过建档立卡，补充核准退役军人数据库，推动数据集中统一管理和实时动态更新。

2020年3月，山东省临沂市蒙阴县开展退役军人“建档立卡、精准服务”试点工作，“三个统筹”经验做法被退役军人事务部简报推广。图为兄弟市相关人员前来学习交流／山东省退役军人事务厅供图

2. 着力推进退役军人综合信息数据库建设。持续提升退役军人基础信息数据库数据质量，开展数据协同共享平台建设，打破业务系统数据壁垒，建成退役军人综合信息数据库。编制退役军人信息资源目录，开展与最高人民法院、人力资源和社会保障部等相关部门的数据对接工作，持续扩宽数据来源渠道。

3. 全面提升大数据分析应用能力。建成数据交换共享平台，对内实现与业务系统的数据联动，对外实现与国务院、中央军委有关部门的数据对接。构建退役军人大数据资源体系，实现信息资源分层分类汇聚，加强分析利用，为决策管理提供可视化、多维度的大数据支撑。

（二）深化服务应用，大力推进“互联网＋退役军人服务”

1. 推进一体化政务服务平台。推进退役军人事务部一体化政务服务平台建设。完成网上政务服务门户、政务服务受理、政务服务事项管理、电子证照服务等七个子系统需求确认、开发测试等工作。依托国家统一数据共享交换平台，实现与国家网上政务服务平台的对接集成，推进与地方网上政务服务平台的对接集成，形成覆盖部、省、市、县多级的政务服务体系。

2. 搭建退役军人移动服务平台。加快就业创业、优抚年度资格确认移动服务平台试点工作，上线军休服务移动服务平台，积累移动应用建设和运营经验。启动退役军人移动服务平台研发工作，为全国退役军人提供移动化服务，形成统一规范、数据融合、各具特色、有高度黏性的退役军人移动服务平台。

（三）重塑管理模式，实现综合管理业务系统持续发展

1. 深入开展重点系统建设。推进优待证服务管理信息化，开展优待证证件管理、电子优待证、优待服务等在全国推广应用，优化完善优待证大数据统计分析。深入打造信访信息系统，充分应用人工智能等新技术，开展智能语音分析、自助语音交互、智能语音咨询建设。建立网络综合治理信息系统，推动建立健全完善信息共享、舆情研判、信息即报、快速处置、舆论引导、分级预警机制，加强舆情信息搜集、即时报送、稳妥处置。

2. 完善现有系统，推动新系统上线应用。实现移交安置全流程系统全国上线，优化退役士兵、军休安置等模块，做好系统运行维护，加强数据分析管理和应用。扩大就业创业系统应用，联合有关业务部门深入推进试点建设，结合试点经验完善功能、提升易用性，不断完善系统运营方案。持续优化综合办公平台，做好系统运维，保障系统运行稳定性；继续完善办公平台及各业务子系统相关功能，做好系统运维保障工作，提升退役军人事务部机关办公自动化整体水平。

（四）全面支撑保障，切实加强网络安全建设

1. 加强网络安全建设和管理。持续开展信息系统等级保护工作。按照国家网络安全等级保护 2.0 的相关要求，完成信息系统测评、整改等工作。积极主动做好常态化网络安全防护工作。加强退役军人事务系统网络安全监测预警，定期开展应急演练、渗透测试、漏洞扫描及网络安全现场检查，强化态势感知平台建设。加强数据安全管理体系建设。全面梳理数据安全风险，完善数据安全管理规范，开展数据安全风险排查整改。加强网络安全宣传教育，提升网络安全意识。

2. 开展网络基础设施建设。做好机房及网络环境的规划设计和实施工作。按照网络安全等级保护相关要求，统筹规划电子政务外网及互联网网络设备部署、综合布线、机房建设等工作。建设无纸化会议系统。利用国内成熟的新科技、新技术，建设与部综合办公平台协同、贯通的智能化会议系统。

三、完善退役军人事务信息化保障措施

（一）健全政策措施

退役军人事务信息化涉及管理创新、技术支撑、业务配套、制度保障各个方面，组织协调难度大，业务技术涉及面广。应加强组织领导，统筹协调解决重大问题；明确职责分工，围绕退役军人事务领域创新发展要求完善政策法规制度，优化退役军人事务信息化发展环境。

（二）促进协同协作

推动做好全国退役军人事务信息化“一盘棋”，要求各级退役军人事务部门密切配合、通力协作，促进纵向联动、横向互动工作机制的形成。退役军人事务部主要负责规划、规范、总结、推广，统筹建设基础性、重点性平台；各省级退役军人事务部门负责结合本地实际，积极推进各项重点任务落实，不断探索创新，形成工作合力。

案例选编

安徽省退役军人事务厅高位推动信息化工作

安徽省退役军人事务厅坚持将信息化作为推进全省退役军人工作管理科学化、服务精准化的重中之重，高位推动，精准发力。完成全国退役军人“建档立卡”试点工作，打通部省纵向数据通道。协调省数据资源局联合发文，共同推进电子政务外网建设，在全国率先实现省、市、县、乡、村五级退役军人事务机构电子政务外网全贯通。建成综合管理平台，集成部省业务系统，实现单点登录。

（三）强化队伍建设

实现信息化和退役军人服务管理的深度融合，需要一大批具有互联网思维和现代化视野，既掌握退役军人事务信息化发展规律，又充满活力、能打硬仗的骨干力量。要完善人才培养机制，加强高素质人才的引进、培养和储备，

形成有利于吸引人才的激励和保障机制，建立起能够适应信息时代要求的人才队伍。

（四）加强品牌塑造

树立品牌意识，加强退役军人事务信息化的宣传力度，做好培训和引导，让服务对象、工作人员和社会公众及时体验退役军人事务信息化应用成果，形成良性互动、持续完善的运行机制。提高退役军人事务信息化品牌认可度，增进社会影响力，打造新时代退役军人事务领域治理现代化靓丽品牌，推动退役军人工作高质量发展。

/ 附　录 /

退役军人事务部
职能配置和内设机构规定

第一条　根据党的十九届三中全会审议通过的《中共中央关于深化党和国家机构改革的决定》、《深化党和国家机构改革方案》和第十三届全国人民代表大会第一次会议批准的《国务院机构改革方案》，制定本规定。

第二条　退役军人事务部是国务院组成部门，为正部级。

第三条　退役军人事务部贯彻落实党中央关于退役军人工作的方针政策和决策部署，在履行职责过程中坚持和加强党对退役军人工作的集中统一领导。主要职责是：

（一）拟订退役军人思想政治、管理保障和安置优抚等工作政策法规并组织实施，褒扬彰显退役军人为党、国家和人民牺牲奉献的精神风范和价值导向。

（二）负责军队转业干部、复员干部、离休退休干部、退役士兵和无军籍退休退职职工的移交安置工作和自主择业、就业退役军人服务管理工作。

（三）组织指导退役军人教育培训工作，协调扶持退役军人和随军随调家属就业创业。

（四）会同有关部门制定退役军人特殊保障政策并组织落实。

（五）组织协调落实移交地方的离休退休军人、符合条件的其他退役军人和无军籍退休退职职工的住房保障工作，以及退役军人医疗保障、社会保险等待遇保障工作。

（六）组织指导伤病残退役军人服务管理和抚恤工作，制定有关退役军人医疗、疗养、养老等机构的规划政策并指导实施。承担不适宜继续服役的伤病残军人相关工作。组织指导军供服务保障工作。

（七）组织指导全国拥军优属工作。负责现役军人、退役军人、军队文职人员和军属优待、抚恤等工作。

（八）负责烈士及退役军人荣誉奖励、军人公墓管理维护、纪念活动等工作，依法承担英雄烈士保护相关工作，审核拟列入全国重点保护单位的烈士纪念建筑物名录，承办境外我国烈士和外国在华烈士纪念设施保护事宜，总结表彰和宣扬退役军人、退役军人工作单位和个人先进典型事迹。

（九）指导并监督检查退役军人相关法律法规和政策措施的落实，组织开展退役军人权益维护和有关人员的帮扶援助工作。

（十）完成党中央、国务院和中央军委交办的其他任务。

（十一）职能转变。退役军人事务部应加强退役军人思想政治工作和服务保障体系建设，建立健全集中统一、职责清晰的退役军人管理保障体制，协调各方力量更好为军人军属服务，维护军人军属合法权益，让军人成为全社会尊崇的职业，褒扬彰显退役军人为党、国家和人民牺牲奉献的精神风范和价值导向，更好地为增强部队战斗力和凝聚力做好组织保障。

第四条　退役军人事务部设下列内设机构：

（一）办公厅。负责机关日常运转，承担信息、安全、保密、政务公开等工作。

（二）政策法规司。组织起草相关法律法规草案和规章，承担重大政策研究工作，承担规范性文件的合法性审查和行政复议、行政应诉等工作。

（三）思想政治和权益维护司。承担退役军人思想政治、舆论宣传、总结表彰、荣誉奖励和信访工作，配合做好指导退役军人党建工作，监督检查退役军人相关法律法规和政策措施的落实情况，承担退役军人权益维护和有关人员的帮扶援助工作。

（四）规划财务司。拟订退役军人事业发展规划、年度计划和退役军人管理保障基础设施建设标准，指导和监督退役军人事业资金管理，承担机关财务、资产管理、内部审计和退役军人事务系统信息化建设、统计等工作。

（五）移交安置司。拟订计划分配的军队转业干部、符合条件的退役士兵年度安置计划并组织实施，承担中央单位计划安置和计划外选调工作。

（六）就业创业司。拟订自主择业军队转业干部、复员干部、自主就业退役士兵就业创业年度计划并组织实施，组织开展就业创业促进和教育培训等工作，指导开展有关中介服务工作，组织协调落实退役军人社会保险等待遇保障工作。

（七）军休服务管理司。负责移交地方的军队离休退休干部、无军籍退休退职职工的移交安置和服务管理工作，组织协调落实移交地方的离休退休军人、符合条件的其他退役军人和无军籍退休退职职工的住房保障工作，管理军休保障单位。

（八）拥军优抚司。承担协调指导全国拥军优属工作，指导做好地方支持军队相关工作，承担现役军人、退役军人、军队文职人员和军属优待、抚恤等工作。承担不适宜继续服役的伤病残军人相关工作，组织协调落实退役军人医疗保障工作，拟订有关退役军人医疗、疗养、养老等优抚保障机构以及军供保障机构的规划政策并指导实施。协调指导随军随调家属就业创业。

（九）褒扬纪念司（国际合作司）。承担烈士褒扬、纪念设施管理保护工作，依法承担英雄烈士保护相关工作，拟订军人公墓建设规划、管理维护等政策并指导实施，承担中央和国家机关负责的烈士评定和全国烈士备案事项，指导开展英雄烈士纪念活动，负责退役军人事务的国际交流与合作，承担境外我国烈士和外国在华烈士纪念设施保护及活动的组织管理工作。

机关党委（人事司）。负责机关和在京直属单位的党群工作，以及机关和直属单位的干部人事、机构编制等工作。

后　记

本书的基础书稿由退役军人事务部各司（局）、各直属单位撰写提供。

参加编写工作的有：朱尧耿、谷静学、刘鹏、张华琳、刘亚娟、张瑾、杨柏生、杨丽、袁宝泉、张莹莹、柴东超、李春生、朱江、宋功祥、张翼、丁景民、孙宏春、薛文海、郝占奎、刘海平、吕超豪、樊志伟、徐斌、孟柠、田培军、石敬德、李转业、赵晖、肖建飞、贾铭、朱廷春、杨雪倩、傅泽漪、董萌苇等同志。

本书在编写过程中，得到了退役军人事务部机关各司（局）、各直属单位，各省（区、市）退役军人事务厅（局）和新疆生产建设兵团退役军人事务局的大力支持。在此，谨对所有给予帮助支持的单位和同志表示衷心感谢！

由于时间和水平所限，书中难免有疏漏之处，希望广大读者在使用过程中提出宝贵意见。我们将结合实际，及时对书稿进行修订完善。

联系人和联系电话：退役军人事务部退役军人培训中心教材处肖建飞，（010）84512843（兼传真）、84516153。

编　者

2023 年 1 月